Käthe Papke, Die Letzten von Rötteln

KÄTHE PAPKE

Die Letzten von Rötteln

CHRISTLICHES VERLAGSHAUS GMBH
STUTTGART

ABCteam

Bücher, die dieses Zeichen tragen, wollen die Botschaft von Jesus Christus in unserer Zeit glaubhaft bezeugen.

Das ABCteam-Programm umfaßt:

ABCteam-Taschenbücher
ABCteam-Paperbacks mit den Sonderreihen:
Glauben und Denken (G+D) und Werkbücher (W)
ABCteam-Jugendbücher (J)
ABCteam-Geschenkbände

ABCteam-Bücher erscheinen in folgenden Verlagen:

Aussaat Verlag Wuppertal / R. Brockhaus Verlag Wuppertal / Brunnen Verlag Gießen / Bundes Verlag Witten / Christliches Verlagshaus Stuttgart / Oncken Verlag Wuppertal / Schriftenmissions-Verlag Gladbeck

ABCteam-Bücher kann jede Buchhandlung besorgen.

1977
61.–68. Tausend
Umschlaggestaltung: Franz Reins, Detmold
Gesamtherstellung: Druckhaus West GmbH, Stuttgart
ISBN 3-7675-3019-8

Erstes Kapitel

Man schrieb Anno Domini 1271.

Obgleich der Himmel in lieblicher Bläue herniederlächelte, die ganze Natur Frieden atmete, war doch im Bistum Basel und den angrenzenden Landschaften von nichts weniger denn vom Frieden die Rede! Es war dazumalen just so, wie es vordem und hernach zu allen Zeiten gewesen ist: von Kriegen und Kriegsgeschrei hörte man allerorten, und der Fehden war kein Ende. Zwar waren es nicht ganze Völker, die sich gegenüberstanden; aber mächtige Geschlechter hielten aufeinander, und schon seit fast drei Jahren hallten die Täler bei Säckingen und Basel wider von Kriegslärm und Waffengetöse.

Zwei der mächtigsten Herren, Rudolf, Graf von Habsburg, und Heinrich, Graf von Neuenburg und Bischof von Basel, lagen im Streit. Zu jedem von ihnen hatten sich viele mehr oder minder vornehme und große Ritter und Herren gestellt, und auf jeder Seite wurde mit ebensoviel Mut und Entschlossenheit wie Zähigkeit gekämpft.

Der Grund zu der Feindschaft war der Besitz der Stadt Breisach geworden. Seit fast einem Jahrhundert hatte sie zum Hochstift Basel gehört, als Rudolf Stadt und Burg überrumpelte und einnahm.

Das war schon unter Berthold, Herrn Heinrichs Vorgänger, geschehen.

Da nun Heinrich auf den Bischofssitz kam, verlangte er alsobald die Stadt wieder, wozu sich Rudolf nicht verstand. Als der Bischof Urkunde und Sigill herbeibrachte, von Kaiser Friedrich von Hohenstaufen 1218 bestätigt, ließ sich der Graf bewegen, die Stadt gegen tausend Mark Silber zu geben.

Heinrich verstand sich zu neunhundert Mark. Bald kam Rudolf wieder und verlangte die letzten hundert Mark. Der Bischof gab sie ihm mit den Worten: „Vetter, laß mich in Ruhe.“ Als aber Rudolf nun auch noch ein zweites Mal und drittes Mal kam, ließ ihm der Bischof sagen: „Ich befürchte, du möchtest mich für deinen Zinsmann halten." Diese Antwort faßte Rudolf als persönliche Beleidigung auf. Dazu kam die feindliche Haltung, die die Bürger von Basel gegen des Grafen von Habsburg Freunde und Anhänger annahmen, auch bei Gelegenheiten tätlich bekundeten, und so sagte Rudolf dem Bischof offene Fehde an.

Manchen Mond hatten sie sich herumgestritten, bis endlich in den Herbsttagen des Jahres 1270 ein Waffenstillstand im Kloster Beuggen zustande gekommen war. Erleichtert atmeten die Landbewohner auf in der Hoffnung, dem Waffenstillstande werde der Friede folgen; sie begannen im Frühjahr die Felder zu bebauen, und hin und wieder hörte man ein fröhlich Lied bei der Arbeit.

Mit viel Regen war der April ins Land gekommen, hatte nach seiner Art im Sturm die Bäume gezaust oder die Sonne scheinen lassen — und auch heute seinen Launen keine Schranken auferlegt. Blendend hell war am Morgen die Sonne aufgegangen, dann fiel den ganzen Tag ein feiner, durchdringender Sprühregen. Jetzt, gegen Abend, zerrissen die Wolken; die Abendsonne leuchtete mild über das Wiesental und färbte die dunklen Tannen des Schwarzwaldes rötlich.

Auf der Landstraße, die neben der munteren Wiese durch das Tal führte, ritten zwei Reiter dahin, der Burg zu, die auf felsiger Höhe ein Stück vor ihnen auftauchte. Sicher und fest saß auf dem einen Roß eine schlanke Frauengestalt in dunklem Reitgewand, und ebenso sicher hielt ein Mönch die Zügel des anderen Tieres.

„Ist's Euch leid, Pater Rubertus", wandte sich soeben die Reiterin an ihren Begleiter, „daß Ihr mit mir zur stillen Waldkapelle kamet und Pater Antonius kennen lerntet?"

„O nein, Herrin", entgegnete der Mönch, „ich bin Euch Dank schuldig, daß Ihr mich dorthin führtet! Die Kapelle oben auf dem Berg ist fürwahr ein Plätzchen, da man sich Labe holen kann für seine Seele, und die Rede des frommen Paters ist erquickend und klar gleich einem Bergquell. Es ist mir leid, daß ich nicht eher gewußt, welch ein friedsam Plätzlein dort ist; gern hätte ich den würdigen Greis des öfteren schon aufgesucht."

„Es wär' Euch wohl nimmer möglich gewesen", antwortete das Fräulein; „der hohe Schnee im Winter und das Tauwetter danach machen die Wege schlecht und gefährlich. Mich hat es auch oft nach Pater Antonius Zuspruch verlangt, und habe mich doch gedulden müssen bis heute! 's ist mir aber eine Freude, daß Ihr mitkamet und in dem Pater einen Gleichgesinnten fandet – schwer genug war's, Euch zum Mitreiten zu bewegen", fügte sie lächelnd hinzu.

Er errötete leicht. „Verzeihet, Gräfin Elisabeth, einem Mönch ist das Reiten ein ungewohnt Ding!"

Er wollte noch etwas sagen; aber von dem nahen Tüllingen und von Rötteln ertönten die Abendglocken, und von drüben, aus dem Walde her, schien ein ander Glöcklein Antwort zu geben. Der Mönch zügelte sein Roß und sprach ein innig Ave Maria; auch die Gräfin hatte ihr Pferd angehalten. Lose lagen in den verschlungenen Händen die Zügel; andächtig lauschte sie des Paters Worten.

„Das Glöcklein der heiligen Chrischona sendet uns einen Scheidegruß", sprach sie im Weiterreiten.

Er nickte. „Wollet mir, Gräfin Elisabeth, des genaueren erzählen, wie dies Kirchlein entstanden und woher es seinen Namen hat. Hab' etliches darüber vernommen in Einsiedeln, war's nicht die heilige Chrischona, die es gründete?"

„Wohl, Herr Pater, Ihr seid recht berichtet. Pater Antonius erzählte mir's im Herbst, da ich das letztemal bei ihm war. Ich will's Euch wiederholen, so gut ich kann. Vernehmet denn!

Nahe bei Basel landeten einst drei von den elftausend Jungfrauen, welche mit ihrer Anführerin, der heiligen Ursula, auf der Rückkehr von Rom nach Köln begriffen waren. Sie hießen Chrischona, Ottilia und Margareta. Dort ruhten sie auf einem Acker, der den Namen ‚Chrischona-Bettle' seitdem erhielt. Von dort aus gingen sie verschiedene Wege und versprachen sich gegenseitig, jede wolle ein Gotteshaus auf einer nahe gelegenen Höhe bauen. Alsdann wollten sie sich jeden Morgen durch ein Glöcklein freundlich grüßen. Die fromme Chrischona wandte sich zur Höhe des Dinkelberges und baute dort die Kapelle, Ottilia pilgerte auf den Tüllinger Berg, Margareta nach Westen, wo sie hinter Basel ihr Gotteshaus erbaute, nach ihr genannt St. Margareten. Jeden Morgen und jeden Abend grüßten sich die heiligen Schwestern durch das Glöcklein, führten ein gar fromm Leben und taten Gutes, wo sie konnten, also daß die Kunde von ihnen weit in die Lande umher drang. Dann verstummte das erste Glöcklein, hierauf das zweite, endlich das dritte — die Schwestern waren gestorben. Man begrub eine jede in der Kapelle, die sie gebaut hatte. Pater Antonius erzählte mir aber noch eine andere Kunde, wie er sie in Basel einstens vernommen hat.

Danach wäre die heilige Chrischona in Basel gestorben — die Basler möchten nämlich gerne auch etwas mit ihr zu tun haben —, und da man sie begraben wollte, konnte man den Sarg nimmer von der Stelle bringen. Endlich kam jemand auf den Gedanken, zwei junge Kühe, so noch nie ein Joch getragen, vor den Wagen zu spannen, darauf der Sarg stand. Dann sollten sie gehen, wohin sie wollten, und wo die Tiere stehen bleiben würden, sollte die Heilige begraben werden. Man tat also, die Kühe setzten sich sofort in Bewegung, und alles wich vor ihnen aus dem Wege, Bäume, Steine, Felsen. So gingen sie geraden Wegs den Berg hinauf, und wurde die liebe Heilige dort begraben. Über ihrem Grabe errichtete man das Kirchlein. Die Gebeine der frommen Chrischona ruhen also dort oben auf jeden Fall."

„Gar schön und innig ist die Historie von der heiligen Jungfrau", entgegnete der Pater, „und leicht begreiflich, daß gar viele hinpilgern, um dort zu beten. So ich wieder hinkomme, werde ich das Kirchlein mit anderen Augen anschauen."

„Wer weiß", sagte traurig die Gräfin, „wann wir wieder

dort oben der Andacht pflegen können! Der unselige Streit, so in unseren Tälern herrscht, wird es uns wehren."

„So glaubet Ihr auch nicht, daß dieser Waffenstillstand zum Frieden führt?" fragte der Pater.

Die Gräfin schüttelte den Kopf. „Der Neuenburger Sinn ist hart und gibt nimmer nach – und Bischof Heinrich von Basel ist ein Graf von Neuenburg!"

„Und des Habsburgers Kopf ist nicht weniger von Eisen", murmelte der Mönch; dann fragte er weiter: „Eure Brüder stehen fest auf Seite des Bischofs, und wenn ich Graf Otto recht verstand, ist er Euch nahe versippt?"

„Wohl, und das ganz nahe! Meine Mutter ist seine Schwester, eine geborene Gräfin von Welsch-Neuenburg am See. Unerschütterlich halten meine Brüder mit ihren Mannen zu ihm. O Pater Rubertus, ich kann es nimmer verstehen, daß geistliche Herren um weltliche Dinge mit den Herren und Fürsten hadern; aber völlig unbegreiflich will es mir scheinen, daß geistliche Herren untereinander im blutigen Streit liegen wie mein Ohm Heinrich noch mit Berthold von Falkenstein, dem Abt von St. Gallen."

„Ich kenne die Ursache dieses Streites nicht ganz genau", entgegnete Pater Rubertus. „Wohl hörten wir bei uns in Einsiedeln einige Male davon, doch nichts Bestimmtes. Wollet Ihr mir Näheres mitteilen, Herrin? Ihr wißt, ich bin ziemlich fremd in allem, was weltlich Ding angeht, da ich erst seit zwei Monden aus unserem stillen Kloster fort und auf Euer Schloß als Priester gekommen bin."

„Und doch habt Ihr verstanden, Euch in der kurzen Zeit die Herzen aller zu gewinnen", sprach die Gräfin warm. „Doch höret, ich will Euch die Geschichte kurz vermelden.

Zu Pfingsten war's, ums Jahr 1268, da der Abt von St. Gallen sich etliche Weinfuhren zu einem Festmahl bestellt hatte. Nun hatte mein Oheim eine Forderung betreffs einiger Kirchenangelegenheiten an das Kloster zum heiligen Gall. Da der Abt trotz mehrfacher Mahnung nicht zahlte, ließ mein Ohm, der Kunde von jener Weinsendung erhalten, die

Fuhren, die aus dem Elsaß kamen, wegnehmen. Als bald nachher der Streit zwischen diesem und dem Habsburger Grafen entbrannte, gab Abt Berthold dreihundert Ritter mit ihren Mannen unter Herrn von Lupfen dem Grafen zu Hilfe. Bei Säckingen kam es im Herbst zum Waffenstillstand, der im Kloster zu Beuggen unterzeichnet wurde. Was noch werden wird – Gott weiß es!"

„Und ihm vertraut, Herrin", sagte der Pater, als sie mit einem Seufzer schloß. „Niemand trauet ihm vergeblich. Vielleicht leuchtet nach all dem Herzeleid, so der Krieg mit sich führet, doch bald der liebliche Friede. Aber sehet, ob dem Reden sind wir unvermerkt bis zum Schloß gelanget."

Langsam ritten sie über die Zugbrücke durch das Tor, das sich vor ihnen öffnete. Drinnen im geräumigen Hofe stiegen sie ab, und indes etliche Knechte die Pferde zu den Ställen führten, schritten sie beide den Weg weiter hinauf zu den Wohnräumen in der Hochburg. Ein tiefer, breiter Graben trennte den Herrensitz von den nieder gelegenen Wohnungen der Mannschaften und Dienstleute.

Auf der schmalen Zugbrücke kam ihnen mit schnellem Schritt ein stattlicher Mann entgegen.

„Du bist's, Schwesterlein", rief er, als er das Fräulein sah. „Wo kommst du so spät her?"

„Vom Chrischonaberg, Walter; es war ein köstlicher Ritt."

„Machtest du ihn allein?"

„O nein, Pater Rubertus begleitete mich."

„Und hat probiert, ob er das Reiten noch kann", setzte dieser hinzu. „Es ging wohl noch leidlich, doch so wie Graf Walter kann er's nimmer!"

Der lachte laut auf. „Glaub's wohl! Seid gewiß auch jetzt ein wenig müde vom Ritt, so daß es Euch gelegen kommen wird, daß der Abendimbiß noch nicht bereitet ist. Könnet bis dahin der Ruhe pflegen, denn nachher wird wohl mein gelehrter Herr Bruder Otto Eurer Geselllschaft begehren, ich sah ihn vorhin mit einem Pergament in der Hand gedankenvoll im Wohngemach sitzen. Weiß nimmer, was er auf dem Papier so Wissenswertes findet! Einen feurigen Renner unter sich, dann in des Herrgotts Welt hinein, dahin über Berg und Tal, frisch und derb zugegriffen, wo's sein muß, und sich niemanden zu nahe kommen lassen, solches dünkt mich die beste Wissenschaft, die lob ich mir!"

Damit schritt er weiter und pfiff einem großen, schwarzen Hund, der vor dem Wohnhaus des Burgverwalters lag und ihm nun mit mächtigen Sprüngen nachsetzte.

Lächelnd hatte der Pater dem Grafen nachgesehen. „Wisset Ihr, Herrin, wie mir nicht nur Graf Walter, sondern auch Eure andern beiden Brüder oftmalen erscheinen? Wie starke Bäume voll ungebrochener Kraft, die, je mehr der Sturm brauset, nur um so kräftiger die Häupter erheben. Und im Schutz dieser starken Bäume seid Ihr erblühet, Herrin, ein hold Waldblümelein, wie Eure Brüder Euch benennen!"

„Gar poetisch redet Ihr, Herr Pater; man könnte vermeinen, einen Ritter zu hören! Doch wisset, der Waldblume ist's gar wohl im Schatten und Schutz dieser Bäume, und sie sehnet sich nimmer fort! – Gehabt Euch wohl, Hochwürden." Sie standen vor dem Herrenhause. Der Pater machte das Zeichen des Kreuzes über der Gräfin und stieg langsam eine schmale Treppe empor, die in sein Gemach führte, das gerade über der kleinen Burgkapelle lag.

Elisabeth war inzwischen mit fröhlichem Gruß in das Wohngemach ihrer Mutter getreten. Diese, eine stolze Frauengestalt, saß in einer der beiden tiefen Fensternischen, die das Zimmer hatte, in lebhaftem Gespräch mit Otto, ihrem zweiten Sohne. Bei Elisabeths Eintritt wandte sie ihr das Gesicht mit den klugen, dunklen Augen zu und sprach: „Warst lange draußen, Kind, hab' schon deiner gewartet. Wie geht es Pater Antonio in seiner Klause?"

„Er entbietet Euch seinen Gruß, liebwerte Frau Mutter; es gehet ihm wohl."

„Wie der scharfe Wind deine Wangen gerötet hat, Schwesterlein", lächelte Otto. Die Gräfin aber sprach schnell: „Keine gute Kunde ist's, so mir Otto gebracht hat, da er vorhin von einem Ritt gen Brombach heimkehrte. Dort ist ein tückisch Fieber ausgebrochen; mehrere Leute liegen darnieder, und drei sind allbereits heute gestorben. Auch hier in Rötteln sind etliche heut erkrankt. Da will ich nach dem Nachtmahl noch hinunter zum Dorf und schauen, wo zu helfen ist."

„Und ich gehe mit Euch, nicht wahr, Frau Mutter?" bat Elisabeth.

Einen Augenblick zögerte die Gräfin. „Das Fieber soll ansteckend sein, doch so du willst, komm mit; mein und dein Leben stehet in des Höchsten Hand! Geh und sorge für Stärke- und Labemittel, die wir mit uns nehmen wollen."

Elisabeth eilte hinaus, und die Gräfin wandte sich an ihren Sohn. „Und nun, Otto, gib mir Antwort auf die Frage, die ich an dich richtete, da Elisabeth vorhin kam, wann wirst du mir deine Braut und Rötteln eine junge Herrin zuführen?"

Das edle Gesicht des Grafen, der ganz seiner Mutter glich, hatte sich verfinstert. „Frau Mutter, muß es denn sein? Lasset doch ein Jahr oder zwei noch dahin gehen, alsdann, meine ich, sei noch immer Zeit dazu."

„Du zählest siebenundzwanzig Sommer, mein Sohn", entgegnete die Gräfin ernst, „und Odalsinde einundzwanzig. Zudem – sie wartet deiner –, du kennst die alte Vereinbarung zwischen deinem und ihrem Vater!"

Eine tiefe Falte grub sich in Ottos Stirn, und er rief: „Warum, um der Heiligen willen, werden solche Vereinbarungen getroffen, da sie oft das ganze Leben verbittern können!"

„Zürne nicht deinem edlen Vater", erwiderte die Gräfin, „er hatte mit jenem Abkommen nur unsres Hauses Bestes im Auge! Die Entstehung kennst du. Sollte nun unser Geschlecht aussterben, so fällt das Gesamterbe nicht an Fernstehende, sondern an unsere nächsten Verwandten, die Sausenhardter."

„Das Aussterben ist kaum zu befürchten", antwortete Graf Otto finster. „Doch solches ist Nebensache; der Vertrag besteht eben, und ich muß ihn erfüllen."

Nach einigen Minuten Schweigens fuhr er hochaufatmend fort: „Ich werde zum Mai nach der Sausenburg reiten und Odalsinde heimholen."

„Gott segne deinen Entschluß", sagte die Gräfin leise und küßte seine Stirn. Dann ging sie hinaus, um noch verschiedenes für den Weg ins Dorf zu rüsten. Graf Otto aber wandte sich dem Fenster zu und blickte in den Abend hinein. Vor seinem Auge stand die Gestalt des Mädchens, die seit seiner und ihrer Kindheit seine verlobte Braut war. Vor zwei Jahren hatte er sie bei einem kaum zweistündigen Besuch auf der Sausenburg das letztemal gesehen, und so sah er sie jetzt vor sich.

Sie war eine schlanke, große Gestalt und trug den feinen Kopf mit den schönen Zügen stolz auf den Schultern. Aber die großen braunen Augen blickten kühl und fremd an ihm vorüber; der Mund verzog sich zu keinem Lächeln. Trotzdem wußte er genau, daß die dunklen Augen strahlen konnten und der Mund süß zu lächeln verstand. Er selbst hatte es gesehen, da er im Sausenburger Schloß am Fenster gestanden und in den Burggarten hinabgeschaut hatte, wo Odalsinde sich gerade aufhielt. Da saß sie auf einem niederen Bänklein unter einem Apfelbaum; von den herabfallenden Blüten hatten sich einige in ihren braunen Locken verfangen. Auf dem Schoß hielt sie das zweijährige Töchterchen des Haushofmeisters und scherzte und lachte mit der Kleinen. Als sie aber einige Minuten später ins Zimmer getreten war und ihm gegenüberstand, lag tiefer Ernst, ja Kälte auf ihrem Gesicht. Vergebens hatte er auf ein Lächeln gehofft.

Da war er voller Unmut heimgeritten; aber das Bild Odalsindes unter dem Apfelbaum hatte ihn begleitet. Vielerlei war im Laufe dieser zwei Jahre geschehen; in den wachsenden Streitigkeiten und Unruhen hatte er selten ihrer gedacht; auch empfand er alsdann immer nur den einen Wunsch, die Hochzeit solange wie möglich hinauszuschieben. Jetzt aber sah er sie wieder vor sich wie damals unter dem Apfelbaum, und er ertappte sich bei der leisen Frage, ob sie wohl einmal für ihn solch ein Lächeln haben würde! Wie wird sie ihn wohl empfangen, wenn er jetzt kommt, die alte Vereinbarung zu erfüllen?

„Torheiten", murmelte er halblaut vor sich hin und durchmaß mit schnellen Schritten das fast dunkle Gemach. Er fing an nachzudenken, wie sich eigentlich das Verhältnis zwischen ihnen später gestalten sollte. Aber der Ton der Glocke, die die Hausbewohner zum Abendimbiß rief, störte ihn; langsam ging er hinunter in die Halle.

Sie lag neben der Küche; als er eintrat, fand er die ganze Familie schon versammelt; nur Walter fehlte noch.

„Ein Bote kam von Ohm Heinrich aus Basel", berichtete Lutold auf die Frage seiner Mutter nach ihrem Sohne. „Walter rief mir zu, da ich vorhin über den Hof kam, die Botschaft sei von Wichtigkeit, er könne nicht alsogleich kommen; wir sollten nicht warten."

„Das können wir auch nicht", entgegnete die Gräfin, „ich will mit Elisabeth noch ins Dorf zu etlichen Kranken, da müssen wir uns eilen."

„Gestattet, edle Frau, daß ich Euch begleite", sprach Pater Rubertus. „Ich vernahm auch allbereits, daß ein bös Fieber ausgebrochen sei; die Kranken möchten des Zuspruchs bedürftig sein."

„Und wer verstünde den besser zu erteilen denn Ihr", antwortete herzlich die Gräfin; „es wird mir nur lieb sein, so Ihr uns geleitet."

„Das Fieber soll ansteckend sein", sagte der Pater leise, einen besorgten Blick auf Elisabeth richtend.

„Und da meint Ihr, ich solle daheim bleiben", lächelte diese, die den Blick bemerkt und verstanden hatte. „Sprecht nicht davon, Herr Pater, ich bitte Euch! Mich zieht's zu den Armen, vielleicht kann ich ihnen dienen."

Sie werden vermeinen, eine Himmelsgestalt betrete die Hütte, dachte der Pater, und sein Auge glitt rasch über das holde Mädchen mit dem zarten Antlitz und dem schweren, blonden Haar, aber er sagte nichts.

Draußen klang ein schneller, harter Schritt; die Tür sprang auf, Walter trat ein und nahm an der Tafel Platz. Eine finstere Falte saß zwischen den Augen; schweigend aß er von den Speisen, die ihm Lutold zuschob.

„Nun?" fragte Otto und bot ihm einen gefüllten Pokal.

Walter tat einen tiefen Zug, dann sprach er, und seine blauen Augen blitzten: „Sie können in Basel drunten keinen Frieden halten! Die vom Stern und die vom Sittich sind widereinander jetzt mehr denn je. In der Trinkstube ‚Zum Seufzen im Brünn' erhitzten sich die Sternen bis zum Übersprudeln, und auf der ‚Mügge' geht's bei den Sittichen auch begreiflicherweise nicht eben still zu. Der Bischof entbietet alle die vom Sittich auf übermorgen zu einer Beratung zu sich gen Basel. Bis dahin soll ein jeder überdenken, was das Beste zu tun sei, meine Meinung freilich ist allbereits fertig."

„Und die wäre?" fragte Lutold.

Walters Augen sprühten. „Wenn die Sternen den Sittichen in allem immer wieder entgegen sind, auch nimmer wollen, wie der Bischof will, sondern allewege dawider aufzubegehren haben und das Maul groß aufreißen, soll er ihnen eins draufgeben, die Macht hat er ja dazu."

Lutold lachte laut auf; auch Otto und der Pater konnten sich dessen nicht erwehren. Dann entgegnete Otto: „Deine Meinung ist so übel nicht; doch trage ich etliches Bedenken, sie so ohne weiteres zu äußern und sie als Rat zu geben. Laßt uns vorerst morgen noch überlegen."

„Und vergesset nicht, daß der Habsburger zu denen vom Stern gehört", warf die Gräfin dazwischen und erhob sich.

Auch die anderen standen auf; der Pater sprach ein Abendgebet und verließ mit den Frauen die Halle, um ins Dorf zu gehen. Die Brüder blieben zurück.

Lutold ergriff eine Laute, die an der Wand hing, und schlug einige Akkorde. Walter aber rückte ein wenig näher zu Otto und sprach: „Auf deinem Antlitz ruhet ein ander Nachdenken, denn ich sonsten gewohnet bin, bei dir zu sehen, so du von einem Pergament kommst – was ist's, Otto?"

Finsterer Ernst breitete sich über das Gesicht des Angeredeten; er fuhr sich durch den dunkelblonden Bart und antwortete: „Auf dringenden Wunsch unserer Frau Mutter habe ich heute meine Vermählung mit Odalsinde auf den Mai festgesetzt!"

Walter sprang überrascht auf. „Den Daus! Das nenne ich eine Neuigkeit! Doch will mich bedünken, die Zeit sei schlecht zu dergleichen Dinge gewählt! Der Habsburger und Ohm Heinrich in offener Fehde, wenngleich jetzt Waffenstillstand ist, in Basel Streitereien zwischen dem Adel, die auch nimmer gut enden, drunten im Dorf ein bösartig Fieber, und hier ist vom Frieden die Rede! Ist solang mit der Heirat gewartet worden, hätt's auch noch währen können, bis Friede ist."

Er setzte sich kopfschüttelnd, und als Otto schwieg, fuhr er fort: „Ich sollt' dir Glück wünschen, Bruder; aber wie kann ich's, da ich weiß, wie diese Sache auf dir lastet und dein Gesicht jetzo dazu sehe! Ich kann nur eines wünschen, daß die Heiligen ein Einsehen haben und was Gutes draus machen für dich und unser Geschlecht." Er hatte Ottos Hand mit kräftigem Druck ergriffen; innige Teilnahme sprach aus seinem Antlitz.

„Hab' Dank, Walter", erwiderte der Graf; „ja, wenn ich wüßte, es wäre gut für unser Geschlecht, ich wollte das Opfer gerne bringen. Schlecht gewählt ist die Zeit zum Freien, du hast recht; doch ich gab mein Wort heut auf die Bitten der Mutter, und ich will's halten. Sobald die Beratung in Basel vorüber, entsende ich einen Boten nach Sausenburg, der meine Ankunft in drei Wochen meldet. Dann mag die Vermählung sein, und Rötteln erhält eine junge Herrin."

Zweites Kapitel

Am Fuße des Schloßberges lag das Dorf Rötteln. Es war ziemlich groß; seine kleinen, hellen Häuser schauten freundlich zwischen den jetzt noch unbelaubten Bäumen hervor. Mitten im Dorf, auf einem großen Platze, erhob sich das Kirchlein, umgeben von dem Gottesacker.

Tiefe Stille ruhte über Dorf und Burg Rötteln; die Mitternacht war vorüber. Hin und her drang ein schwacher Lichtschein aus einem der Häuschen – dort hatte der unheimliche Gast Einzug gehalten, und vergebens kämpften die Menschen gegen ihn an.

Gräfin Edelgundis und der Pater waren erst nach Mitternacht heimgekehrt; jetzt saß Rubertus in seinem Gemach, hatte vor sich auf dem Tisch sauber geschnittene Bogen Papier liegen, das Schreibzeug stand daneben, und eifrig glitt der gespitzte Kiel über das Papier.

Aus dem Tagebuch des Paters

Burg Rötteln, am 14. April
Anno Domini 1271

„Es ist gut, so der Mensch auf seiner Pilgerschaft durch dies Erdenleben einen vertrauten Freund hat, dem er sein Herze ausschütten kann und weiß, es ist gleich also, als ob er kein Wort verloren hätte, dieweil alles in der Brust des anderen verschwiegen ruhet wie im Grabe."

Also sprach Pater Hieronymus eines Abends zu mir, da wir beide im Klostergarten zu Einsiedeln nach der Abendandacht saßen. Ein duftiger Frühlingstag war es, gleich dem heutigen; jetzt wehte ein kühler Wind von den Bergen, und über ihren Spitzen schoben sich die Abendwolken zusammen. Schweigend hörte ich der Rede meines Freundes zu.

„Aber", fuhr er nach etlichen Minuten fort, „nicht allen ist das Glück beschieden, einen wahren Freund ihr eigen zu nennen. Des öfteren hat man es erfahren müssen, daß selbst die treuesten Freunde im Mißverständnis sich abwandten, und was dann? Da gibt's einen Ausweg, Rubertus, und solchen merke dir: Tagebuchblätter sind die verschwiegensten Freunde, und sie verstehen auch nimmer falsch. So dir eine schwere Zeit begegnet, Rubertus, und dir stehet kein Freund zur Seite, so vertraue dein Leid den verschwiegenen Blättern an, und du wirst dich leichter fühlen. Vergiß aber nimmer, daß der verschwiegenste Freund unser Erlöser selber ist. Da kannst du dich geben, wie du bist, und sicher sein, daß du nie mißverstanden wirst. Nur, was du mit ihm besprechen kannst, solches vertraue den Blättern an, und bedenke, alles, was du dich scheust, ihm mitzuteilen, ist ein Unrecht und muß bekämpft werden."

Oftmals gedachte ich solcher Worte und habe den Federkiel zur Hand genommen und — wieder fortgelegt —, heute aber drängt es mich zu schreiben. Hab' gar mancherlei erlebt in diesen Stunden! Eine Seuche ist im Dorf; sie nennen sie die Valentinskrankheit. Allüberall wütet sie, drüben in Brombach, in Riehen und anderswo. Gräfin Edelgundis und Elisabeth gingen nach dem Abendimbiß hinab zum Dorf; ich begleitete sie. Im ersten Haus, da wir eintraten, rang der Vater mit dem Tode, eine Tochter von zwanzig Jahren lag auf dem Schragen. Verzweifelt kniete an der Leiche ihr Verlobter. Er hatte mich noch rufen wollen, ihr die letzte Ölung zu geben — der Tod war schneller gewesen! Mein Herz tat mir weh bei all dem Jammer! Aber ich konnt' ihm zusprechen, daß der Allmächtige auch ohne solch Sakrament einer Seele gnädig sei, so sie an ihn geglaubt hat, und wollt' noch mehr sagen, als Gräfin Edelgundis mich bat, ihre Tochter heim zu begleiten. Ihr mocht doch bang geworden sein beim Anblick der Leiche!

Schweigend gingen wir durch die Nacht; da hob Elisabeth an: „Pater Rubertus, warum läßt Gott so viel des Leides über ein Haus, ein Herz ergehen, so er doch ein Gott der Liebe genennet wird?"

„Eben, weil er ein Gott der Liebe ist, Herrin, tut er solches", entgegnete ich gedankenvoll; er will das Menschenherz lösen vom Irdischen, daß es sich erschließe dem Himmlischen. Solange noch das Herz mit einem Faden an die Welt gekettet ist, besteht die Gefahr, das Irdische möge es schließlich wieder ganz umstricken. Da sind alsdann Leid und Schmerz die Messer in Gottes Hand, um solche Fäden zu zerschneiden. Schauet die Efeuranken in unseren Wäldern an. Sie ranken sich am Boden hin; ihre feinen Wurzeln dringen in die Erde. Da kommt der Sturm; er reißt die zarte Ranke los, und nun lernt sie, sich um den starken Baum zu schlingen und ihn zu umziehen. So alsdann wieder ein Sturm daherbrauset, ist sie geborgen; der Baum trägt sie. Sehet darin das Bild eines Menschen, der es durch Leiden gelernt hat, daß das Kreuzesholz unseres Erlösers besser ist, um sich daran zu halten, denn alles andere auf Erden."

Einige Augenblicke schwieg sie und erwiderte dann lebhaft: „Es gibt aber auch Ranken, die lassen sich nimmer dazu bringen, die Erde zu verlassen und sich am starken Baum zu halten, und andere gibt's, die wurzeln kaum mit einer Wurzel am Boden; sie streben sogar von selbst danach, zur Höhe zu kommen."

„Wehe den ersten", antwortete ich ernst. „Ihr wisset wohl, Herrin, wie es solchen ergehet; sie werden schließlich zertreten und von den Tieren vernichtet. Wohl aber den anderen, sie bleiben zur Zierde des Baumes und werden erhalten."

Sie sah mich erstaunt an. „Ihr redet so ganz anders, denn sonsten ein Pater", sagte sie, „woher kommt solches?"

„Ich sage es Euch ein andermal, Herrin, nicht heute."

Sie nickte und streckte mir die Hand hin; wir waren am Burgtor angelangt. „Ich verstand Euch doch gut", sprach sie leise, „und ich danke Euch! So mich ein Schmerz treffen wird, will ich der Efeuranken gedenken und lernen, mich nur um so fester ums Kreuzesholz zu schlingen."

Der Torwächter ließ sie ein, und ich eilte schnellen Schrittes ins Dorf zurück. Etliche Stunden später kehrte ich mit der edlen Frau heim, beruhigten Herzens und dankerfüllt.

Bei dem Vater war die Gewalt des Fiebers gebrochen; Balthasar aber, der Verlobte des toten Mädchens, sagte mir, da wir gingen: „Hochwürden, Ihr tatet mehr an mir in dieser Nacht, denn sonsten je ein Mensch getan hat oder tun wird. Ihr habt mich gelehret, Gott zu erkennen und an seine Liebe zu glauben, wenngleich er uns zu Boden schlägt. Ihr habt mich dem Leben zurückgegeben — ohne Euer Dazwischenkommen hätt' ich's mir genommen noch diese Nacht! Euch haben die Heiligen gesandt, mir zu helfen, o habet Dank!"

Wie danke ich meinem Gott solches! Ob unser Abt sonderlich erbaut gewesen wäre, so er mich diese Nacht hätt'reden hören? Glaub' kaum! Und doch, hätt' ich von anderem reden können, denn von der großen Liebe, die da ruft: Kommt her zu mir alle, die ihr mühselig und beladen seid, ich will euch erquicken? Hätt' ich von anderem reden können, denn von dem gütigen Vater, der jedes seiner Kinder zu sich ziehen will durch Leid und Weh? Und die innewohnende Kraft solcher Lehre zeigte sich wieder an dem Mann, der zwar gebeugt, aber nun still und ergeben neben der toten Braut stand.

Der Pater legte die Feder hin; ein leises Lächeln umspielte seine Lippen. Er legte den Kopf an die Lehne des Stuhles und versank in tiefes Nachdenken.

Er gedachte jener Zeit, da ihm zum ersten Male Zweifel an verschiedenen Lehren seiner Kirche aufgestiegen waren, dieweil doch so manches, das er nicht im Worte des Hochgelobten fand, von ihr gelehret wurde. Er war darob in schwere Gewissensbedrängnis geraten und hatte sich in seiner Not an Pater Hieronymus, einen der ältesten Mönche im Kloster, gewandt, um ihm sein Herz auszuschütten.

Der hörte ihm mit feinem Lächeln zu und sprach alsdann: „Ja, du hast recht! Gleichwie zu den Zeiten unseres Erlösers die Pharisäer viel Menschenwort zum Gotteswort getan, also ist es auch zu dieser Zeit. Du aber und ich, wir beide sind nimmer berufen, zu erforschen, wo Gotteswort aufhört und Menschenwort anfängt, noch aufzudecken, was an Überflüssigem sich vielleicht eingeschlichen hat. Das bedarf anderer Geister, denn wir sind. Wir wollen uns aber am heiligen Gotteswort halten, wie ich es schon lange und du jetzt droben in der Bibliotheka gefunden hast, und weiter forschen nach dem wahren Weg des Heils. Und so sich dir trostbedürftige Seelen nahen, so sprich ihnen von der bereitwilligen Hilf' und Fürsprach' der Heiligen zum zweiten; zu allererst rede von der Liebe des barmherzigen Erlösers, zu dem wir jederzeit nahen dürfen ohne Vermittlung anderer! So du aber von dieser großen Liebe zu anderen reden willst, mußt du sie allererst in ihrer vergebenden Kraft in deinem Herzen kennengelernt haben."

So hatte Pater Hieronymus gesprochen, und Rubertus bewegte es in seinem Herzen. Dann kam jene Zeit, wo er auch an sich erfuhr und verstehen lernte, wovon der Pater geredet hatte, und nun saß er täglich mit Hieronymus gebeugt über den heiligen Schriften, um durch sie den Willen des Hochgelobten zu erkennen.

Auf diese Weise vergingen etliche Monde. Eines Morgens kam Rubertus zu dem Pater in die Zelle und sprach: „Nimmer hält's mich in den Klostermauern! Ich möcht' draußen in der Welt wirken unter denen, die dem Heil ferner sind denn ich, ich will zum Abt und ihn bitten, mir eine Stelle als Kaplan oder Leutepriester zu geben."

Hieronymus schaute ihn lange an, dann sprach er langsam: „Warte – warte, bis dir der Höchste selbsten den Weg zum Leben draußen weisen wird. Geschieht das, so wirst du im Segen wirken, sonst gerät es dir und anderen zum Unheil. So wie du heut vor mir, stund ich einsten vor meinem Abt mit demselben Begehr. Hätt' er mich nimmer fortgelassen, es wär' besser gewesen – hör' auf mich und warte in Geduld."

Und Rubertus blieb und wartete – ach welch ein köstlich und – schwierig Ding ist das rechte Warten! Rubertus wartete – zuerst mit viel Ungeduld, dann mit mehr Ruhe und endlich mit Ergebung in Gottes Willen.

So verstrich ein Jahr, und fast hatte er jetzt vergessen, was einst ein glühend Begehren in ihm gewesen war. Da ließ ihn der Abt rufen und erklärte ihm in kurzen Worten: „Wenn die Sonne zum dritten Male die Erde grüßt, ziehest du als Burgpriester nach Rötteln, dem Schloß im Wiesetal. Der älteste derer von Rötteln, Graf Walter, hat hergesandt. Ich fand dich passend für die Stell'."

Mit blitzenden Augen stürzte Rubertus zu Hieronymus und konnte ihm nicht schnell genug die Neuigkeit verkünden. Der hörte still zu; doch als Rubertus den Namen Rötteln nannte, sprang er hastig auf und schritt zum kleinen Fenster. Er schwieg noch, als Rubertus längst geendet, und wendete sich erst um, als ihm der junge Mönch leise die Hand auf den Arm legte.

„Rötteln?" fragte er, und als Rubertus nickte, sprach er weiter: „Ich kenne die Burg im Wiesetal nicht, aber doch weckt ihr Name Erinnerungen in mir, die besser ungeweckt blieben! Geh jetzt, mein Sohn, laß mich allein – möge auf deinem neuen Lebenswege Segen erblühen!"

Rubertus ging; über seine große Freude war ein Schatten gefallen. Aber es war nur ein kleiner Schatten gewesen, und frohe Zuversicht und Heiterkeit strahlten aus seinen Augen, die sonst so ernst dreinschauten, als er am letzten Abend Pater Hieronymus gegenübersaß.

Sie redeten miteinander von diesem und jenem, bis endlich der Pater zu dem scheidenden Bruder sprach: „Mein Ausspruch über Rötteln mag dich gewundert haben – und das mit Recht. Ehe du nun heute scheidest, will ich dir sagen, was mein Vermächtnis nach meinem Tode an dich ist. Dort in der Lade findest du zuunterst Tagebuchblätter; nimm sie und verbrenne sie, nachdem du sie gelesen hast. Du bist mir lieb gleich einem Bruder. Unsere Seelen fanden sich, so sollst du auch mein Leiden kennen – doch erst, so ich nicht mehr bin. Du gehest morgen in die Welt, aus der man dich einst zu uns brachte, und du gehest gerne. Heute lasse ich dich unbesorgt ziehen, vor einem Jahr wär's nicht der Fall gewesen! Heut bist du gereifter, und nun wirst du zum Heil der Mitmenschen und mit Vorsicht aus dem Born schöpfen, der sich dir und mir hier in der Stille erschlossen hat.

Eins aber bitt ich dich: sei vorsichtig! Gunst und Ehrbezeugungen der Hohen dieser Welt und schöne Frauenaugen sind schon manchem edlen und reinen Herzen zum Fall gediehen! Hüte dich, und so du Gefahr merkest, so fliehe! Hat die Welt dir aber weh getan, lerntest du den Schmerz da draußen kennen, so komm heim. In den stillen Klostermauern wird's auch alsdann wieder in dir stille werden. Und nun geleit' dich Gott."

Am anderen Morgen, als die Mönche zur Frühmette im Chor der Kirche vereint waren, hatte Rubertus die Reise angetreten durch Schnee und Eis, durch Sturm und Kälte, geleitet von mehreren Knechten, die der Rötteler Herr mit Rossen zu seiner Begleitung gesandt hatte.

So gelangten sie am dritten Tage gegen Abend in Rötteln an, zuerst bewillkommt von Elisabeth, der jungen Gräfin, die just über den Hof schritt, da er vom Rosse stieg.

Zwei Monde waren seitdem verstrichen; der Frühling wollte ins Land ziehen. Ihm aber war unter den so verschiedenen, doch gleich edlen Bewohnern der Burg die Zeit wie im Fluge dahingegangen. Manch Wörtlein von dem, was er in der Stille des Klosters eingesammelt hatte, streute er, edlen Samenkörnern gleich, da und dort aus, und mehr denn einmal schon hatte Gräfin Edelgundis gesagt: „Wie redet Ihr so anders denn Pater Eusebius, und wie anders dringet Eure Rede in die Herzen!"

Und daß seine Worte von Segen begleitet waren, hatte er ja in dieser Nacht an Balthasar, dem verzweifelnden Manne, gar deutlich gesehen. Aber auch an einer anderen hatte er es gemerkt, das war an Elisabeth, der holden Waldblume, die hier so lieblich erblüht war.

Ja, Elisabeth! Sie gemahnte ihn mit den lichten Haaren

und den blauen Augen, die einem klaren Bergsee glichen, immer an die liebe Heilige, deren Namen sie trug – deutlich sah er deren Bild vor sich –, und nun wußte er plötzlich nicht, um welcher Elisabeth Haupt der Heiligenschein strahlte, welche von beiden ihn so hold anlächelte – ihm schienen es alle beide zu sein – sie nickten, reichten ihm die Hände – er wollte sie erfassen, er lächelte auch – und mit diesem Lächeln um den ernsten Mund sank das Haupt an die Lehne des Stuhles – Pater Rubertus schlief fest und tief.

Drittes Kapitel

Im Sitzungssaale des bischöflichen Palastes hatte sich eine glänzende Versammlung zusammengefunden. Da standen die von Eptingen, die Pfaffen, die Vitztume, die von Ramstein, von Kraffen, von Neustein, von Reichen, von Kriß und andere edle Herren auf der einen Seite des Saales und warfen finstere Blicke hinüber zu der anderen. Dort war an der Wand eine weißseidene Fahne mit grünem Sittich darin befestigt; unter ihr standen die Herren von Rhyn, die Kammerer, die Neuenburger am See, der Schenk von Usenberg, der Herr von Hasenburg, von Bärenfels und Rich von Richenstein, der Herzog von Teck, die Herren von Rötteln und andere Vertreter edler Geschlechter.

In der Mitte des Saales stand ein Tisch, mit golddurchwirkter Decke bedeckt; daran hatte Heinrich, der Bischof, Platz genommen und leitete die Verhandlungen. Er war ein Mann in mittleren Jahren; sein Haar war stark ergraut, aber in ungebeugter Kraft trug er das Haupt auf den Schultern; Energie und eiserne Entschlossenheit prägten sich in den scharf geschnittenen Zügen aus.

Heftige Reden waren da und dort erklungen; murmelndes Geräusch vieler Stimmen drang durch den großen Raum; mehr denn ein Auge blickte finster aber forschend auf den

Bischof, der in stolzer Ruhe am Tisch saß und sich leise mit Karl von Neuenburg am See, seinem Schwager, unterhielt.

Jetzt trat dieser zurück; Heinrich erhob sich, mit der Hand Schweigen gebietend. Tiefe Stille trat ein, und laut und vernehmlich drangen seine Worte an die Ohren eines jeden.

„Ihr Herren vom Stern“, wandte er sich zu der Vereinigung von Adelsgeschlechtern, die diesen gemeinsamen Namen angenommen hatten im Gegensatz zu der Partei derer vom Sittich, „Klage ist erhoben worden wider euch hier zu Basel, daß ihr nimmer Frieden zu halten verstehet. Allerorten bändelt ihr an. Heute in der Morgenstunde ist mir sogar zu Ohren gekommen, daß einer der euren, ein Kraff, mit einem der Marschalke Streit angefangen und diesen niedergestochen hat, also, daß er lange Zeit gebrauchen wird, ehe denn er die alte Kraft wieder erhält. Ich frage euch nun, was ist's, daß ihr nimmer Frieden halten könnt?“

Da trat auf der Seite, wo die blutrote Seidenfahne mit dem weißen Stern im Feld an der Wand hing, ein Herr von Matzerell hervor. Finster schaute er den Bischof an, und drohend klang seine Stimme: „Ich geb' Euch die gleiche Frage zurück, hochwürdigster Herr! Was ist's, daß die vom Sittich nimmer Frieden halten können? Was ist's, daß sie sich immer so aufspielen, als ob die lieben Heiligen sie mit besonderer Fürsprach im Himmel beehrten? Was ist's, daß sie immer verlangen, allüberall den Vortritt zu haben, grad als ob bei uns keiner wär', der so edel sei denn sie, wo doch bei uns gar mancher ist, der sich kühnlich über die alle dort drüben stellen könnt'?“

„Ihr umgehet geschickt meine Fragen, Herr von Matzerall“, entgegnete mit ruhiger Stimme der geistliche Herr. „Ihr wisset so gut als ich, daß zu denen vom Sittich sich die ältesten Adelsgeschlechter zählen, desgleichen die Schaler von Basel, und vor allem die Mönche, deren geistlich Amt schon den Vortritt bei allen Gelegenheiten vor allen anderen fordert, und —“

„Und denen soll der Vortritt werden, wir weigern ihn

nicht", rief Herr von Matzerell dazwischen, „den anderen aber nimmer, und wär' ihr Adel zehnmal älter denn der unsere!"

„Schweigt, Herr", fuhr der Bischof auf und winkte abwehrend Walter von Rötteln, der in heftigem Zorn bei des Ritters Worten nach dem Schwert gegriffen hatte. „Ihr redet erst, so ich schweige. Vergesset nimmer, daß ich der Bischof bin! Gleichwie jetzt habt ihr alle vom Stern immer dazwischen zu reden, wenn ich, der Bischof und Herr von Basel, etwas bestimme. Das ist die Klage, so ich persönlich gegen euch erhebe. Es kann auf diese Weise nimmer weiter gehn in unserer guten alten Stadt Basel, und derhalben stelle ich euch folgenden Antrag:

Zum ersten, in der heiligen Messe, desgleichen bei sämtlichen kirchlichen und weltlichen Festlichkeiten haben die Mönche und Schaler und nach ihnen alle anderen Mitglieder derer vom Sittich, die Grafen, Ritter und Herren, den Vortritt vor euch.

Zum zweiten, so ich etwas befehle oder verordne, habt ihr zu gehorchen. So einer meinet, etwas besser zu wissen, hat er's in aller Bescheidenheit, wie denn es sich der Kirche und ihren Häuptern gegenüber ziemet, zur rechten Zeit zu sagen und nicht, wie bis anhero, mit viel Geschrei allem entgegen zu sein, bloß, um sich zu widersetzen.

Zum dritten, ihr müßt den Ritter von Kraff ausliefern, der dem Herrn von Marschalke solche Verwundung beigebracht hat, auf daß er nach Recht und Gerechtigkeit die Straf' erleide, die er verdient hat."

Kaum hatte der würdige Herr geendet, so brach ein ungeheurer Sturm los. Die vom Sittich jubelten ihm zu; aber die vom Stern schrien durcheinander: so etwas dürfe nimmer geschehen — das könnten und dürften sie sich nicht bieten lassen — das sei Hochmut und Ungerechtigkeit, eins größer denn das andere — bis Herr von Matzerell als der Sprecher derer vom Stern wieder an den Tisch trat und wild rief: „Höret, Herr Bischof, was Ihr begehret, wird nimmer geschehen — nimmer, höret Ihr? Den Schalern und Mönchen lassen wir den Vortritt, keinem anderen. Dem, was Ihr bestimmt, werden wir uns fügen, solange wir solches für gut befinden, und den Kraff, den bekommt Ihr nicht heraus, so wahr ich Matzerell heiße. Wollen die Marschalke Genugtuung, sollen sie sie sich holen. Das ist unsere Antwort auf Eure Rede."

Totenstill war's bei seinen Worten im Saal geworden, jetzt scholl nur gedämpft ein Beifallsmurmeln der Seinen zu ihm herüber; mit verhaltener Wut griffen die vom Sittich nach ihren Schwertern, aber aller Augen waren erwartungsvoll auf den Bischof gerichtet.

Er erhob sich langsam von seinem Platz, seine Gestalt schien noch zu wachsen; mit eiserner Ruhe ließ er den Blick über die aufrührerischen Edlen gleiten und sprach, jedes Wort schwer betonend: „Da ihr euch nicht fügen wollt, auch auf meinen Versuch, mit euch Frieden zu halten, nicht eingehet, vielmehr erneuten Haß zeiget, so weise ich euch, kraft meines Amtes als der Stadt Basel geistlich und weltlich Oberhaupt, mit euren Weibern und Kindern aus den Grenzen der Stadt. In vierundzwanzig Stunden seid ihr hinaus."

Die Wirkung dieser Worte war unbeschreiblich; es war, als wäre der Blitz zwischen die Versammelten gefahren. Auch die vom Sittich standen überrascht; das hatten sie noch nicht erwartet, wenngleich Graf Karl von Neuenburg am See und der Markgraf von Hochberg in der am Morgen in der Wohnung des Bischofs stattgehabten Versammlung eifrig dafür gesprochen hatten.

Bei denen vom Stern aber malten sich Überraschung, Staunen, Schreck, Ärger, Grimm auf den Gesichtern, bis der Zorn die Oberhand behielt und ein wildes Geschrei den Saal durchbrauste. Auch in die Gestalt des Herrn von Matzerell kam jetzt Leben. Totenbleich war zwar sein Antlitz; aber mit fast wuterstickter Stimme schrie er, vor dem Bischof mit der Faust auf den Tisch schlagend: „Das soll

Euch bitter gereuen, Bischof von Basel, und euch, ihr vom Sittich, desgleichen! Habt wohl vergessen, daß der Graf von Habsburg mit Euch in Fehde liegt und einer der unseren ist! Der erhält anjetzo Hilfe, ihr Herren. Wir werden der verdammten Gesellschaft zeigen –"

Aber er kam nicht weiter. Mit wahrer Donnerstimme rief der Bischof in den tobenden Lärm: „Schweigt, und hinaus mit allen." Er winkte den Dienern; die öffneten weit die Türen.

Aber die Ritter vom Stern zeigten nicht die Absicht, zu gehen; bissige Schmähreden flogen zu den Sittichen und blieben von dort nicht unbeantwortet – schon flogen zu den Worten auch hüben und drüben die Schwerter aus den Scheiden. Da trat der Bischof zwischen die Parteien, erhob die Arme und rief beiden zu: „Wer von euch, dort oder hier, das Schwert wider den anderen zückt, wird mich zuerst treffen! Und nun, ihr Herren vom Stern, verlasset den Saal."

Da sanken die Schwerter; allmählich begann der Raum sich zu leeren. Als letzter verließ Herr von Matzerell den Saal und murmelte im Hinausgehen: „Ihr werdet unserer und des heutigen Tages gedenken!"

Als sich die Türen hinter ihm geschlossen hatten, wandte sich Bischof Heinrich zu den Zurückgebliebenen.

„Das war eine schwere Stunde", sprach er hochaufatmend, „und manche schwere Stunde wird sie im Gefolge haben."

Aus dem Tagebuch des Paters

Am 18. April, nachmittags.

Schier wolkenlos wölbt sich heute der Himmel über der Erde; in frischem Grün prangt die Natur. Ich war nach dem Mittagmahl in den Garten gegangen, hatte mich in eine versteckte, dem Sinnieren geeignete Laube gesetzt. Als ich den schmalen Weg entlang schaute, gewahrte ich Elisabeth, die langsam daherkam. In ihrem weißen Gewand paßte die schlanke Gestalt mit den blonden Flechten auf dem Haupt recht in die Frühlingswelt hinein; aber ich sah allsogleich, daß sie traurig war und daß Tränenspuren auf ihren Wangen waren.

Erschreckt trat sie zurück, da sie meiner ansichtig wurde, aber ich bat sie: „Bleibet, Herrin, und so Ihr allein sein wollt, will ich gehen – aber vielleicht lasset Ihr mich teilnehmen an Euren Kümmernissen."

Dankbar schaute sie mich an, schlug die Hände ineinander und sagte seufzend: „So vieles drückt mich, Herr Pater!" Und sie sprach zu mir von ihrer Sorge um die Zukunft, die ja freilich durch die Geschehnisse heute drunten in Basel um vieles dunkler geworden ist, sprach von ihrer Sorge um die Burg, um die Mutter, um die Brüder, besonders um Otto. Erstaunt fragte ich: „Warum gerade um diesen?" Mit Tränen erklärte sie mir seinen jetzt oft so finsteren Ausdruck – Barmherziger, also nicht das Herz treibt ihn zu seiner Braut, sondern die Pflicht! Nimmer ahnte ich solches! Armer Mann – und armes Weib! Aber doch müssen alle Dinge uns zum besten dienen – solches sagte ich ihr und fügte hinzu: „Wisset, vieledle Jungfrau, daß Ihr selbst, Eure Mutter, Eure Brüder, die Burg Eurer Väter und die bevorstehende Heirat des Grafen Otto unter der Obhut des Höchsten stehen! Wisset, daß seine starke Hand alles Ungemach abwenden kann. Nichts kann uns geschehen, denn was er für gut befindet; wollt Ihr das glauben, Herrin?"

Sie neigte das Haupt: „Ich will's glauben", und reichte mir die Hand. „Ich danke Euch, Pater Rubertus!" –

An einen unserer klaren, blauen Bergseen gemahnen mich ihre Augen . . ., mir ist zu Sinn, als läge ein gar köstlicher Schatz in seiner Tiefe, den zu heben nur einem Auserwählten und Glücklichen gelingen könne und beschieden sei – o Rubertus, wohin irren deine Gedanken.

Ich will hinab zum Dorf, das Licht des reinen Gotteswortes in die Herzen tragen, die im Dunkel des Schmerzes sind, und Auferstehungshoffnung dorthin, wo der bittere Tod eingekehrt ist.

Am Abend des gleichen Tages.

Nach dem Nachtessen bat mich Gräfin Edelgundis, ihr ins Wohngemach zu folgen. Wir setzten uns an den Kamin, in dem ein helles Feuer flackerte. Sie sah bleich aus, wie sie den Kopf mit dem vollen, weißen Haar anlehnte, und tiefe Trauer lag auf ihrem feinen Gesicht. Und nun sprach sie zu mir über die Entstehung jenes Heiratsplanes zwischen Graf Otto und Gräfin Odalsinde. Ein Mönch kam einst in die Burg und bat um Nachtherberge. Sie ward ihm gewähret. Da er fortziehen wollte — gen Einsiedeln, wie er sagte —, sah er die drei Knaben im Zwinger spielen. Er schaute sie lange an, wandte sich zum Grafen Kunrad, der mit Gräfin Edelgundis dabei stand, und sagte: Nur auf dem zweiten steht die Hoffnung, Euer Geschlecht zu erhalten. Sorget aber beizeiten für ein Gemahl, sintemal zu befürchten steht, daß er den Pergamenten besserer Freund wird denn den Weibern." Da der Mönch fort war, brachte ein Bote von der Sausenburg Kunde, daß ein Töchterlein geboren sei. Die Sausenhardter Gräfin war eine Schwester des Rötteler Grafen, mithin die nächsten Verwandten die Sausenhardter. Graf Kunrad nahm solches als einen Wink der Heiligen, ritt gen Sausenburg und schloß den Vertrag. Also verhält sich die Angelegenheit.

Schier wandelte mich das Lachen an, da ich an ein Aussterben des edlen Geschlechtes dachte, aber unmöglich ist es wohl auch nicht. So war es gut, daß der gräfliche Vater der Warnung acht hatte — man soll auf warnende Stimmen hören! Doch hätte man dem Vertrag hinzufügen müssen: so sich die Herzen finden! Solches ist nun nicht geschehen — doch der Allmächtige kann auch aus dem unguten Tun der Menschen Gutes machen!

Das sagte ich der edlen Frau; sie aber hatte noch eine andere Sorge: „Wahr ist es, was Ihr saget, und es mag ja auch insofern zum Guten gereichen, als sie im Bewußtsein, recht zu handeln, friedlich dahin leben. Wie nun aber, so in ihren Kreis einer oder der andere tritt und dann vielleicht beide die zwingende Macht der Liebe kennenlernen, die sie nicht zueinander, nein, zu Fremden hinzieht?"

„Das möge Gott verhüten", rief ich betroffen, „daran dachte ich nimmer! Da laßt uns das einzige tun, edle Herrin, was getan werden kann: in treuer Fürbitte eine Mauer um die beiden aufführen, daß ein solcher Feind nimmer in den Garten des Ehefriedens eindringen kann."

Sie reichte mir bewegt die Hand. Es war lange still in dem Gemach. Im Kamin fielen einige Holzstücke zusammen; die Gräfin hob den Kopf. Ich wollte mich entfernen, sie aber bat: „So Euch nicht ein Pergament rufet oder ein ander Ding, dem Ihr Eure Zeit widmen möchtet, Hochwürden, so bitte ich Euch, bleibet und erzählet mir von Eurem Leben im Kloster zu Einsiedeln."

„Gern", entgegnete ich und hob an, von der frommen Brüder Leben und Treiben zu erzählen, von dem Gang der Gottesdienste, von den Künsten und Wissenschaften, die sie im Kloster üben, und von dem, was sie der Menschheit durch dieses und vor allem durch ihre medizinische Gelehrsamkeit Gutes und Nützliches erweisen.

„Des besonderen zeichnet sich in der Kunst des Malens einer unserer älteren, der Pater Hieronymus, aus", schloß ich endlich; „er ist darin wohlbewandert, und gar manch lieblich Bild ist unter seinen Händen entstanden; gar manch Werk in der Bibliotheka ist mit farbigen Buchstaben und Verzierungen von seiner kundigen Hand prächtig geschmückt. Er ist einer der tüchtigsten im Kloster, und mit hoher Freude darf ich's sagen, daß er mein Freund im besonderen geworden ist."

Die Gräfin hatte sich aufgerichtet und lauschte; ein Zug tiefer Wehmut ruhte auf ihrem Antlitz. „Da habt Ihr einen gar guten Freund, Herr Pater", sagte sie jetzt leise.

Überrascht sah ich auf. „Kennt Ihr Pater Hieronymus?"

Eine feine Röte stieg in ihre Wangen. „Ich kannte ihn, ja. Ein andermal müßt Ihr mehr von ihm erzählen. Heute verzeihet, so ich mich zurückziehe; ich bin sehr müde."

Sie reichte mir die Hand und schritt hinaus.

War's Wirklichkeit, oder hatte es mir nur bei dem flakkernden Feuer so geschienen, daß ihr Antlitz nicht so ruhig denn sonst gewesen, auch in ihrem Auge es feucht geschimmert hatte? Wundersame Gedanken kamen mir; ich gedachte des ernsten Freundes und seiner seltsamen Bewegung, da er von Rötteln hörte — fast will es mir scheinen, als zöge sich ein unsichtbar Band zwischen dem stillen Kloster und der stolzen Burg.

Viertes Kapitel

Der Mai war da. Die ganze Fülle des Schönen, das man von ihm erwartete, streute er über die Erde aus. Wie ein duftiger Schleier lag es über den Höhen und Tälern; zartes, junges Grün schmückte Baum und Strauch; auf den Feldern keimte die junge Saat, und die Wiesen waren bedeckt mit Tausenden der buntfarbigen, zarten Feldblumen.

Es war morgens um die siebente Stunde.

Geschäftiges Treiben herrschte im unteren Hof der Burg; Mägde schritten zum Brunnen, Knechte reinigten die Ställe, vor dem Hause des Burgverwalters saßen einige Knappen und putzten Brustharnische und Schilde.

Im oberen Burghof war es nicht ganz so geräuschvoll wie unten. Zwar standen auch hier etliche Mägde am Ziehbrunnen, Wasser zu schöpfen und einen Schwatz dabei zu halten, sonst war alles still. Von unten her kam jetzt Graf Lutold heraufgeschritten. Die Mägde verstummten, nahmen ihre Eimer und gingen, da sie ihn sahen. Er achtete ihrer nicht, setzte sich auf die niedere Mauer, die den kleinen Hof begrenzte, und blickte träumend ins Weite.

Er war ein schlanker, junger Mann von vierundzwanzig Jahren, in der Größe Walters, wenn auch nicht so kräftig gebaut wie dieser, hatte die allen Rötteln eigene hohe, freie

Stirn sowie den charakteristischen Zug von Mut und Entschlossenheit um den Mund, den ein kleiner, blonder Bart zierte, und Frohsinn und Heiterkeit lagen in seinem ganzen Wesen.

Wie er so dasaß in dem dunkelblauen, mit roter Seide gefütterten, kurzen Samtrock, bot er ein Bild der Jugendkraft und Schönheit, und liebevoll ruhten Elisabeths Augen auf ihm. Sie war aus der Tür des Herrenhauses getreten; ein faltiges, weißes Morgengewand umhüllte ihre Gestalt.

„Grüß dich Gott am frühen Morgen, Lutold!" rief sie, näher tretend, und legte die Hand auf die Schulter des Träumenden.

„Grüß Gott, holde Waldblume", erwiderte er und küßte zärtlich ihre Hand; „bist du hergeflogen, daß ich deiner nicht eher gewahr wurde, als bis du plötzlich wie die Burgfee vor mir standest?"

Sie schaute ihm lächelnd in das jugendschöne Gesicht.

„Ich flog nicht, sondern schritt über den Hof. Wenn du nicht in tiefe Gedanken versunken gewesen wärst, hättest du mich wohl gehört! Doch sage, wo warst du am frühen Morgen, dein Haar ist feucht?" Sie strich ihm über die blonden Locken.

„Das scheinet dir recht", lachte er, „hab' schon einen Frühritt gemacht, Brombach zu. Da ist mir im Wald mehr denn ein taunasses Zweiglein ins Gesicht gefahren und hat mir den Morgengruß gespendet."

Sie setzte sich neben ihn. „Nun beichte, wo waren deine Gedanken, träumen ist doch sonst nicht deine Art", sprach sie schelmisch. „Wohl etwa gar bei — bei — Gerlind von der Hasenburg, oder gar — Mechthild von der Schauenburg?"

Er hob in komischer Abwehr beide Hände. „O Elisabeth! Und das sagt mir diejenige, die da weiß, daß in meinem Herzen nur ihr holdes Bild lebet!"

„Nur?" neckte sie.

Da faßte er ihre beiden Hände und sagte, ernster werdend: „Nein, mein hold Schwesterlein, ich will dir sagen, an was ich dachte. Meine Gedanken weilten auf der Sausenburg, und ich fragte mich, ob Ursula, Odalsindes Schwester, die ich als sechzehnjährig Mägdelein vor drei Jahren zum ersten Male sah, so lieblich geworden ist, wie sie zu werden versprach. Und ich fragte mich weiter, ob es Wahrheit ist, was Otto mir vor etlichen Tagen sagte, daß er hoffe, sie werde ihre Schwester hierher begleiten, um hier zu wohnen, da die Mutter tot ist."

„Fast ahnte mir's", nickte Elisabeth; „oft und viel hast du von ihr gesprochen, und ich dachte, daß Base Ursula ein besonder Plätzlein in deinem Herzen haben müßte."

Lutold warf die blonden Locken in den Nacken zurück und entgegnete: „Freilich hat sie bis jetzt ein Plätzlein in meinem Herzen, ob sie's behalten wird, muß die Zukunft lehren. Wann reitet Otto heute?"

„Am Nachmittag in der dritten Stunde."

„Ach ja, ich vergaß! Und ehe ich auch das vergesse: Walter läßt einen Gruß sagen, wir sollen nicht mit dem Frühmahl warten, er ist gen Basel zum Ohm Heinrich geritten; sie hätten was zu reden, rief er mir noch vom Pferde zu."

Elisabeth antwortete nicht; sie schaute nach der Treppe, wo des Paters Gestalt auftauchte, trat ihm rasch entgegen und fragte: „Machet auch Ihr einen Frühspaziergang?"

Er schüttelte verneinend den Kopf. „Kommt mir nicht zu nahe, Herrin; ich komme von einem Totenbett. Es war ein hart Ringen, dem ich zuschauen mußte. Oh, wann wird der Allmächtige sich wenden und wieder Segen geben?" Er ging an ihr vorbei ins Haus; Elisabeth wandte sich schweigend und ging in den Zwinger hinab.

Walter von Rötteln war indessen nach Basel gekommen und im bischöflichen Palast, der neben dem Münster am Rhein lag, abgestiegen. Er war scharf geritten; sein schweißbedecktes Roß führten die Knechte in den Stall. Im Palast schien er erwartet zu sein, denn der Diener des Bischofs führte ihn nach dem Arbeitsgemach des hohen Herrn und ließ Walter ohne vorherige Meldung sofort ein.

„Da bist du ja, Gottes Segen über dir", begrüßte ihn Heinrich. „Ich wartete schon gestern deiner und gab Befehl, dich zur Tag- oder Nachtzeit vorzulassen, sobald du da seiest." – Er schob ihm einen Sessel hin; Walter setzte sich und warf das kleine Samtbarett auf einen Tisch, der in der Nähe stand.

Das Gemach, in dem die beiden edlen Herren sich befanden, war reich ausgestattet. Der Bischof trug ein schweres, faltiges dunkelblaues Samtgewand; um den Hals schlang sich eine goldene Kette mit einem großen Kreuz daran. Mitten im Kreuz funkelte und blitzte ein fast walnußgroßer Amethyst.

„Nun, Ohm Heinrich, wie weit seid Ihr in Euren Plänen gediehen?" fragte Walter; „mir scheinet, wir dürfen nimmer allzulange säumen, sondern Eile tut not, dieweil der Habsburger auch nimmer säumig ist."

„Nein, das ist er nicht", entgegnete der Bischof bedächtig, „aber wir sind's auch nicht, und soweit wir die Sache übersehen können, ist alles wohlgeordnet. Hugh von Marschalke, unser Bürgermeister, wird sich aus den Bürgern der Stadt ein Häuflein ausersehen, das da wohl imstande ist, die Mauern zu bewachen. Ich selbst habe Boten ausgesandt, um zu den Söldnern, so ich schon im Dienste habe, neue zu werben. Auch der Kammerer und der von Rhyn sendet mir Fußvolk zu Hilfe. Mein Schwager Karl von Neuenburg am See gab mir gestern abend Kunde, daß seine Burg fester sei denn je, und der Markgraf von Hochberg zieht seine Mannen zusammen, um ein Heer im Breisgau zu haben, so es den Habsburger gelüsten sollte, ihn dort zu besuchen. Mit dem Bischof von Straßburg bin ich gleichfalls anjetzo in gutem Einvernehmen, und soweit wäre alles geordnet, bleibt nur noch Rötteln und meine Burg Werra im Werratal übrig. Du weißt, der Habsburger hat sie mir vor nunmehr zwei Jahren zerstört, ich ließ sie neu bauen; jetzt ist sie fertig.

Zu ihrer Befestigung und Verteidigung habe ich mir von

euch dreien Lutold ersehen; er ist kühn und tapfer, auch hat er in den Herren von Bärenfels, deren Burg ja nur um weniges entfernt liegt, gute Nachbarn. Sie halten treu zu unserer Sache, und der Name ‚Habsburg' ist ihnen, gleich uns, wie Pfeffer auf der Zunge.

Für euer Schloß, Walter, werdet ihr beide gebraucht, du sowohl als auch Otto. Rötteln ist bei Basel die stärkste Feste, und mir von besonderem Werte, daß sie in den besten Händen bleibt."

Walter hatte den Bischof mit keiner Silbe unterbrochen; jetzt sprang er auf, seine blauen Augen sprühten, und er rief: „Wahrlich, Herr Ohm, und in den Händen sollt Ihr Euch nicht getäuscht finden! Daus und Teufel, laß sie kommen mit ihrem Habsburger an der Spitze; an den Mauern unserer Burg sollen sie sich die Köpfe einrennen! Sie sollen sehen, daß Rötteln keine Mauern von Stroh hat und daß die Mannen drinnen zu zielen verstehen! Hei, das soll einen lustigen Tanz geben; wir wollen's ihnen ertränken, daß sie uns immer was am Zeuge zu flicken haben."

Der Bischof lächelte ein wenig. „Heißsporn", sprach er, „ich wollt', ich hätt' noch etliche mehr von der Art, wie du einer bist! Doch nun höre weiter."

Walter setzte sich wieder und schaute den geistlichen Herrn an. „Noch Neues, Ohm?"

„Ja", nickte dieser. „Wie's vorauszusehen war, auch wir schon bedachten, ehe ich den Rittern vom Stern der Stadt Tore wies, so ist's geschehen; sie sind zum Habsburger Grafen mit allen Mannen gezogen, haben ihm ihre Hilfe gegen uns angeboten und sind natürlich mit Freuden angenommen worden."

„Nicht übel", sagte Walter gelassen; „sie wären dümmer gewesen, denn erlaubt ist, so sie es nicht getan hätten — der Habsburger ist ja auch einer der ihren! Wir haben nur danach zu schauen und dafür zu sorgen, daß die Macht, die sie ihm zubringen, uns nicht schadet."

„Das ist's", bestätigte Heinrich und strich sich nachdenklich mit der weißen, wohlgepflegten Hand über das Gesicht. Dann fuhr er nach einigen Augenblicken wie zögernd fort: „Einen Bundesgenossen hätt' ich gar gerne gehabt –"

„Wen?" horchte Walter auf.

„Wolf von Wartenberg drüben am Rhein! Er könnt uns viel nützen, und so wir ihn gewönnen, wär' viel erreicht."

„Den? Habt Ihr ihn schon gefragt, Herr Ohm, ob er mit Euch ziehen will?" fragte der Graf gespannt.

„Wohl, ich sandte vor zehn Tagen einen Boten an ihn, Karl von Homburg, den jungen Ritter. Er nahm ihn gebührend auf, bewirtete ihn gut und – verhielt sich weder zusagend noch ablehnend. Karl kehrte unverrichteter Sache wieder heim."

Um Walters Lippen zuckte es. „Das Wölflein liegt auf der Lauer", lachte er dann; „wo es die meiste Beute wittert, dahin schlägt es sich! Laßt den Wartenberger laufen, Ohm Heinrich, wir werden auch ohne den fertig."

Als der Bischof schwieg, fuhr Walter ernst fort: „Ihr wißt doch, daß sein Vater zu denen gehörte, die unser hochedler verstorbener Herzog, Herr Heinrich von Zähringen – Gott hab' ihn selig –, mit blutigem Kopf heimschickte, weil er von den Raubrittern einer der schlimmsten war. Ihr werdet mir vielleicht sagen, der Wolf sei anders; ganz recht, aber vielleicht nur deshalb, weil er in den Rittern vom Sittich zu starke Nachbarn hat, die ihm wohl arg auf die Finger klopfen würden, so er sich mausig machte! Warum aber die Kaufherren, wenn sie mit Waren von Liestal gen Basel wollen, einen so weiten Umweg über Wylen und den Rührberg machen, so doch Wölflein sich als Schützer der Unbeschützten aufspielt, vermag ich nicht zu sagen, sie werden aber wohl ihre Gründe haben."

„Walter, Walter, mach dir das Wölflein nicht zum Feinde", lächelte der Bischof und drohte ihm mit dem Finger. „'s wär' uns von großem Schaden, so er sich zu unseren Feinden schlüge; er wär' eine rechte Hilfe für uns. Ich will's noch einmal versuchen, ihn zu gewinnen."

„Meinetwegen“, brummte Walter, „obgleich mir der Kerl mit seinen schwarzen, funkelnden Augen zuwider ist! Verlangt er aber einen Preis für seine Hilfe, Ohm Heinrich, so seid auf der Hut; der Wolf ist schlau, steht ihm nicht zu viel zu.“

„Sei ohne Sorge“, entgegnete Heinrich; „im übrigen glaube ich doch, du tust ihm unrecht, wenn du ihm soviel Widerwillen und so wenig Freundschaft entgegenbringst! Was hast du eigentlich gegen ihn?“

„Nichts im besonderen“, sprach Walter mit gerunzelter Stirn; „mir ist der Kerl, wie ich Euch eben sagte, zuwider. Wenn er mich anschaut, so ist mir's, als sähe mich der Leibhaftige an, und wär's nicht zum Lachen, wenn ich von Ahnungen wie ein alt Weiblein reden wollte, so möchte ich sagen, mir ahnt von ihm Böses, ja Unheil für uns. Doch“, er sprang auf, „entlaßt mich, Ohm, es ist Zeit für mich. Otto reitet heute zur Sausenburg, um sein Gemahl zu holen, da will ich ihn noch vorher sehen.“

„So?“ fragte der Bischof, „also heute.“

„Ja, diese Heirat kommt wirklich zustande“, rief Walter und gab seinem Stuhl einen Stoß, daß er krachend zur Erde flog; „eine schöne Brühe wird es sein, die er dabei zu löffeln bekommt. Mir hätte man damit nicht kommen sollen! Das Herz dreht sich mir fast im Leibe um, so ich meines Bruders ernstes, oft finsteres Gesicht sehe und mir dann sagen muß, daß ich nichts an der Geschichte ändern kann.“

„Die Heiligen können doch etwas Gutes aus dem machen, was dir so böse erscheint, Walter“, entgegnete ernst der Bischof.

Der Graf lächelte ironisch. „Na, Herr Ohm, Euren Glauben in Ehren! Aber dann müssen sie einen von ihnen besonders nach Rötteln schicken oder besser noch gleich deren zwei, dieweil einer allein kaum mit Odalsinde fertig werden dürfte! Ihr Aussehen und ihre Redeweise lassen darauf schließen, daß sie dort einen Eisklumpen sitzen hat, allwo bei anderen das Herz ist! Doch, gehabt Euch wohl, Ohm

Heinrich; das alles sind Dinge, die nicht zu ändern sind, und es führt zu nichts, so man sich darüber ärgert! Wegen Rötteln könnt Ihr sicher sein, und Lutold kommt wohl in den nächsten Tagen selbst, Eure Aufträge für Schloß Werra zu hören. Laßt es mich doch auch wissen, was der Wartenberger Euch auf Eure neue Anfrage sagen läßt."

„Gewiß, Walter, und die Heiligen seien mit dir!" sprach der Bischof.

Die Tür fiel zu; er war allein.

In tiefem Sinnen schritt er in dem hohen Gemach auf und nieder. „Ich darf es mir nimmer verhehlen, daß es ein harter Strauß werden wird, den wir mit dem Habsburger bekommen", sprach er vor sich hin; „mancher der Edlen wird sein Leben lassen müssen — je mehr Hilfe ich daher erhalte, desto besser für mich! Das allein bewegt mich, nochmals zu dem Wartenberger zu senden. Ich tät's sonst nimmer; ihm ist nicht zu trauen, Walter hat recht."

Aus dem Tagebuch des Paters

Am 5. des Wonnemondes.

Längst ist die Mitternacht dahin; aber ganz Seltsames ist mir begegnet, also daß ich davon tief beweget bin.

Heute nach dem Mittagsmahl ist Graf Otto gen Sausenhardt gezogen, sein Gemahl zu holen. Elisabeth schaute dem Davonziehenden nach; scharf hob sich ihre schlanke Gestalt vom Söller des Bergfrieds ab, ich sah es, denn ich stand unten im Tal. Fester zog ich die Kutte um mich und schritt rüstig aus. Mein Weg führte mich zu Antonio, dem Einsiedler auf dem Berge der heiligen Chrischona.

Der fromme Abt empfing mich in der Tür seines festen Borkenhäuschens, so er sich neben der kleinen Kapelle errichtet hat. Er erkannte mich allsogleich, hatte mich noch in Erinnerung von jenem Besuch mit Elisabeth. Wir setzten uns vor die Tür seiner Hütte und genossen den herrlichen Blick über den Jura und die Alpen.

Wir sprachen von dem, was wohl am meisten uns alle

beweget, von dem bösen Fieber, so in großer Macht noch immer herrschet. Antonius blickte mich etliche Male von der Seite an, alsdann fragte er rasch und plötzlich: „Sage mir, mit was tröstest du am meisten die Sterbenden, was sagst du den Lebenden?"

Hätte seine Rede nicht anders geklungen denn manche Rede von frommen Männern, so ich sonsten gehört habe, ich hätte ihm wahrlich nicht geantwortet! So aber sagte ich: „Du sollst es wissen; ich sprach am meisten von der freien Gnade Gottes in Christo und fand dann fast immer, daß für anderes kein Raum noch Zeit war!"

„So täusche ich mich nicht", sprach frohbewegt Antonius; „diese Antwort hoffte ich von dir zu hören. Aber, mein Bruder, solches ist keine reine Klosterweisheit, das ist —"

„Weisheit aus den Heiligen Schriften, davon wir gar viele im Kloster haben, mein Vater!" ergänzte ich. „Ich habe viel in ihnen geforschet und fand gar manches, was sonsten in unserer heiligen Kirche fehlt — als erstes darunter die Lehre von der Versöhnung durch das Blut Christi ohne Werke."

„Du fandest solches im Kloster, ich hier draußen in der freien Natur", erwiderte eifrig Antonius, und jugendlich Feuer blitzte aus seinen Augen. „Ach, daß doch bald das Licht in unserer heiligen Kirche aufginge und all die Finsternisse weichen, die darinnen sind! Aber wir müssen warten und zuschauen lernen, so lange, als der Höchste warten und zuschauen kann, bis seine Zeit kommt, alles zu ändern!"

Wir schwiegen beide lange Zeit, jeder hing seinen Gedanken nach.

Es dunkelte bereits, als ich mich auf den Heimweg machte.

Da der Abendimbiß schon vorüber war, als ich heimkehrte, ging ich um etliches später in die Halle hinunter, vermeinend, dort einen der Burgherren zu treffen.

Ist ein gar behaglicher Raum, diese Halle. Der Boden ist mit prächtigen Fellen von Tieren bedeckt, so die Herren selbst erlegten. In der Mitte steht der schwere Eichentisch, um ihn eine Anzahl Stühle, dazu an den Wänden zwei mächtige Schränke, der Kredenztisch, und auf dem Gesimse Humpen, Pokale und funkelndes Zinngeschirr. Hell brannte im Kamin heute abend ein Feuer und warf seinen flackernden Schein auf Elisabeth, die davor saß und sinnend in die Flammen schaute. Sie hatte den Kopf leicht gestützt; auf ihrem Schoß lag ein schneeweiß Kätzlein, ihr Liebling, und schlief; sie bot ein lieblich Bild!

Plötzlich wandte sie den Kopf und sah mich an. Ich war an der Tür stehengeblieben. „Kommt, Herr Pater", bat sie, „erzählet mir von Antonio."

Ich setzte mich zu ihr und willfahrte ihrem Wunsch; dann fragte ich sie nach ihrer Mutter, die ich heute noch nicht gesehen hatte. Mit Bangigkeit teilte sie mir mit, daß die edle Frau sich gar nicht wohl fühle, sie hat die Sorge für die Instandsetzung der Wohnräume des jungen Paares und auch die Vorbereitung für die Hochzeitsfeier hier in der Burg Elisabeth übertragen.

Mich wollte auch Bangigkeit erfassen, da ich solches hörte – aber warum, hält doch der Allmächtige seine Augen offen über seinen Kindern Tag und Nacht! So lenkte ich das Gespräch wieder auf Antonius.

„Ja, er ist ein wunderbarer Mann, und köstlich ist es, seiner Rede zu lauschen", sagte Elisabeth. „Seine Rede gleichet der Euren; auch Ihr weiset am meisten auf den Erlöser selber hin."

„Es ist immer besser, sich an den König direkt zu wenden, so man es darf, als erst seine Höflinge um Fürsprach anzugehen", sagte ich ernst. „Doch, Herrin", fragte ich dann, „wann erwartet Ihr Graf Otto und sein jung Gemahl hier oben?"

„In drei Tagen", erwiderte Elisabeth. „O Pater Rubertus, wie wird es alsdann hier oben werden? Welch tiefes Mitleid fühle ich mit beiden; könnt' ich doch helfen!"

„Leget nur die Sache getrost in die starken Hände unseres Vaters im Himmel", tröstete ich, „und seid gewiß, was er in seinen Händen hat, wird gut auf jeden Fall."

Ein Diener kam, um die Kerzen zu löschen – es war bereits die zehnte Stunde. Behutsam legte Elisabeth ihr Kätzchen auf ein Bärenfell, wo es behaglich weiterschlief; wir gingen zusammen hinaus und die Treppe hinauf. An meiner Zimmertür bot ich ihr die Hand.

„Gute Nacht, edle Herrin."

„Gute Nacht, Pater Rubertus – ich wollt' Euch noch bitten –", sie stockte, und ich hätt' wohl nimmer erfahren, um was sie mich bitten wollte, hätt' ich nicht ihre Hand gehalten!

„Was, Herrin?" fragte ich.

„Ich bitte Euch, setzt Euch nicht so der Ansteckungsgefahr aus wie in der letzten Nacht bei der Sterbenden – seid vorsichtiger –"

Schier unhörbar waren ihre Worte geworden – und hatten mich doch so seltsam erregt, daß mein Herz laut pochte. „Ich tue nur meine Pflicht; mein Leben steht in Gottes Hand", entgegnete ich ihr, „möge Euch seine Gnade schützen, Elisabeth."

Schnell ging ich in mein Gemach und brauchte lange, um ruhig zu werden . . .

Seit ich im Kloster bin, fragte niemand mehr nach mir, als in den letzten Monden Hieronymus und jetzt Elisabeth. Ist's das, was mich wach hält, daß ich nimmer schlafen kann?

Fünftes Kapitel

Es war vier Tage später.

Hell strahlte die Sonne vom wolkenlosen Himmel hernieder und beleuchtete mit ihrem Schein die frühlingsduftige Welt. Ihre goldenen Strahlen stimmten die Frohen noch fröhlicher und die Traurigen noch trauriger. Doch im Dorfe Rötteln blickten die Bewohner mit hoffnungsfrohen Herzen den kommenden Tagen entgegen. Hatte doch der Würgeengel, der so viel blühendes Leben dahingerafft, seit diesen letzten vier Tagen kein neues Opfer gefordert. Es stand zu erwarten, daß er endlich ihr friedliches Dorf verlassen hatte.

Deshalb waren auch die Blicke, mit denen sie zur Burg hinaufschauten, etwas freudiger — wurde doch heute Graf Otto und seine Gemahlin erwartet, und das stolze Schloß prangte im schönsten Schmuck.

Die altersgrauen Mauern zwar bedurften keines Ausputzes; Efeu und Waldrebe hatten sie längst liebevoll umschlungen und die mächtigen Steine mit ihren Blättern bedeckt. Aber vor dem Eingangstor erhob sich eine große Ehrenpforte aus Tannengrün und Eichenblättern, mit Blumen durchflochten, und lustig flatterte über ihr im Winde die Fahne des Röttler Grafengeschlechtes. Auch der ganze Weg bis zur Oberburg war mit Tannengrün dicht belegt. Hier sollte am Nachmittag ein festlich Mahl stattfinden; viele edle Herren aus der Umgegend mit ihren Frauen waren geladen, auch der Bischof von Basel hatte sein Erscheinen zugesagt und dabei bemerken lassen, er brächte noch einen Gast mit — den Grafen von Wartenberg.

„Was will der hier?“ war Walter, als er das hörte, aufgefahren, „ich kann keine Wölfe in meinem Schafstall brauchen; er soll bleiben, wo er ist! Will mir der Ohm diese Tage der Gasterei ganz und gar verderben?“

Elisabeths begütigendem Zureden gelang es endlich, ihn etwas zu besänftigen. „Aber“, sagte er, noch immer erregt, „beim Buhurt, so am zweiten Tage stattfindet, werfe ich ihn aus dem Sattel, daß er's merken soll, so wahr ich Walter von Rötteln bin!“ Damit war er hinausgegangen.

Es war in der zehnten Stunde am Vormittag.

Im großen Saal stand die Tafel festlich geschmückt; Elisabeth hatte mit Gerlindis, ihrer Gürtelmagd, soeben alles vollendet und schaute prüfend noch einmal über das Ganze hin. Nichts fehlte mehr. Von dem blendenden Leinenzeug an bis zu den Schalen, die zur Aufnahme frischer Blumen bestimmt waren, erschien alles in schönster Ordnung. Es blitzte und funkelte von Zinn- und Silbergeschirr; manch kostbar Schaustück aus Silber und Erz stand da, und die Pokale aus feinstem Glase harrten des edlen Trankes, der drunten im Keller, in große Krüge gefüllt, kühl stand.

Elisabeth sandte Gerlindis in den Garten, um Blumen zu holen, setzte sich dann in eine der tiefsten Fensternischen und blickte über die liebliche Landschaft hin. Die letzten Tage hatten viel Arbeit und Unruhe mitgebracht, zumal ihre Mutter fast den ganzen Tag auf dem Ruhebett lag. Jetzt aber war alles fertig. Die Gemächer des jungen Paares standen gerüstet, die Festtafel war bereitet. Unten am Fuß des Schloßbergs war unter Lutolds Leitung der Turnierplatz hergestellt; gestern hatten sie die letzten Seile gespannt und Zelte hergerichtet, heute befestigten die Knappen und Knechte den letzten Ausputz, große Ranken und Kränze von Tannengrün und Buchsbaum. Droben in Elisabeths Gemach lag das reiche Festgewand bereit, mit dem sie sich heute schmücken sollte; Gerlindis hatte es schon in der Frühe hingebreitet, um alles bei der Hand zu haben.

Elisabeth dachte an den bevorstehenden Empfang, bis Gerlindis mit dem Korb voll Blumen kam und sie mit ihr zusammen zu den Wohnräumen des jungen Paares ging. Graf Otto sollte mit seiner Gemahlin nicht im Herrenhause selbst, sondern in einem gegenüberliegenden Gebäude wohnen. Es enthielt nur vier ziemlich geräumige Zimmer, die ursprünglich für Gäste bestimmt, nun aber in Wohnräume umgewandelt und behaglich eingerichtet waren. Eines der Zimmer war für Ursula bereitet, Odalsindes Schwester, die auf unbestimmte Zeit mitkommen würde, wie Otto durch einen Boten hatte sagen lassen.

Während man also geschäftig noch dies und das im Schloß ordnete, kam auf der Landstraße bei Schopfheim ein kleiner Zug daher. An seiner Spitze ritt ein stolzes Paar; Otto war's und neben ihm Odalsinde, sein Gemahl, eine königliche Erscheinung. Ihr zur Seite ritt Ursula, ihre Schwester.

Sie war kleiner als Odalsinde; über ihrem ganzen Wesen lag ein Hauch von Unschuld und kindlicher Anmut, der sie ungemein anziehend machte.

Ihnen folgten außer Ottos Knechten noch etliche Berittene der Sausenburg, und den Schluß machten hochbeladene Wagen, die Odalsindes Heiratsgut trugen. Auf dem ersten derselben thronten vorn auf dem Sitz Walpurg und Radegund, die beiden Gürtelmägde, und des Lachens und Schwatzens zwischen ihnen und den schlanken Knappen, die neben den Wagen ritten, war kein Ende.

Desto stiller ging es an der Spitze des Zuges zu, dort fiel nur hin und wieder ein Wort und fand eine einsilbige Erwiderung. Sie wußten sich nichts zu sagen, die beiden, die das Pflichtgefühl zusammengeführt, die Priesterhand unauflöslich verbunden hatte, und so leuchtend der Sonnenschein über dem Wege lag, so farblos und trübe lag der gemeinsame Lebensweg vor ihnen.

Otto blickte verstohlen zu seiner jungen Gattin hin – aber so gleichmütig, kühl und sicher, wie sie jetzt neben ihm ritt, war sie ihm entgegengetreten, da er vor vier Tagen zur Sausenburg kam.

Fragend zwar hatte sie ihn einmal angeschaut, er konnte sich den rätselhaften Blick nicht erklären, aber vergebens hatte er gehofft, einen wärmeren Strahl aus den dunklen, schönen Augen leuchten zu sehen, sie sahen gleichgültig an ihm vorüber, selbst gestern, am Hochzeitsmorgen! Zwar war ihr Antlitz weiß gewesen wie das bräutliche Gewand, das sie umwallte; aber keine Bewegung hatte er darin gesehen.

Wie soll es nun zwischen uns werden? Diese Frage, die er manchmal erwogen, die mußte nun zur Sprache kommen. Er fühlte, so wie bisher konnten sie nicht weiter verkehren.

Er holte tief Atem, und während sein Herz heftig pochte, begann er mit ruhiger Stimme: „Odalsinde, ehe wir in Rötteln einziehen, lasset uns darüber klar werden, wie sich fortan unser Verhältnis zueinander gestalten soll."

Er machte eine kleine Pause, und als er keine Antwort erhielt, fuhr er fort: „Es ist unmöglich, daß wir, die wir Mann und Weib sind, fernerhin gleich Fremden nebeneinander leben. Wir würden unsere Ehe damit nur zum Gespräch aller derer machen, die mit uns zusammenkämen."

Jetzt wandte sie den Kopf ihm zu und fragte: „Wissen denn nicht auch alle diese, daß es nur die Pflicht gegen Verstorbene war, die Euch und mich verbunden hat?"

Wie herb ihre Worte klangen – kam sie ihm denn keinen Schritt entgegen?

„Ob sie es wissen oder nicht, ist gleichgültig", entgegnete er fast ebenso herb wie sie, „zudem bitte ich Euch, das Wort ‚Pflicht' nicht zu gebrauchen, da es hier nimmer richtig wäre. Es war nicht unsere Pflicht, sondern Euer und mein freier Wille, der uns zusammenführte; Ihr wisset sehr wohl, daß es sich zwar um ein Übereinkommen, aber nimmer um einen eidlichen Vertrag oder ein Gelübde handelt. Nun bitt' ich Euch, Odalsinde, lasset uns versuchen, solcher Weise einander zu begegnen, daß der Lebensweg uns nicht zur schweren Last werde."

Er hielt inne und sah sie an; sie nickte nur, aber doch lag ein weicherer Zug über ihrem Antlitz, so daß er ihr schnell die Hand hinstreckte und herzlicher denn sonst sprach: „Auf gute Freundschaft, Odalsinde, wollt Ihr?"

Sie legte ihre Hand in die seine und entgegnete leise: „Wir wollen es versuchen, Otto." Es zuckte verräterisch um ihren Mund, die Augen schimmerten seltsam feucht – oder schien es dem Grafen nur so?

Die Unterredung war leise geführt worden; Ursula hatte nichts davon verstehen können. Jetzt wandte sich der Graf mit einer scherzhaften Bemerkung an seine Schwägerin, auf die sie lächelnd einging, und eine leidliche Unterhaltung, an der sich auch Odalsinde hin und wieder beteiligte, kam zustande.

Um die Mittagszeit wurden die Zinnen eines Schlosses sichtbar, und einige Ritter in glänzenden Rüstungen kamen ihnen auf der Landstraße entgegengesprengt.

„Dort liegt Rötteln, Eure neue Heimat, Odalsinde", sprach Otto, „und in den Rittern erkenne ich meine Brüder Walter und Lutold mit etlichen Mannen."

Die Reiter waren herangekommen, und gemeinsam setzten sie den Weg zu dem immer größer hervortretenden Schlosse fort. Zu beiden Seiten des Weges, der zur Burg hinauf führte, standen die Dorfbewohner, mit lebhaftem Zuruf sie grüßend, und als sie durch das breite Tor einritten, kamen ihnen Elisabeth, auf die sich Edelgundis stützte, und der Pater entgegen.

Otto hob Odalsinde vom Pferd; als aber Lutold, der neben Ursula geritten war, dieser den gleichen Dienst erweisen wollte, stand Walter plötzlich an der anderen Seite und hob sie, ohne ein Wort zu sagen, herunter. Dann bot er ihr die Hand, lachte und sagte: „Verarget mir es nicht, vieledle Base, so ich nicht Lutold diesen Dienst überließ! Er hätt' wahrscheinlich nicht so derb zugegriffen, als ich es getan haben mag. Aber als dem Herrn der Burg kam es mir zu, Euch zuerst zu dienen."

Das holde Gesichtchen erglühte bis unter die Haarwurzeln; sie antwortete nicht, übersah auch die noch immer dargebotene Hand und wandte sich verlegen zu Lutold. Ehrerbietig nahm er ihre Hand und führte sie zu seiner Mutter, die in herzgewinnender Weise soeben Odalsinde begrüßt hatte.

Während die Gräfin sich Ursula zuwandte, fühlte sich die junge Frau warm umschlungen, und eine süße Stimme flüsterte ihr zu: „Oda, segne Gott deinen Einzug und dich hier in der neuen Heimat! Laß uns als treue Schwestern zusammenleben." Aufschauend sah sie in Elisabeths blaue Augen; sie fühlte, hier wurde ihr Liebe entgegengebracht. Mit einem trockenen Aufschluchzen lehnte sie den Kopf an Elisabeths Schulter. In der nächsten Sekunde aber wandte sie sich mit ruhigem Antlitz zu ihrem Gemahl, der neben sie getreten war und sie zur Oberburg führen wollte.

Walter folgte ihnen, indes sich Lutold bereit machte, mit einem erlesenen Häuflein Knappen und Mannen Herrn Heinrich, dem Bischof von Basel, entgegenzuziehen und ihn zur Burg zu geleiten.

Aus dem Tagebuch des Paters

Am 9. des Wonnemondes.

Wieder ist es fast Mitternacht, ich bin geflüchtet aus all der Festfreude, die heute die Burg erfüllet. Festfreude sage ich — Barmherziger, so doch davon nur etwas zu sehen gewesen wäre auf dem Antlitz der beiden Hauptpersonen! Aber Gräfin Odalsinde war so weiß als ihr silberglänzendes Festgewand, und Graf Otto sprach viel lebhafter, denn es sonsten seine Art ist.

Lebhaft und lustig ging es an der Tafel zu im schöngeschmückten Saal; alles lachte, scherzte, schien heiter — o der Schein! Wie so anders hat's wohl in gar manchem Herzen ausgesehen.

Von dem jungen Paare schrieb ich allbereits; Gräfin Edelgundis hat ein seltsam Flimmern in den Augen und dunkle Röte auf den Wangen — bange Besorgnis hat mich ihrethalb gefaßt. Graf Walters Adlerblick flog immer wieder zum Bischof, der mit dem Wartenberger Herrn in eifriger Rede in einer Fensternische saß — nur Graf Lutold und Gräfin Ursula zeigten wahre Heiterkeit.

Und Elisabeth! Oh, sie war die Lieblichste von allen; ihr glich keine — keine! Ist's ein Wunder, daß der Wartenburger Herr immer wieder zu ihr hinschaute, so oft, daß ich ihm hätt' mögen den Kopf fortwenden? Mir ist schwer zumute, gleich als drohe Unheil dem edlen Geschlecht und Hause hier oben — und das würd' mich gleichermaßen treffen, denn ich liebe sie alle, als seien sie mir anverwandt.

Und sind sie's nicht auch, dem Stamme nach wenigstens? Trüg' ich nicht die Kutte, so wär' ich ein Ritter gleich dem edelsten hier, und könnt' mir mein Glück erringen, aber anders als Graf Otto!

Drüben im Österreichischen stand meine Wiege; Werner von Adelung war mein Vater. An meine Mutter in ihrer Herzensgüte und lichten Schönheit gemahnet mich immer wieder Elisabeth! Ich war der einzige Sohn; aber meine Eltern zogen mich auf für die Kirche. Mein Vater war einst in großer Lebensgefahr; da gelobte sein Weib in ihrer Angst um ihn das Kind, das Gott ihnen schenken wollte, der Kirche. Der Graf genas – zehn Tage später erblickte ich das Licht der Welt. Noch vier Schwestern wuchsen mit mir auf, bis ich zehn Jahre alt war; da brachte mich mein Vater gen Einsiedeln. Unvergeßlich sind mir der Mutter Schmerz und des Vaters Tränen – aber auch unvergeßlich mein eigen Leid, abgeschlossen von allem, was ich bis dahin geliebt hatte, im Kloster für immer bleiben zu müssen! Ich lernte allgemach mich fügen, daß ich aber das Leben so schwer nehme, daß ein so großer Ernst auf mir allerwege lieget, solches sind wohl die Folgen jenes tiefen Schmerzes.

Aber wie weit bin ich abgeschweift von dem, was ich eigentlich berichten wollte! Wenig ist auch noch zu sagen vom heutigen Tage. Da wir einander gute Nacht wünschten und Gräfin Ursula Graf Lutold neben mir die Hand bot, stand Graf Walter wie aus dem Boden gewachsen neben ihr. Hab' mich nur gewundert, wie er hinkam, da er just eben noch am anderen Ende gesprochen hatte! Er streckte die Hand aus und rief lachend: „Halt, Base, so dürft Ihr nicht fort! Ihr habt mir noch immer nicht gesagt, ob Ihr mir wegen heut nachmittag zürnet. Und dieweil ich nicht hoffe, daß Ihr mich meiner Nachtruhe berauben wollt, so müßt Ihr mir wohl oder übel Verzeihung gewähren."

In Gräfin Ursulas Wangen stieg heißes Rot; sie wandte den Kopf und entgegnete: „Ich heiße Ursula, daß Ihr es wißt, Herr Graf! Wegen des Nachmittags zürne ich Euch nicht länger; doch jetzt bitt' ich, gebt den Weg frei!"

In dem Augenblick näherte sich Heinrich dem Grafen; Ursula benützte die Gelegenheit und schlüpfte eilig durch die Tür.

Auch Herr von Rhyn und der Homburger Herr traten zu uns. Der würdige Bischof und der Rhyner besprachen die Befestigung von des letzteren Burg. Eine kleine Pause im Gespräch benützend, fragte der Homburger den Bischof: „Wie stellt sich der Wartenberger, Herr Bischof? Ich sah ihn in Eurer Gesellschaft hierorts erscheinen und verwunderte mich dessen baß, sintemalen er meines Wissens keiner der Unseren ist!"

„Doch hoff ich, er wird es werden", sprach der Bischof langsam; „er hat mir vorhin beim Gutenachtgruß seine Hilfe schon zugesagt, nur will er mir die Bedingung hierfür erst in den nächsten zehn Tagen etwa mitteilen, allwo er gedenkt, gen Basel und zu mir zu kommen."

„Viel Vergnügen dazu", brummte Walter halblaut.

„War's denn aber nicht in etwas gewagt, ihn hierher zu laden?" meinte der Homburger bedenklich. „Ei, so er sich jetzt zu unseren Feinden schlägt und denen den Zugang zu dieser Feste und was er sonsten darin gesehen, genau berichtet?"

„Wo's hineingeht in meine Burg weiß der Habsburger wahrscheinlich, auch ohne daß es der Wolf ihm vermeldet", sagte Walter ironisch, „und da ich sonsten die gleichen Bedenken hegte als Ihr, Herr Vetter, so zog ich es vor, ihn nichts von sehenswerten Dingen finden zu lassen — außer die Stärke unserer Mauern, die konnt' ich nicht unsichtbar machen. So Ihr aber meinet, es gelüste ihn, allerlei zu sehen, will ich ihm gerne Einblick in etliche Burgverliese geben — solches dürfte gut und zweckmäßig sein!"

Wir mußten lachen, und Herr von Rhyn sprach: „Walter, Walter, seid nicht zu hitzig! Doch", wandte er sich an den Bischof, „bitt' ich Euch, vieledler Herr, seid auf der Hut vor dem Wartenberger; stehet ihm nicht zuviel zu!"

Ich hatte schweigend zugehört; da ich aber jetzt noch einmal alles bedenke, kommt mir ein Wort in den Sinn, so der weise Salomo gesagt hat: Des Menschen Herz erdenkt sich seinen Weg, aber der Herr allein gibt, daß er fortgehe.

Sechstes Kapitel

Während die Herren zusammensaßen, hatte Elisabeth ihre Schwägerin in ihr neues Heim geleitet; nach einem herzlichen Gutenachtgruß war sie gegangen; sehnte sie sich doch auch nach einer stillen Stunde am Schluß dieses Tages.

Odalsinde war allein. Sie setzte sich auf eine niedrige, gepolsterte Fensterbank und überließ sich ganz ihren Gedanken.

Die sorglose Mädchenzeit war vorüber; ein neuer Lebensabschnitt hatte begonnen. Sie war in ihn eingetreten an der Seite eines Mannes, dessen Sinn ein hochherziger, edler war, dessen Name einen guten, hochgeachteten Klang allerorten hatte. Man war ihr hier mit Herzlichkeit entgegengekommen, hatte sie gefeiert und gepriesen, aber glücklich war sie nicht geworden! Nein, o nein, sie verlangte nach etwas anderem, Höherem! Reichtum, Schönheit, Glanz, Ehre – alles hatte sie –, aber ihr Herz war kalt und leer geblieben!

Ihre Gedanken schweiften rückwärts in die Vergangenheit. Sie gedachte eines Tages, da Vater und Mutter ihr, der damals Zehnjährigen, eine ernste Eröffnung machten. Die Mutter zog sie auf den Schoß, der Vater legte die Hand auf ihr Haupt, und so erzählten sie ihr von der Vereinbarung, die der Vater mit seinem Schwager, dem Grafen Kunrad von Rötteln getroffen hatte.

„Es ist ein großes Glück für dich", hatte ihre Mutter mit sanftem Lächeln gesagt, „du wirst es später gewißlich einsehen. Auch ist es wohl so der lieben Heiligen Wille, da alle Umstände sich so sonderlich vereinten. Zudem gereicht es mir zu besonderer Freude, daß meine Tochter einst den Namen tragen soll, den ich trug, und dort leben wird, wo ich geboren ward und lebte, bis dein Vater mich holen kam."

Es war zu Frühlingsanfang, da sie dies erfuhr. Sie wußte noch genau, wie sie am Abend auf ihrem Lager gelegen und den Worten ihrer Mutter nachgedacht hatte. Dazwischen lauschte sie auf den Sturm, der das feste Schloß umbrauste und die Wetterfahne auf dem Turm kreischend drehte. „Großes Glück“, hatte die Mutter gesagt, das Kind sann über den Begriff „Glück“ nach, konnte aber nicht zur Klarheit kommen und schlief darüber ein.

Am anderen Morgen lachte die Sonne in ihr Gemach; sie öffnete das Fenster und schaute erstaunt hinaus. Die gestern noch braun umhüllten Knospen am Baum und Strauch hatten ihre Hülle abgeworfen, die ersten jungen Blättchen streckten sich der Sonne entgegen.

Da zog es wie eine Ahnung durch ihr Kindergemüt, daß das Glück wohl dem Frühlingssturme zu vergleichen sei, der alle Knospen des Herzens und der Seele zur Entfaltung brächte.

Darüber waren Jahre vergangen; aus dem Kinde war eine Jungfrau geworden. Plötzlich hieß es: Graf Otto von Rötteln zöge zu dem Markgrafen von Hochberg im Auftrage seines Vaters, er wolle auf dem Heimwege seine Verwandten einen Tag besuchen. O wie gut entsann sie sich jenes Tages, da sie ihren Verlobten zum ersten Male gesehen hatte!

Sie stand am Fenster ihres Gemaches, schaute mit klopfendem Herzen hinab auf den Weg, der zur Sausenburg heraufführte, auf dem eine kleine Reiterschar daherkam. Jetzt konnte sie dieselbe erkennen – sie beugte sich vor –, ja, das mußte er sein, der da an der Spitze ritt! So hatte sie ihn sich vorgestellt, groß, schlank, mit dem klugen, ernsten Gesicht. Sie hatte kein Auge von ihm gewandt, forschend und prüfend ihn beobachtet. Als die Schar ins Tor einritt und ihren Blicken entschwand, trat sie hoch aufatmend vom Fenster zurück, legte die Hände einen Augenblick vors Gesicht und sagte sich, daß das „große Glück“, von dem ihre Mutter einst gesprochen, für sie erblühen würde, sobald bei diesem Mann nicht nur die Pflicht, sondern das Herz die Werbung um sie verlangte.

Mit diesem Gefühl trat sie ihm entgegen, aber sie hoffte

vergebens auf einige Wärme bei ihm; statt dessen ruhten seine Augen kühl und ernst auf ihr, und als er am anderen Tage davonritt, sah er nicht einmal zurück, – sie aber wandte sich vom Fenster ihres Gemaches fort und wischte hastig eine Träne aus dem Auge. Nach zwei Jahren kam er wieder – unerwartet. Sie hatte gerade im Garten gesessen unter einem Apfelbaum und mit dem Kinde des Burgverwalters gescherzt, als man ihr die Kunde brachte. Da hatte sie sich hoch aufgerichtet; kühl und fremd war ihr Wesen zu ihm, keine Miene verriet ihm, wie sie jetzt mit klopfendem Herzen ein warmes Wort erwartete.

Vergebens! Wieder vergebens!

Diesmal schaute sie ihm nicht nach; sie lag vor ihrer Schutzpatronin, der heiligen Katharina, auf den Knien und flehte mit Tränen um Kraft, das liebeleere Leben, das sie wohl an der Seite dieses Mannes zu erwarten hatte, ertragen zu können!

So war sie sein Weib geworden!

Das Kältegefühl, das am Hochzeitsmorgen sie durchschauert hatte, war bis heute geblieben und sollte auch fernerhin bleiben. Es sollte sie bewahren, ihrem Gemahl etwas zu geben, was er nicht verlangte und selbst gar nicht für sie hatte.

Sie richtete sich stolz empor; sie wollte mit starkem Geist das tragen, was über sie beschlossen war und nun nicht mehr zu ändern ging. Sie wollte stark sein – und wußte nicht, daß auch das stärkste menschliche Herz einmal unterliegen muß, wenn es nicht beständigen Zufluß von Kraft und Stärke zum Kampf mit dem Leben und Leiden aus dem ewigen Quell der Kraft erhält.

Odalsinde legte den Kopf auf den Arm, ... eine Träne nach der anderen glitt über ihre Wangen; sie merkte es nicht. Sie hörte auch nicht, wie die Tür geöffnet wurde und Graf Otto eintrat. Er blieb einen Augenblick stehen, sein Blick ruhte warm und bewundernd auf ihr. Er wollte ihr gern ein herzliches Wort sagen und rief leise ihren Namen. Da sah er auf dem Antlitz, das sich ihm erschreckt zuwandte, Tränenspuren, — das erregte ihn.

„Tränen, Odalsinde?" fragte er etwas gereizt, „fehlt's Euch an etwas, so Ihr erwartet habt zu finden?"

„Ihr irret, wenn Ihr meintet, ich vergösse Tränen um kleinlicher Dinge willen", entgegnete sie abweisend.

„Gebrach's Euch denn heute an irgend etwas, erwies man Euch nicht die Ehre und Achtung, so Euch zukam?" forschte er weiter.

„Sie wurde mir von allen Seiten zuteil", sprach sie kühl, „mehr als notwendig war, und selbst so es daran gefehlt hätte ... Ihr kennt mich nicht, sonst wüßtet Ihr, daß mich solches keine Tränen kosten würde; es könnte mich nur lächeln machen."

„Nun denn, warum Tränen?" brach er ungeduldig los, „ich vermeine, als Euer Gemahl hätte ich ein Recht, danach zu fragen, so ich sie bei meinem Weibe sehe."

Odalsinde wandte sich ab und erwiderte gelassen: „Es ist mir leid, daß Ihr die Tränenspuren sahet, Graf Otto; sie waren nicht für Euch bestimmt."

„Odalsinde", fuhr er auf, „das antwortet Ihr, so ich Euch nach Eurem Kummer frage?"

Ihre Stimme klang eisig kalt. „Hättet Ihr aus Teilnahme gefragt, so wär' die Antwort vielleicht anders gewesen; so aber sprach der Ärger aus Euch! Jedoch will ich Euch den Grund meiner Wehmut angeben, auch daneben bemerken, daß Ihr solcher Gefühle bei mir nicht wieder ansichtig werden sollt", — sie stockte einen Augenblick, fuhr dann aber ebenso fort: „So man eine Blume aus dem Licht in den Schatten stellt, braucht sie Zeit, sich daran zu gewöhnen. Begreift Ihr solches? So laßt auch mir Zeit."

Sie wandte sich dem Fenster zu. Da ging er ins Nebengemach, heftig die Tür zuschlagend.

Ihre letzten Worte tönten in ihm nach; hatten sie nicht wie der Aufschrei eines gepreßten Herzens geklungen? Er schritt erregt auf und nieder — er begriff sich selbst nicht.

Für einen jeden hatte er warme Worte, übte Nachsicht und Milde überall – warum denn für Odalsinde nicht?

Er wußte ganz gut, warum nicht; eine leise Stimme flüsterte es ihm gar deutlich zu ... er hatte ein herzlicheres Entgegenkommen bei ihr erwartet, da er kam, sie heimzuholen. Oh, wie ihn diese Kälte reizte und empörte! Daß er das gleiche Wesen ihr gegenüber hervorkehrte und mithin genausoviel Schuld an dem unseligen Verhältnis zwischen ihnen trug wie sie, das hätte er nimmer verstanden! Alles hätte anders werden können, so sie einen warmen Blick für ihn am Hochzeitsmorgen gehabt hätte! Er sah sie plötzlich wieder vor sich, wie er sie unter dem Apfelbaum gesehen hatte, und ein ungestüm Verlangen ergriff ihn, nur einmal ihre Augen in solcher Weise auf sich gerichtet zu sehen, wie sie damals das Kind angeblickt hatte!

Lange noch hörte Odalsinde ihn auf und ab wandern, bis ein unruhiger Schlaf ihr die Augen schloß.

Der Frühnebel braute im Wiesetal. Einzelne abgerissene Nebelstreifen hingen wie duftige Schleier in den Tannen der Schwarzwaldberge; am Morgenhimmel zogen kleine, goldgeränderte Wölkchen dahin, und die Spitzen der Alpen, die aus der Ferne herüberschauten, leuchteten in zartem Rosa.

In der stattlichen Burg am Waldberge war es noch ziemlich still.

Der Turmwärter im hohen Gemach rieb sich gähnend die Augen, unten im Hof krähten ein paar Hähne um die Wette, der Burgvogt ging durch den Zwinger, um die Knappen und Knechte zu wecken. Es galt, beizeiten zuzurüsten, denn gleich nach dem Frühmahl wollten die Herren aufbrechen, um einige Stunden dem edlen Waidwerk obzuliegen.

Bald entwickelte sich ein reges Treiben auf dem eben noch so stillen Burghof; Knappen brachten die Jagdgerätschaften ihrer Herren, die Jagdspieße, die Armbrüste und mit Pfeilen gefüllte Köcher, putzten da und dort, wo es noch nicht blank genug erschien, schwatzten und lachten dazwischen und trieben allerlei Kurzweil. Die Knechte putzten die Rosse und zäumten sie auf, und die Meute stand, ungeduldig kläffend, daneben – alles harrte der Herren, die oben in der Halle beim Frühtrunk beisammensaßen.

Jetzt war er beendet; sie traten in Gruppen hinaus auf den Hof. Als einer der letzten kam Otto; stolz schritt er über den Hof; prächtig kleidete ihn das braune, lederne Jagdwams, das die Schärpe umschloß. Er schaute nicht rechts noch links und sprach eifrig mit Herrn von Pfeffingen.

Als er aber zur Treppe kam, die hinabführte, wandte er rasch das Haupt und blickte nach dem Fenster seiner Gemahlin. Unmerklich zuckte er zusammen – dort stand Odalsinde und schaute ihm nach. Halb hatte er es gehofft und doch wieder nach dem gestrigen Abend nicht erwartet – aber es freute ihn! Er rief ihr einen fröhlichen Gruß zu, und sie dankte mit mattem Lächeln.

Sein Vorsatz in dieser Nacht war geworden, sich und ihr das Leben nicht unnütz schwer zu machen. Gute Kameradschaft hatten sie sich versprochen – nun, er wenigstens wollte sie halten! Kam er mit ihr zusammen, so sollte es in freundschaftlicher Weise geschehen, viel Zeit blieb ihm ja nicht für ein stilles Hausleben. Es galt so viel zu bedenken, zu rüsten, zu befestigen in dieser Zeit des Waffenstillstandes, und was ihm dann noch übrigblieb an Zeit, das wollte er seinen Pergamentrollen, seinen Studien und der fröhlichen Jagd widmen. Gab's später einmal Frieden, dann hatten sie sich hoffentlich aneinander gewöhnt, und – aber es war besser, der Zeit jetzt noch nicht zu gedenken.

Diese in schlafloser Nacht gefaßten Entschlüsse zogen blitzschnell noch einmal durch Ottos Hirn, während er mit den anderen Herren die bereitgehaltenen Pferde bestieg.

Unter fröhlichem Halali ging's durch das breite Tor im Nordwesten der Burg hinein in den Wald, die freigelassene Meute heulend voraus oder die Pferde umspringend.

Bald begann ein fröhliches Treiben über Berg und Tal, und das Echo gab die lauten Rufe der Jäger zehnfach wieder.

Vom Eifer der Jagd hingerissen, mit blitzenden Augen allen voran, setzte Walter über Stock und Stein einem stattlichen Zwölfender nach, bemerkte aber dabei, wie ein Reh, tödlich getroffen, vor einem Gebüsch zusammenbrach und noch im Tode eine kleine Öffnung in demselben zu verdekken versuchte. Er sprengte näher, bog die Zweige auseinander und sah ein kleines Rehkälbchen. Behutsam hob er das Tierchen auf, übergab es der Fürsorge seines Knappen und sprengte weiter.

Es war hoch am Mittag, als die Herren wiederkehrten, mit reicher Beute beladen. Nach einem fröhlichen Mahle zogen sie sich zurück, um gerüstet zu sein, wenn das Festspiel am Spätnachmittag alle Gäste der Burg vereinen sollte.

Einen duftigen Rosenzweig in den Händen, betrat Otto das Gemach seiner Gemahlin. Es drängte ihn, ihr ein paar freundliche Worte zu sagen — das Beispiel von der Blume, die aus dem Sonnenschein in den Schatten versetzt war, hatte er nicht vergessen können!

„Grüß Gott, Odalsinde", sprach er heiter, „das war ein fröhlich Jagen heut! Ich hoff', daß Ihr ein andermal dabei seid. Mein Anteil an der reichen Beute bratet lustig drunten in der Küche, um die Abendtafel zu zieren. Doch sehet diesen schönen Zweig; es ist der erste aus dem Burggarten; ich pflückte ihn für Euch."

Ein flüchtiges Rot zog über Odalsindes Antlitz. „Ich danke Euch", entgegnete sie und legte den Zweig in eine Schale.

Sekundenlang war es totenstill in dem Gemach, dann wandte sie ihm voll das Gesicht zu und sprach mit ruhiger Stimme, der man das Schlagen des Herzens nicht anhörte: „Wir gelobeten uns gestern gute Kameradschaft, Otto, Ihr und ich, und wir haben sie beide nicht gehalten. Solches war nicht richtig; wir wollen in der Zukunft mehr auf der Hut sein. Es dürften sonst die Fesseln leichtlich zu hart und drückend für uns beide werden."

Bei ihren letzten Worten zog ein finsterer Schatten über sein Gesicht; verschwunden war alle Heiterkeit.

„Ihr habt recht, Odalsinde, auf gute Kameradschaft denn noch einmal! Doch stehet zu erwarten, daß wir solch Vornehmen in der nächsten Zeit wenig werden betätigen können, dieweil ich viel abwesend zu sein habe, auch, so ich daheim bin, eifrig für Rüstungen und Befestigungen sorgen muß. Also ist zu hoffen, daß Ihr nicht viel der Fesseln Euch erinnern müßt, die Euer und mein Pflichtgefühl geschmiedet hat." Er lachte kurz und ging hinaus.

In Odalsindes blasses Gesicht trat der Ausdruck tiefen Schmerzes. Es schien, als wolle sie in bange Klagen ausbrechen, aber sie preßte die Lippen fest aufeinander, richtete trotzig den Kopf empor und rief Radegundis, ihrer Gürtelmagd, mit der sie sich in ein langes Gespräch über ihre Kleidung vertiefte.

Unten im Garten schritt Walter in einem Weingange in der gleichen Zeit auf und ab. Seine Augen funkelten, wie immer, wenn er erregt war. Just eben war er vom Bischof gekommen, wo er hatte erfahren müssen, daß es mit dem Werben der Söldner nicht so gut voranginge, wie der hohe Herr gehofft hatte.

Herr Heinrich teilte es Walter mit und fügte hinzu: „Um so notwendiger wird des Wartenbergers Hilfe, und ich bitte dich, Walter, zeig' ihm deine Abneigung nicht gar so deutlich, maßen er sonst nimmer einwilligen dürfte, der Unsere zu werden."

„Ihr tut, Ohm, als hinge von dem Wolf der ganze Sieg ab", hatte Walter grimmig ausgerufen. „Der Teufel hol' den Wartenberger mit samt seiner Hilfe, und das am liebsten gleich, dieweil ich ihn alsdann los wäre!" Damit war er in den Garten gegangen, um seinen Unmut zu besänftigen.

Nicht weit von dem Weingang, in dem er auf und ab schritt, war Elisabeth mit Blumenschneiden beschäftigt; da sah er, wie Ursula auf einem Seitenwege leichtfüßig daherkam, um ihrer Base zu helfen.

Als sie an dem Weingange vorüber wollte, stand er plötzlich vor ihr und hatte ihre beiden Hände gefaßt.

„So fängt man Sonnenstrahlen, Ursula“, lachte er heiter und zog sie in den Gang hinein; sein Zorn war verschwunden, als er sie gesehen, und jetzt ruhte sein Blick in unverhohlener Bewunderung auf der holden Gestalt.

Vergeblich suchte sie sich freizumachen. „Was der Walter hat, das hält er“, sagte er übermütig.

„Gebt mich frei, Graf Walter“, sprach sie da und sah mit tränenden Augen zu ihm auf.

Betroffen ließ er sie los.

„Ich wollt' Euch nicht kränken, holde Base“, sagte er schnell, „vergebt mein Ungestüm, ich bin aber nicht anders! Und nun gestattet, daß ich Euch zu jener Bank geleite; ich möcht' Euch etwas sagen, darf ich?“

Sie nickte und ließ es geschehen, daß er sie zu der Bank führte. Er blieb vor ihr stehen und begann: „Heute wurde beim Jagen einem Rehkälbchen die Mutter getötet. Ich entdeckte das Tierchen und dachte, es würde Euch vielleicht eine Freude sein, es aufzuziehen. Darum übergab ich es meinem Knappen, der es mit heim nahm. Unten in einem Stall ist's vorläufig untergebracht. So es Euch nun Freude bereitet, so bitt' ich Euch, nehmt's freundlich an als Euer Eigentum.“

Freudig überrascht blickte sie zu dem schlanken Mann vor ihr auf; lichtes Rot färbte ihr Antlitz. „Habt Dank, Graf Walter; wie freundlich von Euch, meiner zu gedenken! Sobald ich nachher kann, will ich hin und mir das Tierlein besehen, und gerne will ich es aufziehen.“

„Es freut mich, Ursula, daß Ihr mich nicht zurückgewiesen habt“, sprach Walter schnell. „Nun aber gebt mir freiwillig Eure Hand und sagt mir, daß Ihr mir nicht mehr ob meines Ungestümes zürnet, auch in Zukunft nimmer erschrecken wollt, so ich wieder einmal plötzlich Euren Weg kreuze.“

Er streckte ihr seine große, wohlgebildete Hand hin, und wenn Ursula auch verlegen das Köpfchen senkte, so legte sie doch ohne Zaudern ihre Hand in die seine, die sich mit festem Druck um sie schloß. Jetzt trat Walter mit ehrerbietiger Verneigung zur Seite, und sie eilte zu Elisabeth.

Siebentes Kapitel

Aus dem Tagebuch des Paters

Am 12. Mai.

Barmherziger Gott, ist es denn zu fassen, daß über Nacht der Todesengel seine Fittiche so rasch ausbreiten konnte da, wo eben noch lauter Festfreude war? Und doch – es ist so!

Die ersten Morgenstrahlen treffen mich just eben – sie beleuchten auch das stille Antlitz unserer von allen geliebten Burgfrau Edelgundis, die unten in der Kapelle aufgebahrt lieget!

Gestern, da Ruhe in die Burg eingekehret war, machte ich mich auf den Weg zu Antonius. Noch hatte ich nicht die Hälfte des Weges hinter mir, als ein reitender Bote mich einholte, der mich zurückrief. Ich nahm sein Roß und jagte zur Burg. Gräfin Edelgundis lag im Fieber, das wir schon erloschen wähnten – es hat noch einmal seine Hand ausgestreckt!

Bleich vor Angst kam mir Elisabeth entgegen, da ich zum Lager der Gräfin trat – ach, auch ohne den Ausspruch des Arztes, der um weniges später kam, wußte ich, wie es stand! Hab' zuviel davon unten im Dorf sehen müssen!

Elisabeth wankte, da sie des Medikus' Achselzucken sah – da faßte ich schnell ihre Hand und flüsterte ihr zu: „Gott leget uns eine Last auf, aber er hilft uns auch!" Dankbar sah sie mich an; still setzte sie sich ans Lager, und ich blieb neben ihr stehen.

Niemand sprach; auch draußen im Zwinger waren alle Geräusche verstummt. In der neunten Abendstunde ging eine Veränderung im Antlitz der Gräfin vor. Ich beugte mich über sie; sie schlug die Augen auf und begehrte mit schwacher Stimme die letzte Ölung. Kaum vernehmbar fügte sie hinzu: „Ich weiß, ich sterbe. Durch die Gnade des Allmächtigen und Erlösung des Hochgelobten will ich selig werden. Ich hoffe auf nichts anderes. Es war kein leichter Weg, so ich zu gehen hatte; doch ich lernte mich beugen unter Gottes Hand.

Kommt Ihr einstmals gen Einsiedeln zurück, so grüßt Pater Hieronymus von mir und sagt ihm solches."

Nur ich hatte ihre Worte verstehen können; jetzt schwieg sie erschöpft. Rasch bereitete ich die heilige Handlung vor, ich sah, es eilte damit. Noch war die Mitternacht nicht vorüber, als Edelgundis den letzten Atemzug tat, ohne noch einmal gesprochen zu haben. Nur auf Elisabeth hatte ihr Blick noch zuletzt mit unendlicher Liebe geruht.

Am 13.

Heute fand die Beisetzung unten auf dem kleinen Friedhof statt. Alle, die vor kaum drei Tagen hier waren, um die Hochzeit feiern zu helfen, gaben unserer Burgherrin heute das letzte Geleit. Elisabeth war nicht zu bewegen gewesen, in der Burg zu bleiben, so sehr wir sie darum baten. Auf Graf Walter und Lutold gestützt, stand sie mit an der Gruft. Mein Herz war tief bewegt; in kurzen, innigen Worten segnete ich die teure Leiche ein; der Hügel schloß sich, und wir verließen still den Ort, den Endpunkt aller Erdenpilger! – Wohl dem, der da ruhet im Glauben an den Auferstandenen!

Mit einem wehmütigen Lächeln schob Elisabeth Odalsinde bei dem Frühmahl am andern Morgen auf den leeren Platz ihrer Mutter. Später bat sie: „Komm mit in den Garten, Oda, so du nichts Besonderes zu tun hast."

Odalsinde nickte und wandte sich an ihren jüngsten Schwager: „Würdet Ihr, Lutold, wohl mein Schwesterlein auf einem Ritte begleiten? Ich möchte gerne, daß sie sich im Tal ein wenig umschaut."

Ein froher Ausdruck flog über Lutolds Antlitz; bereitwillig erhob er sich, und als Elisabeth mit Odalsinde zum Burggarten hinabstieg, ritten die beiden ins Wiesetal hinunter. Otto und Walter waren allein geblieben.

Mit finster zusammengezogenen Brauen schaute der erstere vor sich hin, indessen Walter, Ellos schwarzen Kopf mechanisch streichelnd, nachdenklich zum Fenster hinausblickte.

„Otto", brach er plötzlich das Schweigen, „s' ist allerlei Kunde von dem Habsburger zu mir gedrungen, so mir nicht paßt. Balthasar hinterbrachte mir's."

„Wer ist dieser Balthasar?" fragte Otto zerstreut.

„Heiliger Nepomuk", sagte Walter erstaunt, „ich glaub wahrhaftig, du kennst den Mann nicht, den ich unserem Vogt als Gehilfen beigegeben hab'! Ihm nahm das Fieber als erstes Opfer vor etlichen Wochen die Braut — uns jetzt die Mutter —"

Er sprang auf und durchmaß mit schnellen Schritten das Gemach. Vor Otto stehenbleibend, legte er beide Hände auf seine Schultern: „Es nutzt nichts, Bruder, unser Grübeln hat keinen Wert! Das Leben beut in der Gegenwart gar große Schwierigkeiten, und es stellt Anforderungen an uns, denen wir nur begegnen können, so wir alle Kraft zusammennehmen."

Otto nickte. „Du hast recht, ob's auch schwer ist! Was sagte Balthasar?"

„Der Habsburger soll in geheimer Verbindung mit dem Wartenberger stehen."

„Was?" fuhr Otto auf.

„Balthasar begegnete gestern abend auf dem Wege von Schopfheim hierwärts einigen Reisigen", berichtete Walter. „Sie hielten ihn an und fragten ihn aus, ob er von der Gegend sei und ihnen angeben könne, ob die Freudentage in Rötteln allbereits ein Ende hätten. Auf seine Frage, warum sie solches zu wissen begehrten, haben sie gelacht, und der eine sagte: Dieweil wir dann den Wartenberger Herrn zu Hause treffen, zu dem uns unser Herr gesandt hat."

„Fürsichtige und gewitzigte Boten", lächelte Otto.

Auch um Walters Lippen zuckte es. „Seine Rede trug ihm von seinem Gefährten etliche Püffe ein; rasch zogen sie weiter. Der Balthasar aber brachte mir solche Kunde heute früh."

„Dem Wartenberger trau' der Teufel; er ist ein Fuchs", sprach Otto unmutig.

„Ich will gen Basel und versuchen, dem Bischof die Augen zu öffnen", entgegnete Walter. „Er hält sie beide mit Bedacht geschlossen, bloß, um die Mannen des Wolf zu haben. Wird ihm noch Kopfweh genug machen. Reitest du mit?"

„Ja", erwiderte Otto gepreßt, „ich bin lieber draußen, denn daheim!"

Aus dem Tagebuch des Paters

Am 27. Mai.

So ich noch kein Tagebuch begonnen hätte zu schreiben, täte ich es heute; — ist mir doch, als ob mein Herz nimmermehr allein tragen könne, was es beweget! Und so es auch nur still weiß Papier ist, ich kann mich doch aussprechen.

's war im Winter, als sie mich herriefen als Burgpriester, anjetzo gehet der Wonnemond zur Neige, und doch, wieviel liegt für mich in dieser kurzen Spanne Zeit. —

Elisabeth, du warest die erste, so mir begenete, da ich in den Burghof einritt, und noch heute weiß ich, wie mein Herz erbebete beim Anblick deiner lichten Schönheit! Waldblume — also benennen sie dich hier — gäbe es einen passenderen Namen für dich? Wie eine Waldblume, von wonnigem Zauber umwoben, süß und rein, also bist du hier auf einsamer Höhe erblühet . . . wert, einen Königspalast zu zieren — und verschmähest nicht, ins Haus der Armen Licht und Freude zu bringen! Ist's da ein Wunder, daß ich mich wohlfühlte in deiner Nähe — daß ich sie suchte, wo ich konnte?

Pater Hieronymus, deiner Warnung vor schönen Frauenaugen dachte ich nimmer, und nun ich ihrer heut gedenke, ist es — zu spät!

Wie es begann, ich weiß es nicht, könnt' auch nimmer sagen, wann — aber solches ist ja auch gleichgültig; genug, daß die Liebe zur Waldblume mein ganzes Herz erfüllet!

Und solches schreibe ich, ich, dem die Kutte den Leib umschließt — der die Tonsur auf dem Haupte träget —, der nur erfüllet sein soll von heiliger Gottesminne!

Oft rang ich in mancher bangen, dunklen Nacht um Klarheit und Licht, ob solch irdische Liebe mir Sünde sei — alsdann hätt' ich sie mit Gewalt von mir getrieben, selbst so es mein Leben gekostet hätte! Aber, o Dank dem Höchsten, sie ist mir keine Sünde; mir ist Licht darüber geworden! Kann ich doch ruhig ihrer in meinen Gebeten denken, ja, ist doch gerade dann meiner Seele am wohlsten, so ich alles Leid, allen Schmerz meinem Gott gesaget habe.

Wie bitter war der Kampf, da ich plötzlich sah, was Elisabeth mir sei. Wie schwer war's mir, den Versucher zurückzuweisen, da er mich locken wollte zurück ins weltliche Leben, um ihrer begehren zu können! Aber so ich auch wirklich Dispens bekäme und wieder weltlich würde, könnte alsdann Gottes Segen den Eidbrüchigen begleiten? — Nein, o nein, ich will treu und fest meinem Gelübde bleiben — ich will, . . . ahnest du, Elisabeth, was mich solch „ich will" kostet? —

Wie oft treibet es mich, ihr meine große Liebe zu zeigen, sei es auch nur durch einen Blick! Ich bin bis anjetzo standhaft geblieben, blieb für sie der Priester, der freundlich und milde sprach, ohne sich zu verraten, — werde ich es immer können?

Barmherziger, gib mir Kraft; ich bin doch auch nur ein schwacher Mensch!

Am 28.

Es war heut ein Regentag. Grau hingen die Wolken hernieder, grauer Nebel ruhte gleich einem dichten Flor auf den Bergen, und ein kalter Wind wehte.

Mir ist, als läge es auch gleich einem Nebelflor über Rötteln. Sonst, so solch ein Tag kam, saßen wir wohl beisammen unten in der Halle am Kamin, oder auch im Wohngemach der Schloßfrau. Traut und heimisch war's an solchen Abenden, und wenn der Wind heulte, so rückte man alsdann dichter zusammen. Da sprach man wohl von allerlei, von Vergangenheit und Zukunft, manch heiter Wort flog hin und her, aber auch manch ernst Ding wurde beraten, — sind doch die Zeiten ernst und schwer!

Wie ist das heut so ganz anders! Graf Otto ist mit Walter zusammen zum Homburger jenseits des Rheines geritten; sie kehren wohl erst morgen heim. Lutold blieb in der Halle nach dem Nachtmahl, er schlägt die Laute und singt mit halblauter Stimme ein Minnelied der Gräfin Ursula. Die junge Herrin Odalsinde wollte mit Elisabeth ins Wohngemach gehen – da fühlte ich mich überflüssig und ging hinauf – es bat mich auch niemand, zu bleiben. Sie, die sonst am Abend so gern uns alle um sich sah, sie ruhet seit zwei Wochen in der Erde. Ihr ist wohl! Sie ging gerne! Aber ihr Heimgang hat eine schmerzliche Lücke gelassen.

Pater Hieronymus, was wirst du sagen, so du diese Todeskunde erfährst? Ich hab' es längst gemerkt, daß sich ein unsichtbar Band von unserem stillen Kloster zu dieser stolzen Burg ziehen mußte. Damals schon wollt' es mir verwunderlich erscheinen, da ich meinem ernsten Freund mitteilte, sie wollten mich nach Rötteln haben, und die Wirkung sah, so solche Kunde auf ihn machte. Noch mehr ahnte ich's, als ich mit der Verblichenen im Wohngemach vor dem Kamin saß und sie mir von der nahen Hochzeit ihres Sohnes sprach. Gewißheit wurde mir an ihrem Sterbelager, da sie mir den letzten Gruß auftrug. – Was mag's gewesen sein zwischen beiden? – Er ist auch einmal draußen in der Welt gewesen als Priester, solches war aber lang, lang bevor ich ins Kloster kam. Er sprach nie von jener Zeit, – da muß es gewesen sein. Also kennt er die Macht von Frauenaugen; er wird mich verstehen, wenn ich heimkehre und ihm alles sage.

Gleich nach der Hochzeit des Grafen Otto wollt' ich zum Grafen Walter gehn und ihm sagen, daß ich zurück möcht. Da kam der schnelle Tod der Herrin, und ich schwieg bisher. Ob mich hier nur einer vermissen wird, so ich gehe? Glaub's nimmer! Die Ritter haben alle Hände voll mit Rüstungen zu tun, und Elisabeth hat ihre Base und Schwägerin hier; sie braucht mich nicht! Hab' gehofft, ihr in dieser Zeit des öfteren etwas sagen zu dürfen aus dem herrlichen Gotteswort, so mein Trost und Heil geworden, – es blieb beim Hoffen!

Früher hab' ich es je und dann tun können, — ob es wohl in ihrem Herzen Wurzel geschlagen hat? Allmächtiger, du weißt es!

Am 30. Mai.

Ich bleibe; ich kehre nicht nach Einsiedeln zurück, zum wenigsten noch nicht. Ich war heut schon am Vormittag gen Sankt Chrischona zum Pater Antonius gegangen. Dem sagt' ich von meinem Vorhaben, doch verschwieg ich ihm den Grund. Ob er ihn dennoch gemerkt hat oder geahnt? Er sah mich lange schweigend und fragend an; dann sagte er langsam: „Geh, sobald du meinest, du seiest nicht notwendig oder es sei besser für dich. So du aber merkest, man braucht deiner, so vertraue dem Höchsten und bleibe." Also Antonius. Am Nachmittag, die Sonne ging schon zur Rüste, kehrte ich heim. Das Nachtmahl ließ ich mir heraufbringen, später ging ich zur Halle hinunter, vermeinend, ich würde dort die Ritter finden und könnt' mein Anliegen vorbringen. Es war aber niemand da; so setzte ich mich in einen Stuhl und hing meinen Gedanken nach.

Nach kurzer Zeit ging leise die Tür — ich schrak zusammen, Elisabeth war eingetreten. Sie blieb stehen und schaute mich an. „Störte ich Euch, Herr Pater?" fragte sie; ich schüttelte den Kopf; da kam sie näher und setzte sich. Wieder traf mich ihr Blick, — es mochte sie wunderlich bedünken, daß ich so gar nichts sagte. Ich konnte aber nicht, hatte nur krampfhaft ein Stück der Kutte in meine Hand geschlossen.

Elisabeth war blaß; die lichten, klaren Augen schienen müde zu blicken, ein Hauch stiller Trauer lag über ihr. Endlich brach ich das Schweigen. „Ich hatte gehofft, Euren Bruder, Graf Walter, hier zu finden, Herrin; hätte gern über eine mir wichtige Sache mit ihm geredet."

„Er ist gen Basel und kommt spät heim, Herr Pater", antwortete sie mir. „Doch so Ihr mir vertrauen wollt, so könnt' ich es ihm heute noch vermelden; ich gedenke seiner zu warten."

Da sagt' ich ohne Umschweif: „Ich möcht' heim gen Einsiedeln und wollt' solches mit ihm beraten." Tat ich recht, es so ohne weiteres zu sagen? Fast wollt' es mich gereuen, da ich ihren entsetzten Blick sah.

Sie preßte die Hände zusammen und rief: „Pater Rubertus, fort wollt Ihr, fort von uns? O saget, was tat man Euch, daß Ihr solches begehret; fühlt Ihr Euch hier nicht mehr wohl, was ist's, daß Ihr fort wollt?"

Angstvoll hingen ihre Augen an mir, — und ich durft' ihr nicht die Wahrheit sagen! O der Bitterkeit, so man anders reden und sich benehmen muß, denn man fühlt und möchte!

Ich schwieg zuerst, dann sagt' ich leise: „Hab' gemeint, man brauche mich anjetzo nicht mehr so notwendig denn ehedem! Da Eure Frau Mutter entschlafen ist und die edlen Grafen gar so viel mit ihren Verwahrungen und Rüstungen zu tun haben, bleibet ihnen wenig Zeit, ihres Seelenheils zu denken. Auch, Herrin, sehnete ich mich nach unseres Klosters stillem Frieden."

Da legte sie die Hände ineinander und antwortete tieftraurig: „O Pater Rubertus, Euch nicht mehr so notwendig brauchen denn ehedem! Viel, viel notwendiger noch denn sonsten! Wie lange schon sehnete ich mich danach, mit Euch zu reden, es ist ja gar so traurig anjetzo hier oben, wie eine Wolke ruhet's ob Rötteln, soviel Herzeleid wohnet hier! Nun wollt auch Ihr noch fort, kann's Euch ja kaum verargen — und doch —"

Sie barg ihr Antlitz in den Händen und weinte. Ich schwieg zuerst, maßen ich fühlte, so ich jetzt reden würde, wär' es anders, denn ich durfte und sollte! Endlich aber hab' ich ihr gesaget, so auch nur einem mein Bleiben ein Segen wär' und ich solches wüßte, ich bliebe gewiß! Da ließ sie die Hände sinken, schaute mich mit den feuchten Augen an und bat: „O so bleibet und redet fürs erste nimmer vom Weggehen, ich bitt' Euch, Pater Rubertus!" Und ich versprach zu bleiben.

Als ich mich endlich erhob, um zu gehen, dankte sie mir in innigen Worten und sagte: „Und Ihr redet nimmer vom

Gehen, Pater Rubertus, nimmer? Ich darf Walter nichts bestellen?“

Da hab' ich ihre Hand ergriffen, ihr noch einmal gesagt, ich bleibe – hab's aber nicht ändern können, und ihr einen Kuß auf die Hand gedrückt, ehe ich ging.

Und ich weiß doch so genau, daß ich nimmer zum rechten Frieden kommen werde, solang' ich in ihrer Nähe bin!

Mein Gott, lehr' mich recht entsagen, lehr' mich, wie ich in dir volles Genüge finden kann.

Achtes Kapitel

Am Vormittag des letzten Maitages saß Bischof Heinrich im Empfangsgemach des bischöflichen Palastes zu Basel an einem Tisch, auf dem eine Kanne mit Wein und zwei Pokale standen. Vor ihm in einem großen Holzsessel hatte der Wolf von Wartenberg Platz genommen, angetan mit prächtiger, reichbestickter Kleidung.

Soeben tat er einen mächtigen Zug von dem goldgelben Wein, setzte den Pokal fast geleert auf den Tisch, lehnte sich bequem in den Sessel zurück und sagte: „So es Euch denn genehm, hochwürdigster Herr, so lasset uns mit unseren Verhandlungen beginnen. Mich will bedünken, daß wir nimmer allzulange Zeit zu unseren Vorbereitungen haben. Will Euch nicht verhehlen, daß der Habsburger neuerdings wieder Boten zu mir gesandt hat, hab' sie aber auch nicht angenommen. Da ich Euch zugesagt hatte, mit Euch zu gehen, so lasset uns allererst verhandeln.“

Der Bischof hatte den Grafen ausreden lassen, ohne eine Miene zu verziehen; nur seine Hand spielte aufgeregt mit dem Fuße seines Pokales. Er wußte genau, gewährte er des Wartenbergers Forderungen nicht, so zog dieser dem Habsburger zu Hilfe, und sie hatten alsdann einen schlimmen Feind drüben. Was aber würde er fordern? Ein Geringes wohl nicht!

Jetzt sah er auf und begegnete dem stechenden, schwarzen Auge seines Gastes, das forschend auf ihm ruhte.

„Ihr wisset, Graf Wolf", entgegnete er, „daß mir viel an Eurer Hilfe gelegen ist; nimmer hätte ich sonsten zu Euch gesandt. Saget mir denn nun Eure Bedingungen, unter denen Ihr der Unsere werden wollet."

„Weiß wohl, daß Euch nimmer um mich selbsten zu tun ist, hochwürdigster Herr", sprach Wolf von Wartenberg spöttisch. „Ihr braucht meine Mannen, nicht mich! Maßen diese aber nimmer ohne mich gehen, müßt Ihr mich mit in Kauf nehmen. So ist's, nicht wahr?" Er lachte auf. „Sagt ja, Herr Bischof, lasset uns ein ehrlich Spiel treiben! Ich wär' desgleichen nimmer zu Euch gekommen, so ich nicht hoffen würde, hier mehr zu gewinnen, denn bei dem Habsburger; sehet, ich bin offen, vielleicht zu offen, doch – es schadet nichts."

Ein feines Lächeln umspielte Herrn Heinrichs Lippen. „Ihr habt recht, Graf Wolf; nur daß ich solches alles Euch nicht mit so derben Worten sage als Ihr es mir! Doch, wie dem auch sei, wir verstehen uns also! Von innerer Verbindung zwischen unserer Sache und Euch ist keine Rede, ebensowenig als solches der Fall wäre zwischen Euch und dem Habsburger, so Ihr mit dem gemeine Sache machtet. Und nun stellet Eure Bedingungen."

„Zuerst, Herr Bischof", begann der Graf, „war's mir um Euer Stück Land zu tun, so am Rhein, dem Wartenberg gegenüber, gelegen ist. Das wollt' ich zu eigen haben, – doch meine Gesinnung hat sich geändert. Ihr wisset, ich bin noch unbeweibet, hab' auch bis dahin keine Lust verspürt, Weibervolk auf meinem Horst zu sehen. Glaub', daß seit dem Tode meiner Mutter kein weiblich Wesen den Wartenberg durchschritten, außer der Schaffnerin mit ihren beiden Mädchen und der Burgkatz! Anjetzo aber gelüstet es mich, ein Ehegemahl zu besitzen. Vermeine, der Wartenberg würd' wohnlicher werden, so wieder ein hold, jung Wesen dort als Burgfrau waltete, – und Ihr, hochwürdigster Herr, sollt mir dazu verhelfen. Ich werb' bei Euch um Elisabeth von Rötteln, Eure Schwestertochter."

Schon als der Graf seine Auseinandersetzung begann, flog blitzschnell dem Bischof die Erinnerung an das Hochzeitsmahl durch den Kopf; auch er hatte des Grafen Blicke damals gesehen, und es wurde ihm heiß und kalt dabei. Als er nun wirklich Elisabeths Namen hörte, wallte es hoch in ihm auf; er verspürte die allergrößte Lust, den Unverschämten höchst eigenhändig hinauszuwerfen, – aber er verstand sich zu beherrschen, seine Züge wurden vielleicht nur noch eherner.

„Und die Hand der Gräfin Elisabeth soll mithin der Preis sein für Eure Hilfe?" fragte er.

„Sie soll es sein", entgegnete der Wartenberger kurz.

Da erhob sich der geistliche Herr, richtete sich in seiner ganzen imponierenden Größe auf, verschränkte die Arme und sagte mit schneidender Stimme, die Augen durchbohrend auf sein Gegenüber gerichtet: „Seit wann handelt man hierzulande mit Menschen gleich einer Ware, die dem Meistbietenden zugeschlagen wird? Mir ist nichts darüber bekannt! So Ihr solches vermeinet habt, seid Ihr in einem schweren Irrtum begriffen, Herr Graf, den ich Eurer Unkenntnis mit den Verhältnissen zugute halten will, obgleich mich solches wundernähme, da Ihr hierorts geboren und großgezogen seid! Vernehmet, Gräfin Elisabeth von Rötteln ist mir nimmer feil, auch nicht für Eure Hilfe. Das Land hätt' ich Euch gegeben, das Weib nimmer!"

Da hielt sich der Wartenberger nicht mehr. Er sprang auf und schrie mit wutbebender Stimme: „Nun denn, Herr Bischof, so vernehmt Ihr hingegen, daß meine Mannen mir nimmer feil sind für Euch! Dienst gegen Dienst! Noch heute geht mein Bote gen Habsburg, dem Grafen meine Zusage zu bringen. Doch wissen sollt Ihr eines, der Wartenberger weiß sich zu rächen! Rötteln wird fallen, Herr Bischof, muß fallen; all meine Kraft soll diesem Ziel gelten! Und dann trage ich Elisabeth auf diesen Armen in meine Burg! – sie muß mein werden, Herr Bischof, sie muß und sie wird! Alsdann sollt

Ihr unseren Herzensbund segnen, — hei, das wird eine lustige Hochzeit werden.“ Er war mit wenigen Schritten am Fenster und lehnte sich weit hinaus, um seine furchtbare Aufregung ein wenig zu bemeistern.

Der Bischof stützte die Hand auf den Tisch; er war bleich vor innerer Erregung, aber keine Muskel zuckte in seinem Antlitz. So vergingen etliche Minuten; da sprach der hohe Herr eisig: „Ich dächte, unsere Unterredung sei beendet. Meine Zeit ist zu Ende, Herr Graf.“

Der Wartenberger fuhr herum und trat einen Schritt auf ihn zu. Gespannt schaute ihm Herr Heinrich ins Gesicht, auf dem ein seltsam Gemisch von Zorn, Enttäuschung, ja fast Unruhe lag. „Hochwürdigster Herr“, sagte er ruhiger, „'s wär' doch eine Torheit, so wir beide in solchem Zorn voneinandergehen sollten.“

„Wer ist im Zorn, Ihr oder ich?“ warf Herr Heinrich dazwischen und richtete einen flammenden Blick auf den Grafen, daß dieser die Augen senkte.

Doch er ließ die Frage unbeachtet und fuhr fort: „Wir begehren beide Dinge, so uns von Nutzen oder Wert sind, Ihr meiner Mannen, ich eines Weibes. Zu unseren Absichten seid Ihr und ich vonnöten. Warum, so frag' ich Euch, wollen wir einander nicht einen Dienst erweisen? Hochwürden, ich tät' noch mehr als Euch helfen, so Elisabeth mein würde! Nun will ich davon absehen, sie von Euch zu fordern; nur bitten will ich Euch, überbringt meine Werbung, und so Ihr dabei für mich reden wollt, würd' ich es Euch wahrlich danken! Wollt Ihr das wenigstens tun?“

Erstaunt hatte Herr Heinrich zugehört; nun antwortete er rasch nach kurzem Besinnen: „Da Ihr diesen Weg einschlaget, Graf Wolf, ist's etwas anderes. Eure Werbung will ich der Gräfin übermitteln; ob ich aber für Euch reden werde, ist mir ungewiß. Ihr fühlet wohl selbst, solches kann ich Euch nach dem soeben Geschehenen nicht versprechen. Wie dann aber, so die Gräfin Euch nicht annimmt?“

„Alsdann reden wir weiter von der Sache, Herr Bischof“,

erwiderte er ausweichend mit finster gerunzelter Stirn; „wann erhalte ich Euren Bescheid?"

„Da müßt Ihr mir kurze Frist geben", sagte Herr Heinrich gelassen, „ich hoffe, Ihr erhaltet bald Nachricht."

„Es ist gut, ich werde warten! Und nun lebt wohl, hochwürdigster Herr, es ist Euch und mir anjetzo nur angenehm, so wir diese Unterredung beenden und voneinandergehen." Er ergriff seinen leichten Helm und stülpte ihn auf.

„Gehabt Euch wohl", grüßte Herr Heinrich kühl.

Als sich die Tür hinter dem Grafen geschlossen, sank der würdige Herr hoch aufatmend in einen Sessel. „Mögen die Heiligen uns vor diesem Manne in Gnaden bewahren", sagte er, sich bekreuzigend. „Der ist gleich schlimm als Freund oder Feind!"

Er sprang auf und durchmaß das Gemach mit schnellen Schritten. „Was wird Walter dazu sagen, so ich es ihm mitteile? Noch heute soll er es wissen."

Er schellte und befahl dem Diener, sofort zu satteln, gen Rötteln zu reiten und die drei Grafen zu einer Beratung um die fünfte Stunde des Nachmittags in den Palast zu bitten.

Um den schweren eichenen Tisch in des Bischofs Arbeitszimmer standen vier Sessel, und in zwei mächtigen Weinkannen funkelte roter Burgunder. Unruhig schritt Herr Heinrich auf und ab, als zur festgesetzten Zeit die Tür aufsprang und Walter, gefolgt von seinen Brüdern, eintrat.

Der Bischof begrüßte sie herzlich; als sie Platz genommen, schickte er den Diener hinaus, der die Pokale füllen wollte, und übertrug dieses Lutold.

„Auf gute Verrichtung der heutigen Geschäfte", sagte Walter, den Humpen erhebend, und tat einen tiefen Zug. Die anderen folgten ihm darin.

„Euer Wein ist gut, Herr Ohm", sagte Otto absetzend. „Und nun laßt hören, was es Neues gibt, nach Eurer Miene ist's nicht gerade Gutes! Schauet aus wie ein Jäger, so ihm ein alt Weib frühmorgens gekreuzt hat."

„Du magst recht haben! Ernst ist die Sache, und es gilt wohl zu überlegen, maßen viel auf dem Spiel steht. Lasset uns auch nicht allsogleich heute Beschluß fassen, zumal die Angelegenheit noch jemand in den Händen hat."

„Beim heiligen Antonius von Padua, Ohm, Ihr redet gleich einem Wahrsagerweib geheimnisvoll und rätselhaft", rief Walter. „Je eher wir hören, um was es sich handelt, je besser."

„Nun, so höret! Am heutigen Vormittag war der Wartenberger hier, mir seine Bedingungen zu sagen."

„Nun, und?" fragte Lutold gespannt.

„Die Hand Elisabeths", sagte der Bischof kurz.

Einen Augenblick herrschte Totenstille; Otto hielt in maßlosem Staunen den Pokal in der Hand, den er eben zum Trinken erhoben hatte; Lutold lehnte sich zurück und brach in schallendes Gelächter aus, Walter aber rief aufspringend: „Ist der Kerl von Sinnen oder behext?"

„Keines von beiden", entgegnete der Bischof ernst. Und wortgetreu gab er die Unterredung vom Morgen den Brüdern wieder. Als er seine erste Antwort auf Graf Wolfs Bedingungen wiederholte, nickte Walter sehr beifällig; Otto aber fragte: „Und er blieb daraufhin?"

„Höret weiter", erwiderte der Bischof und teilte ihnen nun auch das Ende der Unterredung mit. „Da sehet ihr", schloß er endlich, „daß in dieser Angelegenheit noch jemand mitzureden hat, Elisabeth nämlich. Ihrem Entschluß müssen wir uns fügen."

„Ihrem Entschluß?" rief Otto mit finster zusammengezogenen Brauen, „vermeinet Ihr im Ernst, Herr Ohm, wir werden ihr solch Ansinnen mitteilen? Von mir aus erfährt sie's nimmer, ihrer Antwort bin ich auch so sicher."

„So mein' ich gleich also", sprach Walter mit dröhnender Stimme. „Ohm Heinrich, unsere Waldblume ist nimmer für den Räuber gewachsen, so soll sie auch nicht erfahren, daß er es gewagt hat, die Hand nach ihr auszustrecken. Hab' ich's Euch nicht gesagt, Ohm", rief er mit ausbrechendem Zorn, „vom Wolf kommt nichts Gutes, hütet Euch? Sagt' ich's Euch nicht, ich traue dem Kerl mit den unheimlichen Augen nicht, mir ahnt Böses von ihm? Aber nein, Ihr mußtet darauf bestehen, ihn noch einmal zu bitten, brachtet ihn mir sogar auf den Hals, — da sehet nun, welchen Brei Ihr eingerühret habt! Wir helfen Euch nimmer beim Ausessen; sehet zu, wie Ihr allein fertig mit ihm werdet! Unsere Schwester bekommt der Wolf nicht."

„Ruhig Blut, Walter", mahnte Lutold. „So er sagt, Elisabeth habe es ihm angetan, finde ich es auch begreiflich, so er ihrer begehret, — ich und du täten gleich also", fügte er mit halbem Lächeln hinzu. „Still", sprach er weiter, als Walter auffahren wollte, „laß mich ausreden. So ich den Ohm recht verstand, hat er zuletzt nur gebeten, die Werbung zu überbringen, ohne eine Bedingung daran zu knüpfen."

Der Bischof nickte.

„Nun", fuhr Lutold fort, „da eine solche Bitte kein Unrecht ist, so vermeine ich, unser hochwürdigster Ohm tat kein Unrecht, ihm solches zu versprechen, doch nun muß er auch halten, was er zugesagt hat. Auch mir wär's, gleich euch, das liebste, so unser Schwesterlein nichts von des Wartenbergers Werbung erführe, doch würden wir als Männer von Ehre und Recht handeln, so wir dem Ohm wehrten, mit Elisabeth zu reden? Wie ihre Antwort ausfallen wird, wissen wir alle genau, also mag sie es auch wissen."

Einen Augenblick schwiegen alle, dann sagte Otto finster: „Es ist leider zu wahr, was du sagtest", — und Walter sprach grimmig, seinen dunklen, kurzen Bart zausend: „Ja, hast recht! Hast verstanden, gut zu reden; man kann nichts dawider sagen. Hätt'st Priester werden sollen; die verstehen's, durch Reden alles zu machen."

„Sagte ich zuviel?" fuhr Lutold auf.

„Nein, nein", beschwichtigte Otto. „Um der Heiligen willen, keine Zwietracht zwischen uns wegen dieses Mannes! 's ist wahr, wir dürfen Elisabeth nichts verschweigen, unsere Ehre würde sonsten Schaden nehmen."

„So ist's, Lutold", sprach Walter und bot seinem Bruder

die Hand. „Schlag ein, Kleiner, kein Ärger unter uns durch den Kerl! 's wär dann soweit in Ordnung, Ohm", wandte er sich zu dem Bischof, „doch sei es Euch überlassen, unserer Schwester solchen höchst ehrenwerten Antrag zu übermitteln. Ich will nichts damit zu tun haben! Wann kommt Ihr?"

„In drei Tagen, und gedenke einen Tag auf Rötteln zu bleiben", antwortete Herr Heinrich. „Dann mag Elisabeth entscheiden."

Sie erhoben sich zum Abschied.

Beim Hinausgehen drückte der Bischof seinem jüngsten Neffen warm die Hand und sagte lächelnd: „Walters Natur ist uns hinreichend bekannt, lieber zufahren und mit dem Schwert dreinschlagen, als weise und ruhig überlegen und besprechen. Man muß eben mit seinem Wesen rechnen. Otto ist anders und du noch viel mehr, Lutold. Hab' Dank für deine Worte! Solche Leute wie du kann die heilige Kirche wirklich gar gut brauchen, und sie können viel in ihr wirken."

Lutold sah plötzlich vor sich ein hold Gesicht, auf dem ein ganzer Frühlingszauber ausgegossen lag, mit blauen klaren Kinderaugen und dunkelblonden Locken, — sein Herz schlug hoch auf beim Gedanken an dieses Antlitz, — fast wie abwehrend erhob er die Hand und entgegnete schnell: „Um der Heiligen willen, Herr Ohm, nimmer käme mir solch Gedanke! Ich tauge nicht für den Kirchenstand; der Ritterstand ist mir tausendmal lieber!"

„Ruhig, ruhig!" lächelte der Bischof. „Nimmer käme mir der Gedanke, dich zu etwas zu bereden, wozu du keine Lust verspürst! Aber 's geht im Leben oft wunderlich zu! Ich dachte auch einst so wie du, und doch wurd' es anders! So dich einmal ein Überdruß des jetzt so gepriesenen Standes anwandelt, so du weltmüde wirst, so denk' meiner Worte und komm, die Kirche nimmt dich freudig auf! Und Ehre und Ansehen gibt sie in Fülle dem, der ihr treu dienet."

Im Hofe stiegen die Herren zu Pferde. „Auf Wiedersehen", scholl es herüber und hinüber — man ging in gutem Einvernehmen auseinander.

Neuntes Kapitel

Im Wohngemach zu Rötteln saßen am Abend des gleichen Tages Walter und Otto in ernster, leiser Beratung beieinander. Vor ihnen funkelte roter Schaffhauser in den Krügen; aber ganz gegen seine Gewohnheit hatte Walter den Pokal beiseite geschoben und schaute nachdenklich vor sich hin.

Sie riefen Lutold hinzu und erklärten ihm, daß sie den unterirdischen Gang, der die Burg mit Brombach verbindet, wieder herstellen wollten.

„Ist er denn notwendig?" verwunderte sich Lutold.

„Wohl nur in zwei Fällen", sagte Otto nachdenklich, „erstens, so die Burg belagert würde und wir mit dem Hunger zu kämpfen hätten. Leichtlich könnte alsdann durch den Gang Nahrung, auch Hilfe von außen herbeigeschafft werden. Zum anderen, so der Feind doch einmal in die Burg dränge, bliebe dieser Weg zu einer Flucht der Unsern offen. Dies beides spricht für den Gang."

„Doch, vermeine ich, ebenso Gewichtiges dagegen", wandte Lutold lebhaft ein. „Sehet, es könnte nimmer still bleiben, daß solch Weg hier oben anfinge. Wie nun, so die Feinde seinem Ausgange nachspürten und uns eines Morgens hier grüßten, ei dann?"

„Solch Bedenken hegte ich gleich dir auch", erwiderte Walter, „aber es stehet in Frage, ob der Vorteil größer denn der Nachteil sei, oder umgekehrt. Und dem Nachteil eines solchen Ganges steht noch ein dritter Vorteil entgegen, wir könnten stets gewisse Kunde von den Bewegungen der Feinde haben, so wir einmal von der Außenwelt abgeschlossen würden."

Nachdenklich schwiegen alle; nach einigen Augenblicken fragte Lutold: „Seit wie lange hat man ihn nimmer gebraucht?"

„Seit zehn Jahren und mehr", meinte Otto, seinen langen, blonden Bart streichend, „es wird viel wiederherzustellen geben, so wir ihn benutzen wollen."

„Sehr viel", nickte Walter, „und darum wäre es Zeit, bald anzufangen. Er wurde damals zuletzt gebraucht im Kampf mit etlichen Raubrittern, gegen die der Herzog von Zähringen und unser Herr Vater, Gott hab' ihn selig, fochten."

„Soll er wiederhergestellt werden, Walter", nahm Otto das Wort, „so dürfen nur Männer, denen wir vertrauen können, solches unternehmen. Da denke ich allererst an Balthasar, ferner Wilbold, den Stallaufseher, und Friedung, den Knecht."

„Auch ich dachte dieser", sprach Lutold. „Vergesset auch nimmer Gero, den Fechtmeister der Knappen."

„Und endlich noch Tillo, den nächsten nach Wilbold", ergänzte Walter. „Dieser aller dachte ich gleich also, und unter Wilbolds und Geros Leitung könnten sie wohl das Werk meistern. Und so sie noch Hilfe benötigen, nun, so stehe ich meinen Mann!"

„Und ich", sagte Lutold lebhaft. „Doch, Walter, nur in der Nacht kann solche Arbeit getan werden, — und wo bleibt die Erde, so hinauszuschaffen wird vonnöten sein?"

Nach längerem Hin- und Herreden kamen sie überein, eines der untersten Burgverließe in dem viereckigen Wartturm auszufüllen, der hart an der Zugbrücke in der Oberburg stand.

„Sollten wir dann einst Überfluß an Gefangenen haben, so bleibt uns noch immer überlassen, solchen Raum wieder zu leeren", lächelte Walter, indes Otto einen Knappen rief und ihn hinabsandte, die fünf bestimmten Männer zu ihren Herren zu befehlen.

Es war bald Mitternacht, da die acht auseinandergingen; rings in der Burg herrschte tiefste Ruhe. Gero, der Fechtmeister, reckte seinen gewaltigen Körper, da sie im kleinen Zwinger standen, fuhr sich durch den schon grauen Bart und flüsterte Walter zu: „Wird ein sauer Stück Arbeit werden, Herr; aber fertig kriegen wir's, was, Wilbold?"

Dieser, ein Riese an Körperbau und Kraft, nickte nur und ging leise zu der steinernen Schwelle, die zu Ottos kleinem

Wohnhaus führte. Die erste Stufe war breiter als die zwei anderen, doch nahm man an ihr nichts Besonderes wahr.

Er bückte sich, betastete sie an den Ritzen, lockerte vorn die Erde und winkte Otto: „Sehet, Herr, hier den Eingang. Oftmals machte ich früher den Weg. Unter dieser Steinplatte ist die Tür, so den Gang von hier aus schließet. Sie muß geöffnet sein, auch die Platte nur lose aufliegen, wenn der Gang in Gebrauch genommen wird."

„Wie nun aber", flüsterte Lutold plötzlich, auf das Haus weisend, „im ersten Zimmer hier unten hauset unsere Base Ursula, ei, so sie in der Nacht von den Arbeiten in der Erde unter dem Hause etwas gewahr wird?"

„Des seid unbesorgt, Herr", entgegnete Gero, „hier zu Anfang ist der Gang wohl noch imstand, zu arbeiten gibt's erst weiterhin, da merket's niemand."

Leise gingen die treuen Diener der Grafen von Rötteln hinab zum untern Zwinger. Otto trat ins Haus, und Walter und Lutold gingen in den Pallas zurück — mit einem schelmischen Lächeln auf dem reizenden Kindergesicht zog Ursula ganz vorsichtig und leise die Vorhänge an ihrem kleinen Fenster dichter zusammen und schlüpfte unter die Decken ihres Lagers.

Mit klopfendem Herzen sprach sie: „Wie gut, daß ich nicht schlafen konnte und am Fenster lehnte, die heiße Stirn zu kühlen, dadurch ward ich Mitwissende von etwas, was, wie es scheinet, niemand wissen soll! Hab' wahrhaftig erst vermeinet, es seien Gespenster, so da geräuschlos über den Hof hierherschritten, bis ich Walter gewahr wurde und dann auch Lutold und Otto."

Kurz nach Mitternacht des anderen Tages war es. Lautlos kamen fünf Männergestalten in den kleinen Burghof, bewaffnet mit allerlei Gerätschaften. Gero und Wilbold faßten kräftig die Platte an; nach einigem Widerstand gab sie nach, ließ sich abheben, und nun lag die Tür frei da. Sie wurde mit möglichster Geräuschlosigkeit geöffnet und an der Seite im Gange befestigt. Nun zündete Balthasar ein Windlicht an;

in seinem Schein wurde die schmale, steile Treppe sichtbar, die hinabführte in den Gang, – auch für Ursula, die, wieder hinter dem Fenstervorhang stehend, gespannt jede Bewegung draußen verfolgt hatte.

Sie schauderte, als sie das finstere Loch gähnen sah, in dem jetzt einer nach dem anderen der Männer verschwand – nun war auch der letzte fort – still und dunkel wie zuvor lag der Burghof da. Als sie am Morgen aus dem Hause trat, glaubte sie zuerst, das ganze Erlebnis der Nacht sei nur ein Traum gewesen, die breite Steinplatte lag wie immer, und nichts verriet auch nur eine Spur davon, daß sich hier ein Geheimnis verbarg und eine schwere Arbeit von wenigen Getreuen getan wurde.

Zehntes Kapitel

Herr Heinrich, Bischof von Basel, „Kaplan Jesu Christi und der Maria", wie er sich nannte, ritt am Nachmittag des bestimmten Tages, von mehreren Rittern begleitet, den Schloßberg hinauf. Walter und Rupertus empfingen ihn am unteren Tor und geleiteten ihn nach oben. In der Halle hatte Odalsinde für Erquickung gesorgt; dann zogen die edlen Herren, die mit dem Bischof gekommen waren, zurück gen Basel, und nun saßen im Herrenzimmer die vier Männer zu ernster Rede beisammen.

„Hab' einen Handel geschlossen", begann der Bischof, „muß euch zu allererst davon berichten. Hätt' längst schon gern die große Grafschaft Pfirt zu eigen gehabt; nunmehr ist es mir gelungen, sie zu erhalten! Graf Ulrich hat sie mir um tausend Gulden gegeben und ich ihn wieder mit der Grafschaft belehnt. Also sind Ulrich von Pfirt und sein Sohn meine Vasallen und müssen mir wider den Habsburger helfen mit allen Mannen."

„Gute und frohe Kunde, Herr Ohm", rief Otto lebhaft, „da ist Euch ein groß Ding gelungen; die Sache lohnt!"

„Der Herr Ohm hat noch mehr Gutes auf Lager", lächelte Walter, und Herr Heinrich fuhr fort: „Du hast recht, Wilder. Ich habe mit Herrn von Tüfenstein einen Tauschhandel geschlossen. Er gab mir seine Burg gegen eine der meinen und vierzig Goldgulden. Das Schloß ist mir sehr wertvoll wegen seiner Lage; denn es ermöglicht, von dort bequem ins habsburgische Gebiet fallen zu können."

„Glück zu, Herr Ohm", rief Lutold, und Walter reichte ihm fest die Hand.

„Solche sind gute Nachrichten", sagte der Bischof, „doch nun kommt das Unerfreuliche, um dessentwillen ich hier bin, mein Auftrag an eure Schwester. Lutold, willst du sie bitte holen?"

Elisabeth erstaunte nicht wenig, als ihr Bruder sie aus dem Wohngemach rief, da der Herr Ohm ihre Gegenwart begehrte. Sie nickte Odalsinde und Ursula, mit denen sie spinnend gesessen hatte, zu und folgte ihm. Da sah sie Lutolds finsteres Gesicht; ein unbestimmtes Gefühl von etwas Unheilvollem bemächtigte sich ihrer, und bangenden Herzens trat sie ein.

Der Bischof kam ihr entgegen, grüßte sie milde, küßte sie auf die Stirn und führte sie auf den Platz neben sich. Mit vorsichtig gewählten Worten, väterlich liebevoll, setzte er ihr den Grund seines Kommens auseinander und übermittelte ihr den Antrag des Wartenberger Herrn, verschwieg aber wohlweislich, daß der Graf ihre Hand zuerst als Preis für seine Hilfe verlangt hatte. „Nun, liebes Kind", so schloß Herr Heinrich, „teile uns deine Ansicht mit, welche Antwort ich dem Ritter geben soll. Bist du geneigt, ihm zu folgen, oder nicht?"

Ungläubig lächelnd hatte Elisabeth zuerst zugehört; nach und nach erstarb aber ihr Lächeln, und ängstlich schaute sie jetzt vom Bischof auf ihre Brüder. Sie sah, wie aller Augen erwartungsvoll auf sie gerichtet waren; abwehrend hob sie die Hände auf und rief schaudernd: „Nie, nie, hochwürdigster Ohm, nimmer kann ich sein Weib werden! Er soll sich eine Bessere, Würdigere aussuchen und meiner vergessen, sagt ihm das!“

„Brav, Schwesterlein“, rief Otto heiter, und Lutold frohlockte: „Wir haben's Euch gesagt, Herr Ohm!“

Walter aber sprach mit funkelnden Augen: „Und von mir nehmet noch eine Bestellung dazu, Herr Ohm, diese nämlich: Wölfen sei der Eingang zur Burg Rötteln verwehrt; sie sollen sich ihre Beute woanders suchen! Eine Bessere fände er nirgends denn unsere Waldblume, aber sie wüchse für keinen Habicht!“

Herr Heinrich lächelte, obgleich ihm nimmer zum Lachen war. Einesteils war er froh über diese Entscheidung der jungen Gräfin, andernteils lag ihm doch viel am Beistand des Ritters, und der war jetzt ein recht ungewisser geworden.

Als Elisabeth sah, daß das, wozu man sie gerufen hatte, erledigt war, erhob sie sich, küßte dem Bischof die Hand und schritt hinaus. Aber wie angewurzelt blieb sie stehen, denn gerade, als sie die Tür zuziehen wollte, schlug des Bischofs Stimme an ihr Ohr: „So ist nunmehr auch für Rötteln große Gefahr.“

Rötteln, ihr Rötteln in Gefahr? und wodurch, warum? von welcher Seite? Sie mußte es wissen – um jeden Preis. Sie blieb stehen und vernahm deutlich jedes Wort der drinnen geführten Unterhaltung.

„Meinet Ihr, Herr Ohm?“ sprach Walter ironisch. „Seid versichert, wir werden uns gegen den Wartenberger zu wehren wissen, mit dem nehmen wir's schon noch auf!“

„Du vergissest, es gilt nicht mit ihm allein zu ringen“, entgegnete Herr Heinrich sehr ernst. „Er schlägt sich gewißlich nunmehr zum Habsburger, und so er dann gegen Rötteln anrennt, dann hat er Hilfe.“

„Doch, Ohm Heinrich, Ihr vergesset, seine Drohung tat er zuerst auf Euren Bescheid, daß Ihr ihm nimmer Elisabeths Hand als Dank für seinen Beistand geben würdet“, sagte Otto eifrig. „Danach kam er als Bittwender, und die Bitte nahmt Ihr an.“

„Wohl, wohl", rief der geistliche Herr, „doch bin ich gewiß, und ihr gleich also, daß er sich jetzt nimmermehr gleichmütig zurückzieht oder uns noch gar hilft! Seine Worte klingen mir noch in den Ohren: ‚Der Wartenberger weiß sich zu rächen; Rötteln wird fallen, muß fallen; alle meine Kraft soll diesem Ziele gelten. Dann trag' ich das Fräulein auf meinen Armen in meine Burg, sie muß die meine werden, und sie wird es.'"

Mehr hörte Elisabeth nicht, sie preßte die Hände an den Kopf und floh in ihr Zimmer. Fast bewußtlos sank sie dort nieder, unfähig, klar zu denken. Es rauschte und brauste um sie wie Meereswogen – sie sah und fühlte nichts wie Nacht, schwarze Nacht! Das war das Furchtbare, dessen Kommen sie geahnt hatte, nun war es da und forderte sie als Opfer!

Lange dauerte es, ehe sie ihre Gedanken sammeln konnte; sie stützte den schmerzenden Kopf auf und fing an, mit möglichster Klarheit zu überlegen. Woher ihre Abneigung gegen Wolf von Wartenberg kam, wußte sie nicht; sie wußte nur, er war ihr unheimlich mit seinen dunklen Augen und dem unsteten Blick. Ein Zittern durchflog sie bei dem Gedanken, sein Gemahl werden zu müssen!

Langsam stand sie auf und ging zum Fenster. Die Nacht war gekommen; am tiefblauen Himmel leuchteten die Sterne in schimmernder Pracht, sie hörte, wie es leise in den Bäumen des Schloßgartens rauschte – in Brombach drüben schimmerte da und dort ein erleuchtet Fenster durch die Dunkelheit, sie zählte diese hellen Punkte mit peinlicher Genauigkeit, sie sah alles und hörte alles, und doch drehten sich all ihre Gedanken nur um das eine: Was tun? Was tun? Nach den Worten des Bischofs, die nicht für sie bestimmt waren und die sie doch gehört hatte, lag ja plötzlich alles so ganz anders! Jetzt handelte es sich ja nicht um sie allein, nein, vielmehr um Rötteln – und sie, sie hatte vielleicht das Schicksal ihrer Heimat in Händen!

Der Wartenberger war wohl der Mann dazu, seine Drohung wahr zu machen; hatte sie aber Grund, sie zu fürchten?

War nicht Rötteln eine feste Burg mit dicken Mauern, besetzt mit tüchtigen Männern? Wohl ja, aber ganz uneinnehmbar war sie nicht – und was geschah, wenn er sie einnehmen würde? Sie wußte, daß der Weg hinein für den Grafen nur über Leichen führen würde. Wer aber hatte die Schuld an all dem Blut, das notwendig auf jeder Seite fließen mußte, ehe es zu einer Entscheidung kam?

Sie sah die zerstörten Felder um die Burg her, sie hörte das Wehklagen derer, die um die Ihren weinten, sie sah im Geist all die Not, die eine Belagerung der Burg für diese selbst und die Umgegend bringen würde, und das alles – ihretwegen!

„Barmherziger Gott, nein, nein", rief sie schaudernd.

Im anderen Fall aber als Herrin dort einziehen im Wartenberg, der finster und drohend auf dem Felsen am Rhein sich erhob? Dort an der Seite des gefürchteten Mannes, das ganze, vielleicht lange Leben zubringen zu müssen? „Ich kann es nicht, ich kann nicht", murmelte sie tonlos.

Wenn aber auch das nicht, was dann? Oh, wer ihr hätte raten können in diesem schrecklichen Kampf! An ihre Brüder durfte sie nicht denken, sie wußte deren Meinung – und ihre Basen? Ursula war ja noch so jung, und Oda – sie würde ihr sagen: Sieh mich an, gelüstet es dich, ein gleiches Leben zu führen? Und Otto ist doch anders als der Wolf! Pater Rubertus? Nein, o nein, nimmer mit ihm darüber reden!

Sie sah ihn plötzlich vor sich mit dem blassen, edlen Gesicht, den dunklen, ernsten Augen, die so herzgewinnend blickten und in der letzten Zeit oft so traurig auf ihr geruht hatten – da sank sie auf die Fensterbank und barg das Antlitz in beiden Händen. Wie ein Schleier fiel es von ihren Augen, sie erkannte plötzlich, daß sie mit einem anderen Gefühl denn dem der Verehrung den Pater angeschaut hatte, sie sah plötzlich, daß er ihr etwas anderes denn der gottgeweihte Priester und Beichtvater war! O der Sünde, des bitteren Unrechts gegen die heilige Mutter Kirche, daß sie ihr Herz nicht besser gehütet, sondern es solcher Liebe geöffnet hatte! Unbemerkt zwar war sie gekommen, aber solches entschuldigte sie nimmer! Daher, als Strafe dafür, brach nun solch Unheil über sie herein – die Sünde forderte Sühne! Fast erschöpft sank sie vor dem Kruzifix in ihrem Gemach zusammen und brach in heftiges Weinen aus. Die Hände falteten sich wie von selbst, und ihre Seele erhob sich zu dem, der ihr schon manchmal Frieden und Ruhe gegeben hatte. Nach und nach wurde es stiller in ihr, aber in der Stille trat auch greifbar der Gedanke vor ihre Seele: kein Blutvergießen um meinetwillen! Zugleich rang sich der Entschluß in ihrer wunden Seele empor, zu sühnen, wo sie meinte, gesündigt zu haben. – Es war bereits in der fünften Morgenstunde, als sie sich erhob und geräuschlos hinausschritt.

In seinem Gemach saß Bischof Heinrich am Fenster und schaute in das Wiesetal hinab. Auch für ihn war diese Nacht, wie schon so manche, schlaflos gewesen; seine Pläne, seine Entwürfe und Gedanken hatten ihm keine Ruhe gelassen. Zwei strebten gleich ihm nach der Herrschaft im Schweizergebiet und dem angrenzenden Breisgau, zwei, gleich mächtig wie er, hochangesehen bei Adel und Volk, das waren Rudolf, der Graf von Habsburg, und Berthold von Falkenstein, der Abt von Sankt Gallen. Sie hatten sich wider ihn zusammengeschlossen, und eine große Menge der Ritter und Herren stand fest zu ihnen, weil sie sich auch nimmer beugen wollten unter sein bischöflich Regiment.

Wenn nun die beiden die Oberhand behielten, was dann? Heinrich mußte wider Willen lachen, o ihr Heiligen alle, dann ging der Krieg von neuem los! Nimmer beugte sich der heilige Gall gutwillig dem Grafen, und dieser sich nimmer dem Kloster – was blieb da anderes übrig, als erneut mit Feuer und Schwert die Entscheidung darüber zu treffen?

„Es ist besser, so ihr euch alsdann alle beide vor mir beuget“, sprach Herr Heinrich, und war damit wieder auf dem Standpunkt angelangt, den er schon lange eingenommen hatte: Der erste bin ich als der Bischof; der zweite nach mir mag der heilige Gall sein, dieweil er kirchlich und ein Kloster von Wert ist. Mir und ihm aber muß sich der Habsburger beugen, sintemal die Kirche ohne den Ritter, der Ritter aber nimmer ohne die Kirche fertig werden kann! Von diesem Standpunkt aus hatte Heinrich gehandelt und handelte er noch immer. Er wollte der erste sein, und diesem Ziel hatte er schon manches geopfert. Deshalb scheute er keine Kosten, jetzt die vor dem Waffenstillstand gestörten Burgen neu zu bauen, fester zu rüsten, Söldner zu werben, und streute das Geld mit vollen Händen aus. Er dachte nicht daran, dem Waffenstillstand den Frieden folgen zu lassen, er wollte unumschränkter Herr sein – und da das nicht im Frieden zu erreichen war, nun gut, so mochte es durch Krieg geschehen!

Eher alles daran setzen, als sich diesem übermütigen Grafen beugen! Deshalb hatte er sich auch herabgelassen, zweimal zu dem Wartenberger zu senden, deshalb auch hatte er seine Werbung um Elisabeth selbst hergebracht.

Es pochte leise an seiner Tür. Im höchsten Grade erstaunt, wer ihn zu so früher Morgenstunde stören kam, unwillig darüber und mit einer scharfen Frage auf den Lippen öffnete er, aber das Wort erstarb ihm; staunend fragte er: „Elisabeth, du?“ nahm ihre Hand und zog sie ins Gemach.

„Verzeihet, hochwürdigster Herr Ohm, daß ich Euch in der Frühandacht störe; aber ich mußt kommen, selbst so ich Euren Zorn damit errege.“

Sie sprach hastig und schnell, so daß der Bischof beruhigend über ihr blondes, weiches Haar strich und freundlich entgegnete: „Du störst mich nicht, mein Kind! Zwar war ich nicht in der Andacht, doch schlaflos war mir die Nacht. So du jetzt meiner bedarfst als Ohm oder Priester, ich bin für dich bereit.“

„Ich komme, Herr Ohm, um Euch zu sagen, daß ich meine Entscheidung in betreff des Grafen von Wartenberg geändert habe – ich bin gewillt, sein Gemahl zu werden.“ Ihre Stimme war schwankend geworden, ihr Antlitz weiß wie der Schnee.

In maßlosem Staunen schlug der Bischof die Hände zusammen. – „Elisabeth, woher solche Wandlung?“

„Ich hörte, was Ihr sagtet, Ohm Heinrich, da ich zur Tür hinausgeschritten war. Ihr vermeintet, es könne mich nicht mehr erreichen, ich vernahm es doch! Um meinetwillen soll kein Blut fließen."

„Aber auch nimmer verkaufen wir dich", rief Heinrich erregt. „Dein Entschluß zeugt von deinem edlen Herzen, mein Kind, aber nimmer nehme ich ihn an, und ob Ströme von Blut fließen sollten."

„So wende ich mich an Euch als den Priester, nehmet Ihr meine Einwilligung auch dann nicht an, so ich Euch sage, ich will damit etwas sühnen, das ich Euch nicht näher erklären kann?"

„Du, Elisabeth?" fragte der Bischof ungläubig erstaunt, „du solltest etwas zu sühnen haben? Das glaub' ich nimmer! So es aber der Fall wäre, rate ich dir, nimm den Schleier und gehe ins Kloster; solches ist besser, denn den Wartenberger nehmen. Ich bring' ihm deine Einwilligung nicht." Er durchmaß mit großen Schritten das Gemach.

„So zwingt Ihr mich, dem Grafen heute noch einen Boten zu senden, der ihm mein Wort bringt, Herr Ohm."

Heinrich blieb vor ihr stehen. „So ist es dein unumstößlicher Entschluß, sein Gemahl zu werden?"

„Mein unumstößlicher", entgegnete sie leise, aber fest.

„Nun wohl, so sei es denn", sprach er hochaufatmend und schritt wieder durchs Zimmer. Nun war ihm der Beistand des Grafen sicher, wär's nur um einen anderen Preis gewesen! Er konnte sich nicht darüber freuen, zumal er sah, wie schwer ihr das Opfer wurde.

„Elisabeth, besinn' dich; noch ist es Zeit, noch reite ich nicht heimwärts", sprach er noch einmal.

Aber sie schüttelte den Kopf. „Ich habe nichts zu besinnen! Oh, Herr Ohm, macht es mir doch nicht so schwer! Mein Entschluß ist unabänderlich."

„So sag' es deinen Brüdern", entgegnete der Bischof, „wirst noch manches hören müssen, ehe Walter sich beruhigt."

Elisabeth schaute in den wallenden Nebel hinein, der das Tal deckte. Schwer hingen vom Himmel graue Regenwolken herab; sie antwortete nicht, sie sah über ihre Zukunft auch solche graue, schwere Wolken lagern, die kein Sonnenstrahl durchdringen würde. Sie stand auf und strich das Haar aus der Stirn. „Ich sag's den Brüdern nach dem Frühmahl, Herr Ohm", klang es ruhig von ihren Lippen.

„Gott segne deinen Entschluß, mein Kind, und gebe, daß er uns allen zum Heil gereiche", sprach der Bischof bewegt und schlug das Zeichen des Kreuzes über ihr.

Nach dem Frühmahl, zu dem der Pater nicht erschienen war, teilte die junge Gräfin in kurzen Worten ihren Brüdern mit, daß sie gesonnen sei, der Werbung des Grafen Wartenberg Gehör zu schenken.

Es war, wie der Bischof gesagt hatte, sie mußte einen Sturm von Fragen und Vorwürfen über sich ergehen lassen; aber sie blieb standhaft, bis endlich Walter ausrief: „So kann dich nur unser Ohm mit jener Drohung dazu beweget haben."

Da trat sie auf ihn zu, legte die Hand auf seinen Arm und schaute in sein zorngerötetes Gesicht. „Ich wechselte mit dem hochwürdigsten Ohm kein Wort, seit ich gestern euch verließ, bis ich ihm heute meinen Entschluß mitteilte. Warum willst du mir das, was ich tun muß, gar so sehr erschweren, Walter?"

„Weil ich nicht will, daß du, unsere einzige Schwester, unglücklich wirst dein Leben lang! Laß den Wolf doch kommen; er wird finden, daß er sich an unseren Mauern seine Raubzähne ausbrechen kann", rief Walter flammend.

„Und so Rötteln doch fällt?" beharrte Elisabeth.

„So fallen die Röttler Grafen zuvor, und mein letzter Dolchstoß wär' in dein Herz, Elisabeth! Ich wüßt' dich schon vor dem Wolf zu schützen."

Innig schlang das Mädchen beide Arme um den Bruder und flüsterte: „Mein Wilder, hab' Dank für deine Liebe! Aber ich darf nicht nachgeben! Walter, ich hab' etwas zu sühnen, und nur solches Opfer kann es. Es ist meine Pflicht, also zu handeln, und ihre Pflicht taten die Röttler doch immer."

Grenzenloses Staunen malte sich in seinem Antlitz; er wollte fragen; aber Elisabeth legte ihm bittend die Hand auf den Mund.

„Walter, bitte, nicht fragen", murmelte sie mit schwankender Stimme, „laß mich, es ist meine Pflicht!"

Er preßte sie an sich. „So helfe dir Gott", sprach er finster, „ich aber hoffe, die Heiligen haben ein Einsehen und legen etwas in den Weg, also, daß diese unheilvolle Verbindung nimmer zustande komme."

Am Nachmittag zog der Bischof fort; aber nur finstere Gesichter schauten ihm nach.

Aus dem Tagebuch des Paters

Am 4. Junius.

Herr, allbarmherziger Gott, ist es denn möglich? Ich kann das, so heute hier geschehen ist, noch immer nicht fassen! Elisabeth, die holde, lichte Waldblume, sie will dem finsteren Grafen von dem Raubnest jenseits des Rheines folgen als Ehegemahl? Was ist's, das sie zu solchem Schritt zwingt? Liebe? – So mir nur nicht so entsetzlich weh wäre, könnte mich das Lachen anwandeln bei dem Gedanken! Alles andere als Liebe für den Grafen sprach aus ihrem Blick, da sie mir diese Kunde heute selbsten mitteilte. „Wünschet mir Glück, Pater Rubertus; ich habe mich heute dem Grafen von Wartenberg anverlobt."

Wäre ein Blitz vor mir niedergefahren, ich hätte kaum betäubter dastehen können! Schier fassungslos starrte ich sie an – bis ich ihre Hand ergriff und nur sagte: „Möcht' es Euch nie gereuen." Mehr konnt' ich nicht reden; ich hab' mich gewandt und bin gegangen, maßen ich sonst nicht Herr meiner selbst geblieben wäre!

Glück wünschen konnt' ich ihr nicht!

Solches war heut nachmittag; jetzt ist es Mitternacht. Von den Stunden, so dazwischen liegen, will ich nicht viel schreiben —, daß sie mir nimmer angehören konnte, wußte ich ja! Konnte auch gar wohl wissen, daß sie über kurz oder lang einem folgen würde als Gemahl; aber ich vermeine, solches zu tragen wäre mir nimmer so schwer geworden, so ich gesehen hätte, sie sei glücklich. Nun aber! —

O Elisabeth, ich leide um dich noch schwerer denn durch mein eigen Weh! Ich kann nur eines wünschen, möcht' es dich nie gereuen — ich kann's nicht glauben, daß du diesem, gerade diesem, gern dein Wort gabst! Mir ist, als stünde eine treibende Macht hinter dir, die dich dazu zwingt. Ich konnte in diesen bangen Stunden nur eines flehen: Barmherziger, gib ihr Kraft, dieses zu tragen, ihr und mir!

Den 10. Junius.

Es lieget schwül über Rötteln, gleich als wenn ein Unwetter im Nahen sei. Graf Walters Rede klingt befehlender denn sonst, und eiserner sind die Züge seines edlen Antlitzes. Graf Otto schauet finster drein, und auch auf Lutolds offenem, sonst so heiteren Gesicht siehet man nur noch ein Lächeln, so ihn Ursula anredet. Zu Elisabeth aber sind sie alle von liebevoller Güte.

Ich hörte gestern, wie Graf Walter zu ihr sagte: „So du denn vermeinest, es sei deine Pflicht, diesen Weg zu gehen, nun wohl, so hindern wir dich nimmer. Daß es uns aber sehr sauer ankommt, dich dorthin mit diesem Manne zu lassen, kannst du uns nimmer verargen. Und wenn du dann noch gerne gingest."

Da lehnte sie das Haupt an seine Schulter, und er küßte ihr Haar — ich aber wandte mich schnell ab.

Gestern kam, hoch zu Roß, ihr Verlobter. Wir waren alle im Saal, da er hineinkam, von Lutold geleitet. Elisabeth wollte ihm einen Schritt entgegengehen, konnte aber nicht, so sehr zitterte sie. Er kam näher, nahm ihre Hand und küßte sie mehrere Male. Sie ließ es geschehen; aber ich sah, wie blaß sie war, noch mehr denn sonst.

Die Verlobung wurde so kurz als möglich gemacht; es

folgte ein Mahl, bei dem fast niemand etwas genoß, nur der Wartenberger fleißig dem Wein zusprach. Hierauf zog er von dannen, „dieweil er noch Geschäfte in Basel hätte beim Herrn Heinrich, dem hochwürdigsten Bischof".

Ich atmete auf, da er fort war, und gleich mir ging's auch den anderen; ja, Graf Walter rief dem Davonziehenden etwas nach, das wahrlich nicht ein Segenswunsch war!

Was nützt aber solches alles? Was nützt es auch, so ich viel darüber schreibe? Es macht mir das Herz doch nicht leichter, ist mir's doch zumute, gleich als hingen schwere Stücke Blei an meiner Seele, also, daß sie sich nimmermehr aufraffen kann!

Elftes Kapitel

Auf waldumrandeter Höhe des Wülpisberges, nicht weit von der heutigen Stadt Brugg entfernt, thronte die Habichts- oder Habsburg. Sie war nicht groß und machtvoll wie manche andere Burg, aber trotzig schaute sie ins Land hinein; fest und dick waren ihre Mauern, und manch harter Kopf hatte sich schon daran eingerannt.

Hier hauste Rudolf, der mächtige Graf, mit Anna Gertrud, seiner Gemahlin, einer geborenen Gräfin von Hohenberg aus Schwaben, und seinen lieblichen Töchtern. Von hier aus beherrschte er sein weites Besitztum, sah überall selbst nach dem Rechten, wehrte den Händeln der Raubritter, wo er konnte, und schaffte den Unterdrückten Recht. Das hinderte ihn aber durchaus nicht, selbst den gewaltsamen Krieg gegen Heinrich, den Bischof von Basel, zu führen, um die höchste Machtstellung zu gewinnen.

Er war vor einiger Zeit zu seinem Stammsitz heimgekehrt und leitete nun von hier aus vorsichtig und mit großer Überlegung die Fäden der Rüstungen zu dem bevorstehenden, erneuten Kampf mit Herrn Heinrich.

Im Rittersaale seiner Feste tagte heute eine große Versammlung. Die Träger bekannter und bedeutender Namen saßen um die Tafel beisammen, und ernst war die Beratung, die sie führten.

Obenan, auf dem Ehrenplatz, saß Rudolf selbst. Er war eine große, schlanke Erscheinung, die aber von sehniger Kraft sprach. Sein Antlitz war blaß, seine Züge immer, so auch heute, tiefernst. Über der stark gebogenen Adlernase saßen ein paar Augen, aus denen eine eiserne Willenskraft sprach.

Ihm zur Seite hatte Berthold, der Abt von Sankt Gallen, seinen Platz, und an diese beiden schlossen sich in bunter Reihe die Grafen von Fürstenberg, Neuenburg, Badenweiler, die edlen Herren aus Schwyz, von der Insel Schwanau im Lowerzer See, aus Uri und Unterwalden und Walter von Klingen, einer von Rudolfs Getreuesten. Auch etliche der Ritter vom Stern waren da, die Edlen von Eptingen, Vitztum, von Neustein, von Ufheim, Kraff, und gerade dem Habsburger gegenüber saß der finstere Herr von Matzerell.

Vor jedem der Herren stand ein großer Humpen, und es war eine lebhafte Unterhaltung im Gange, bis endlich der Graf von Habsburg den Becher, aus dem er eben getrunken hatte, hart auf den Tisch setzte und mit tiefer Stimme, die durch den Saal drang, also begann: „Ihr wisset, hochedle Herren, liebe Freunde und gute Nachbarn, daß ich euch herlud, dieweil allerlei Wichtiges zu sagen und zu beraten sei. Die Zeit des Waffenstillstandes ist bald dahin; da gibt es noch viel zu rüsten, auch zu bedenken. Ich vermeinte, es sei am besten, so jeder von euch vorher wisse, wo er einzusetzen und anzugreifen habe, maßen alsdann jeder seine Rüstungen besser vorbereiten kann."

„Ihr habt recht, Habsburger Graf", antwortete Herr von Matzerell. „Nur bitt ich Euch um eines, schließt von allen Euren andern Plänen uns, die Ritter vom Stern, aus, und führet uns nur gegen eine Stadt, gegen Basel selbsten. Dort wollen wir alsdann beweisen, daß man nicht so ohne weiteres edle Herren hinausweisen kann, und uns gelüstet, mit dem

Herrn Bischof ein Wörtlein zu reden, bei dem ihm die Ohren gellen sollen."

Ein flüchtig Lächeln glitt über das ernste Antlitz des Grafen, und er sprach: „Dafür ist gesorget. Doch fürs erste fehlet heute, wie ihr sehet, ein gar mächtiger Herr, dessen Hilfe mir wert gewesen wäre und die uns verloren ist, das ist der Wolf von Wartenberg."

„Der Wolf, ja, wo ist er?" riefen mehrere Stimmen durcheinander, „wir vermißten ihn schon!"

„Er ist bischöflich geworden", fuhr Rudolf fort, „und solches um den Preis der Hand der Gräfin Elisabeth von Rötteln."

„Nun, schlecht ist sein Geschmack nicht", lachte der Herr von Kraff. Etliche aber fuhren zornig in die Höhe: „Das soll ihm mit dem Schwert heimgezahlt werden."

„Ruhig Blut, ihr Herren", mahnte der Abt von Sankt Gallen, „mit Zorn ist hier nichts ausgerichtet. Wir brauchen Taten, nicht Worte; hier gilt's zu handeln, so die Zeit da ist, nicht vorher das Schwert ziehen, dieweil es sonst, so man es braucht, aus der Scheide schon fort ist."

„Herr Abt, Ihr werdet grob", erhitzte sich der Herr von Ramstein. „Ihr vergesset, daß Ihr nicht Euresgleichen vor Euch sehet, da möchte man von viel Worten und wenig Taten reden, denn —"

„Genug der Zänkereien", fuhr Graf Rudolf heftig dazwischen. „So ihr, die ihr Bundesgenossen seid, euch in Zank und Streit verrennt, was soll aus der gemeinsamen Sache werden? Höret jetzt, was ich euch allen kundzutun habe. Die Ritter vom Stern bleiben in meiner Nähe und gehen mit meinen Mannen; ich greife zuerst die Burg Tüfenstein an, die der Bischof sich durch Tauschhandel erworben. So wir ihrer habhaft geworden sind und sie geschleift haben, ziehen wir gen Säckingen, allwo wir Hauptlager beziehen. Wann wir gen Basel ziehen, muß die Zeit lehren; auch haben wir vorher die Burg Werra im Werratal, die der Bischof neu hat erbauen lassen, zu nehmen. In dem Bärenfelser Herrn hat sie gar gute, freundnachbarliche Hilfe, dorthin braucht's Kräfte!

Die Hauptmacht aber gilt Rötteln; da gehe ich selbst hin. Und Ihr, Herr von Ufheim, ziehet, so nichts anderes kommt, gegen den Wartenberg."

„Und will dem Wartenberger heimzahlen, daß er uns um eines Weibes willen im Stich ließ", rief der Ufheimer Herr.

Rudolf von Habsburg lächelte ein wenig und sagte: „Schaden könnt's nimmer, so ihm ein wenig die Krallen beschnitten würden!"

Der Abt von Sankt Gallen erhob sich, gebot den Knappen, alle Pokale zu füllen, nahm den seinen zur Hand und rief: „Nun, ihr Herren, Nagelprobe auf ein gut Gelingen unserer Pläne und siegreiche Beendigung des Krieges."

„Recht so, Abt Berthold, auf den Sieg, und unser Führer, der Habsburger Graf, soll leben", schrien alle durcheinander. Dann wurde es still — und da sich die edlen Herren setzten, fand sich kein Tropfen des Trankes mehr in den Bechern, also daß die Knappen sich zu eilen hatten, sie neu zu füllen.

Bis spät in die Nacht hinein ging das Gelage; dann zogen noch zur Nachtzeit etliche der Herren von dannen, andere blieben bis zum Morgen; aber alle gingen mit erneuter Hingabe für ihren Führer.

Es war einige Wochen später.

Der Sommer war mit seiner Pracht ins Land gezogen; im Burggarten zu Rötteln dufteten die Rosen in herrlicher Fülle; auf dichtbelaubten Bäumen reifte die Kirsche, und der Wein im Weinberg neben dem Garten hatte große Trauben angesetzt.

Es war um die Abendzeit. Ein köstlicher Julitag ging seinem Ende entgegen; vom Schwarzwald kam ein erfrischender Wind. Auf einer Bank saßen Odalsinde und Elisabeth schweigend beieinander und schauten in den sinkenden Abend. In einem Seitengang wandelten Lutold und Ursula auf und nieder in lebhaftem Geplauder; Walter war in den Zwinger hinabgegangen, angeblich, um Befehle für den nächsten Tag zu geben, in Wirklichkeit aber, um mit Wilbold die Fertigstellung des unterirdischen Ganges zu besprechen, und Otto war nach Basel geritten.

Daran dachte Elisabeth, und tiefe Trauer überkam sie darüber, daß diese beiden Menschen, Otto, ihr Bruder, und Odalsinde, seine Gemahlin, sich so wenig verstanden. Das war allein der Grund, daß Otto so oft fort war, sie wußte es nur zu gut. Seit der Hochzeit war eine gewisse Ruhelosigkeit über ihn gekommen; finstere Falten begannen sich in sein Gesicht zu graben.

Und doch hätten diese beiden Menschen so gut zueinander passen können! Beide aus edlem Geschlecht, beide mit einem warmen, tiefen Gemüt begabt. Wie tief es bei Oda war, das wußte ja keiner besser als Elisabeth, die es bei dem Tode der Mutter und in der nachfolgenden schweren Zeit reichlich erfahren hatte. War's nicht möglich, daß es doch noch einmal zwischen diesen beiden anders werden konnte?

Ich will es in Gottes Hände legen, dachte sie und faltete unwillkürlich die ihren; was er in seinen Händen hat, wird gut auf jeden Fall, sagte Pater Rubertus mir einmal.

Welche Art Gedanken aber mochten Odalsinde bewegt haben? Sie mußten wohl ziemlich den gleichen Weg gegangen sein, denn ein bitterer Zug lag um ihren Mund, als sie jetzt das Antlitz Elisabeth zuwandte. Sie nahm ihre Hand und sagte: „Wie beklage ich es, daß du, gerade du, zu solch einem liebeleeren und kalten Leben dich hast entschließen können, Elisabeth, die du so ganz dazu angetan bist, zu beglücken und beglückt zu werden. Würdest du es kennen, wie ich es kennengelernt habe, keine Macht der Erde würde dich dazu bringen können, des bin ich sicher."

„Just eben dachte ich deines traurigen Lebens, Oda – meiner dachte ich allerdings nicht dabei –, und mir fielen Worte ein, so mir unser Pater gesagt, da ich ihm einmal meine bangen Sorgen über eure Heirat sagte. Er sprach: ‚Leget es in Gottes Hände; was er in seinen Händen hat, wird gut auf jeden Fall.' Das Wort hat mich schon oft getröstet. Oda, ich bin gewiß, es wird noch einmal anders werden."

„Ja, anders, aber nur noch kälter", sprach die Burgherrin düster, „wo keine Liebe ist, kann keine erzwungen werden."

„Das ist wohl richtig", entgegnete traurig Elisabeth, „aber du könntest den Höchsten anflehen, die Abneigung gegen deinen Gemahl dir zu nehmen; du könntest deine Augen mehr für seine guten Eigenschaften öffnen, und also würde es dir vielleicht gelingen, ihn weniger zu hassen."

„Ich ihn hassen", rief die schöne Frau mit hervorbrechender Leidenschaft und schlug die Hände vor das Gesicht, „o wenn ich es könnte – ich wollt's mit jedem Atemzug tun!"

„Oda – dann – dann liebst du deinen Gemahl", sprach Elisabeth, fast bebend vor Überraschung.

„Sprich's nicht aus", bat Oda hastig und lehnte das erglühende Antlitz an Elisabeths Schulter.

„Und doch ist's so", sprach diese, und ein glückliches Lächeln verklärte ihr zartes Gesicht. „Oda, Oda, nun weiß ich gewiß, es wird alles gut! Er muß es ja erfahren, und wie könnte er anders, als dich in deiner strahlenden Schönheit wieder lieben, und dann – o dann wird doch noch wieder das Glück auf Rötteln einziehen."

„Elisabeth, er darf es nicht erfahren, hörst du, er darf nicht", rief Oda in höchster Erregung und preßte die schlanken Hände ineinander, „so ich wüßte, du verrietest mich mit einer Silbe, ich bliebe nicht eine Stunde länger hier oben! Er soll mich lieben lernen, ohne zu wissen, daß ihm mein Herz gehöret – und so er es nicht lernet, will ich mein Leben lang kalt neben ihm hergehen."

„Sei ruhig, du stolzes Herz", antwortete die junge Gräfin liebevoll, „von mir soll er's denn nimmer erfahren. Aber Oda, versprich mir, eines zu tun, leg' deine Liebe und dein Leben in die Hände unseres hochgelobten Erlösers und bitte ihn, es gut zu machen."

Die junge Burgherrin erwiderte nichts; aber ihr inniger Händedruck antwortete Elisabeth deutlich genug.

Es war kurz nach Mitternacht, als Oda im Wohngemach ihres Hauses, am Fenster sitzend, durch die Stille der Nacht

Hufschlag unten im Tal hörte. Nicht lange nachher vernahm sie einen raschen Schritt auf dem Hof, an dem sie ihren Gemahl erkannte. Sie hörte ihn heraufkommen, auch, wie sein Schritt zögernd wurde, als er sich dem Wohngemach näherte, in dem er den Lichtschein bemerkt haben mußte – da öffnete sie kurz entschlossen die Tür und stand dem erstaunten Grafen gegenüber.

Sie hatte nach dem Gespräch mit Elisabeth gar wohl gefühlt, daß sie oft hätte anders handeln müssen, sie wußte gar wohl, daß sie mit ihrer Kälte ihn oft tief verletzt hatte. Nun drängte es sie, ihm heute noch freundlich zu begegnen.

„Odalsinde, ist etwas geschehen?" fragte er halb erstaunt, doch mehr erschreckt.

„Nein", sprach sie, fast verlegen, „ich vermeinte nur, nach dem Abendritt an diesem heißen Tage würde Euch ein Labetrunk willkommen sein, und bereitete einen solchen. Wollt Ihr eintreten?"

Sie wies nach dem Tisch, auf dem ein Krug Wein und ein Becher standen.

Otto war zu erstaunt, um sogleich Worte zu finden; aber er trat ein und nahm am Tische Platz. Eine Kerze erhellte notdürftig das behagliche Gemach; so sah er nicht die tiefe Röte, die Odalsindes Wangen färbte, während sie schweigend den Becher füllte und ihm darbot.

„Wollt Ihr ihn mir kredenzen?" fragte er hastig.

Sie trank ein wenig, und er nahm den Becher und leerte ihn mit einem Zuge. „Das tut gut", sprach er und strich sich mit der Hand durch das volle Haar. „Ich danke Euch für Eure Freundlichkeit, Odalsinde; der Ritt war ermüdend –"

„Mußtet Ihr ihn heute abend noch unternehmen?" fragte sie teilnehmend.

„Ich mußte nicht, nein", entgegnete er, und seine Stirn zog sich zusammen, „ich wollte nur. – Waret Ihr im Garten?"

„Ja", sagte sie, „und der Abend war so schön hier."

„Ich wollt' ihn Euch nicht verkümmern, darum ritt' ich", sprach er schnell.

Odalsinde zuckte unmerklich zusammen – da war schon wieder die gefürchtete Kälte. „Solches fürchtete ich fast zu hören", erwiderte sie beinahe herbe; „es ist bitter für mich, zu wissen, daß Euch meine Gegenwart so oft hinwegtreibt."

„Odalsinde, nein, so war es nicht gemeint", rief er, „ich hoffte, daß Ihr Euch des schönen Abends ergötzen würdet, und wollt' Euch nicht durch meine Gegenwart" – wieder erschien die finstere Falte – „an die Fesseln erinnern."

Sie schüttelte den Kopf und schwieg. Er sah ihr abgewandtes Gesicht, und er bereute, unfreundlich gewesen zu sein, da sie ihm so freundlich heute begegnet war. Er stand rasch auf und trat vor sie hin.

„Odalsinde, wär's Euch lieb, so ich weniger ritte? Wär's Euch lieb, so ich jeweilen bei Euch im Garten wäre oder hier im Wohngemach?"

Er sah nicht das Zucken um ihre Lippen; aber er mußte doch wohl ein leises Beben aus ihrer Stimme herausgemerkt haben, als sie stockend antwortete: „Mir – ich – ich hätt' es wohl gern, aber Ihr müßtet Euch nur dazu zwingen –"

„Nein, so Ihr freundlich seid, gleich heute, würd' ich mich nicht zwingen müssen; da wär' es mir eine Freude, jeweilen in Eurer Gesellschaft eine Stunde zu verleben, so Ihr es verstattet."

Er ergriff ihre lose herabhängende Hand und wartete auf Antwort; aber sie schwieg.

„Darf ich zuweilen Euch Gesellschaft leisten?" fragte er, sich herabbeugend.

„Ja", entgegnete sie, das schöne Antlitz zu ihm emporhebend und ihn frei anschauend, „kommt".

„Habt Dank! Habt Dank für diese Stunde! Nun ruhet Euch; gute Nacht, Odalsinde." Rasch schritt er hinaus.

Sie saß noch lange mit verschlungenen Händen, den Kopf darauf gebeugt, und ihre Seele schlug den Weg ein, den ihr Elisabeth schon oft gezeigt hatte, sie redete mit dem, der allen seinen Menschenkindern einen offenen Zugang zum Vaterherzen Gottes gebracht hatte.

Otto aber fand nicht die Ruhe, auf die er nach dem Ritt gehofft; er dachte der plötzlichen Änderung im Wesen seiner Gemahlin. Er hatte die Hoffnung längst aufgegeben, eine Verständigung herbeizuführen; nach dem heutigen Abend regte sie sich wieder – die Zukunft erschien ihm plötzlich nicht mehr so trostlos dunkel.

Aus dem Tagebuch des Paters

Burg Rötteln, am 26. Juli.

Gestern am Abend saßen wir alle im Burggärtlein beisammen. Die Herren waren in Basel gewesen zu einer Unterredung mit dem Bischof; jetzt teilten sie uns einiges davon mit. Wohl nur noch kurze Zeit, und Graf Lutold ziehet gen Werra. Die beiden anderen Grafen halten Rötteln, Herr Hugh von Marschalke, der Bürgermeister von Basel, übernimmt die Verteidigung der Stadt, indes sein Sohn mit Lutold zieht.

Nachher sprachen wir von allerlei anderem; nur eines blieb unberührt, Elisabeths Fortgang von Rötteln.

Da wir in der zehnten Stunde einander gute Nacht wünschten, geschah etwas, so mich halb rührte, halb freute. Ich stand gegen Walter gewendet und merkte, wie ihm Gräfin Ursula die Hand schüchtern hinstreckte und leise sagte: „Gute Nacht."

Walter hielt die schlanken Finger in seiner großen Hand fest und fragte leise: „Wolltet Ihr mir nicht einmal sagen: Gute Nacht, Walter?"

Einen Moment schwieg sie; dann hörte ich sie flüstern: „Gute Nacht, Walter."

„Gute Nacht, Ursula!" erwiderte er; aber seine Stimme klang anders denn sonst – mild und weich ...

Heute früh war Elisabeth bei Antonius. Gieselbert, der Knappe, mußte sie begleiten – wie gern hätte ich es getan ... aber nein, es ist besser so! Bleich war sie, da sie wiederkam, und sah mich zuweilen traurig an; ob Antonius ihr meine Geschichte erzählt hat? Mag sein, doch ist es schließlich gleich!

Zwölftes Kapitel

Die Zeit verstrich. Auf Rötteln hatte man alle Hände voll zu tun mit Vorbereitungen für Elisabeths Vermählung. Es war beschlossen, daß die Hochzeit in der Mitte des August stattfinden sollte, kurz bevor der lange Waffenstillstand beendet war. So hatte es Wolf von Wartenberg gewünscht, und Elisabeth fand nichts dagegen einzuwenden.

Wenige Tage nach der Hochzeit wollte er dann mit seinen Mannen zum Heere des Bischofs unter des Homburgers Oberbefehl stoßen, natürlich nicht, ohne genügend starke Besatzung auf dem Wartenberg zu lassen, die Burg und sein Gemahl zu schützen.

„Nur noch acht Tage, dann ziehest du fort", sagte Odalsinde eines Morgens zu ihrer Schwägerin. „Mir bangt vor der Trennung."

„Der Wartenberg und Rötteln sind nicht gar so weit voneinander", entgegnete Elisabeth tröstend. „Wir werden uns des öfteren sehen, Oda. Auch bleibt dein bester Freund hier, und es gereicht mir zur besonderen Freude, daß ich dir den Weg zu ihm weisen konnte. Du wirst es nun mehr und mehr erfassen, daß wir zu dem Allmächtigen nahen dürfen und er unserer Seele Frieden schenkt."

„Ich danke dir, daß du mir den Weg zeigtest."

Sie waren beschäftigt, Linnen zusammenzulegen, und setzten ihre Arbeit fort, ohne zu reden. Elisabeths Antlitz trug den Stempel völliger Ruhe; sie wußte, was Gott in seinen Händen hat, wird gut auf jeden Fall. Auch an diesem Morgen war ihr diese Gewißheit zu einer Quelle der Freude geworden; fast lag ein Zug der Heiterkeit auf ihren Zügen, und mit freundlichem Wort scherzte sie mit ihrem weißen Kätzchen.

Oda schaute sie verwundert an, sagte aber nichts.

Es war drückend heiß an diesem Tage. Schon seit vierzehn Tagen leuchtete die Sonne vom wolkenlosen Himmel hernieder. Welk und schlaff hingen die Blätter an den Bäumen herab, vom Staub der Wege grau bedeckt; die Vögelein zwitscherten nicht so munter wie sonst, und träge schlich die Wiese im Tal dahin.

„Ich kann fast nimmer", sagte Oda gegen den Mittag und sank aufseufzend in einen Stuhl, „die Hitze ist schier unerträglich."

„So mach mit mir einen Ritt in das Tal hinab", schlug Elisabeth vor, aber die Burgherrin hob abwehrend beide Hände. „Bei dieser Glut, und vergissest du, was ich noch zu schaffen habe für das Fest?"

Elisabeth schwieg, aber der Gedanke an einen Ritt blieb in ihr haften. Schon wollte sie nach der Mittagstafel ihren Bruder Lutold auffordern, sie zu begleiten; da sah sie, wie er mit Ursula in den Burggarten hinabging, und nun mochte sie seine Freude nicht stören.

Plötzlich fiel ihr Auge auf den Pater, der eben hinausschritt — eine ungestüme Sehnsucht erfaßte sie, nur einmal noch mit ihm allein einen Ritt zu machen — sie überlegte auch nicht, sie dachte nicht weiter — sie rief ihn, und er trat zu ihr.

„Reitet mit mir gen Schopfheim!"

Er wurde blaß und senkte das Haupt. „Es tut nicht gut", wollte er sagen; aber er sprach es nicht aus, sondern fragte nur mit eigentümlicher Betonung: „Befehlet Ihr, Herrin?"

„Ich befehle", sprach sie schnell.

„Wann?"

„Sogleich! In einer halben Stunde bin ich fertig."

Er nickte und ging; auch sie eilte hinauf in ihr Gemach. Mit fieberhafter Eile kleidete sie sich um und stand schon vor der festgesetzten Zeit im Hofe. Bald nach ihr kam auch Rubertus. Sie gingen zusammen hinunter in den Zwinger, wo ein Knappe die Pferde bereithielt.

„Tut's gern, Herr Pater", bat Elisabeth, als sie sah, wie langsam er zu Pferde stieg.

Er wendete das Gesicht ein wenig zur Seite. „Ich begleite Euch gern, Herrin!"

Lächerlich auch wär's gewesen, wenn er ihr hätt' sagen wollen, wie ihn eine unerklärliche Angst beim Gedenken an den Ritt gefaßt hatte, wie er sie noch jetzt viel lieber vom Pferde gehoben und sie beschworen hätte, daheim zu bleiben ... wie sollte er das begründen? So schwieg er, und in raschem Trab ritten sie dahin, den Burgweg hinab zum Tal.

Über und über waren die Tiere mit Schweiß bedeckt, als sie nach anderthalbstündigem Ritt in Schopfheim anlangten.

„Wir müssen eine längere Pause machen und können nicht allsogleich umkehren", sagte Elisabeth, „die Tiere müssen ruhen." Sie übergaben sie dem Knechte eines großen Wirtshauses, das dicht am Wege stand, und nahmen unter einer großen Linde Platz.

Wenig hatten sie unterwegs geredet; auch jetzt wollte kein rechtes Gespräch in Gang kommen, bis Rubertus den Bann gewaltsam brach und von Einsiedeln allerlei zu berichten begann. Da lauschte sie gespannt, und schnell war eine Stunde verflogen.

„Ich will nach den Tieren sehen", sprach er aufstehend und blickte nach dem Himmel, weil der helle Sonnenschein verschwunden war. „Herrin, wir müssen heimwärts", sagte er schnell, „und solches eilends. Ein Wetter ziehet herauf."

Nun sah auch sie, wie sich eine weiße Dunstschicht vor die Sonne gelegt hatte; geballte Wolken standen zu Hauf, und der Horizont hatte, soweit sie sehen konnte, eine schwarzgraue Färbung angenommen.

„Endlich scheinet der ersehnte Regen kommen zu wollen", sprach sie, „doch es wär' nicht allzu angenehm, so er uns überraschte. Laßt uns eilen."

„Nun denn, in Gottes Namen, aber schnell", erwiderte der Pater.

Rasch wurden die Pferde vorgeführt, und in scharfem Trabe ging's den Weg dahin. Aber noch hatten sie kaum die Hälfte zurückgelegt, da brauste ein Sturmwind daher, dem beängstigende Stille folgte, die nun das dumpfe Rollen des Donners unterbrach. Schwer hingen die Wolken über ihnen, von zuckenden Blitzen zerteilt, und die Pferde jagten dahin, als ahnten sie eine drohende Gefahr.

Jetzt brach das Gewitter mit voller Gewalt los. Unaufhörlich flammten die Blitze, krachende Schläge folgten; der Sturm raste, und schwere Tropfen fielen.

Die Pferde bäumten sich hoch bei jedem neuen Blitz, um dann fast dahinzufliegen. Der Pater hatte mit raschem Griff Elisabeths Hand, die die Zügel hielt, gefaßt, um über das Tier, das sie kaum noch bändigen konnte, die Macht zu behalten. „Herr Gott, wir sind in deiner Hand", sprach er leise bei dem immer stärker werdenden Toben der Elemente.

Da trat plötzlich eine furchtbare Stille ein, der Sturm verstummte, der Regen hörte auf — links am Wege tauchten die Häuser von Bromberg auf; sie bogen rechts in den Wald ... noch wenige Minuten, und Rötteln war von dieser Seite erreicht, sie waren geborgen!

Schon wollte Rubertus aufatmen — da — ein Flammenmeer — ein Schlag, daß die Erde bebte — ein Splittern und Krachen — kerzengerade bäumte sich sein Tier — zugleich fühlte er einen scharfen Ruck an seiner Hand — betäubt und geblendet mußte er sekundenlang die Augen schließen. Dabei prasselte der Regen nieder, und mit neuer Gewalt heulte der Sturm durch den Wald.

Gewaltsam öffnete der Pater die Augen — um mit einem entsetzten Schrei zur Erde zu springen — die Stelle neben ihm war leer.

Er blickte umher; da sah er rechts am Wege, hart an ihm, eine vom Blitz getroffene, völlig zersplitterte Eiche; die Krone war auf den Weg geschleudert — und links im nassen Grase unter einem Baum lag eine regungslose Gestalt.

Dem Pater wollte das Blut erstarren; mit einem Sprung war er dort und kniete neben Elisabeth. Der Hut war ihr vom Kopfe geflogen, totenblaß war das Antlitz; aus einer tiefen Wunde am Haupt sickerte Blut heraus und färbte die blonden Haare rot.

Wie Fieberfrost schüttelte ihn die Angst; aber er preßte die Lippen aufeinander ... jetzt galt es, Herr seiner selbst zu bleiben, denn hier tat eilende Hilfe not!

Behutsam hob er sie auf und trug sie zu seinem Roß, das zitternd mit gesenktem Kopf dastand ... von dem anderen Tier war nichts zu sehen. Er schlang die Zügel um einen Baum, nahm die bewußtlose Gestalt in seine Arme und trug sie die wenigen Schritte zum Burgtor hinauf.

„Rasch nach Basel zum Medikus", rief er im Vorbeigehen dem entsetzten Torwächter zu, und noch bevor er mit seiner teuren Last zur Oberburg kam, jagte unten ein Knappe mit zwei tüchtigen Pferden der Stadt zu.

Inzwischen hatte das Gewitter nachgelassen, es schien, als wäre seine Gewalt mit diesem entsetzlichen Schlag gebrochen; nur der Regen fiel noch gleichmäßig hernieder; ferner und ferner rollte der Donner.

Rubertus achtete es nicht, daß das Wasser ihm aus dem Gewand floß ... ihn beherrschte nur ein Gedanke: Hilfe! Gerade als er auf den oberen Burghof kam, trat Walter aus dem Herrenhause, hinter ihm Odalsinde, die besorgt um Elisabeth und Rubertus auf den Söller steigen wollte, um nach ihnen auszuspähen.

Mit weitgeöffneten Augen starrte sie auf den Mann und seine Last; auch Walter war zuerst wie versteinert, dann aber war er mit einem Schritt beim Pater und nahm dem völlig Erschöpften Elisabeth ab. Jetzt raffte sich auch Odalsinde auf und flog hinauf, ein Lager zu rüsten. Wenige Minuten später lag Elisabeth in ihrem Gemach; mit zitternder Hand suchte Odalsinde das noch immer rinnende Blut zu stillen und aus den Haaren zu entfernen, und stumm und still umstanden die anderen das Lager. Zu jäh war dieser neue Schlag über sie gekommen und hatte sie bis ins Innerste erschüttert.

Der Pater saß in einem Lehnstuhl und sprach nichts, gab keine Antwort, als Lutold ihn leise fragte, wie es geschehen; er sah nur eins ... das todesbleiche Gesicht.

So verrann eine lange, bange Stunde. Elisabeth hatte die Augen noch nicht aufgeschlagen; kaum merklich ging der Atem. Totenstille herrschte ringsum, ... keinen Laut hörte man, als hin und wieder ein leises Flüstern der Geschwister.

Auf den Höfen standen in Gruppen die Mägde und Knechte, Pagen und Knappen beisammen; alle Arbeit ruhte; die Kunde von dem Geschehenen hatte ihre Herzen aufs tiefste erregt. Aller Gedanken weilten oben in dem stillen Gemach, und manche Träne floß aus Sorge um das Leben der geliebten jungen Herrin.

Endlich kam der Arzt.

Mit bebender Angst hingen besonders Odalsindes Blicke an ihm, wie er wieder und wieder Elisabeth untersuchte. Immer ernster wurde sein Gesicht — endlich wandte er sich zu Otto, der gleich den anderen atemlos auf seinen Ausspruch wartete.

„Soll ich Euch die Wahrheit sagen, edler Graf?"

„Die volle", antwortete Otto schnell mit gepreßter Stimme.

Da sprach er zögernd: „Der Fall war zu hart; die Wunde ist zu tief, und — es wird mir schwer, so Bitteres zu sagen — die Gräfin wird höchstens noch bis zum Morgen leben."

Tiefes Schweigen folgte diesen inhaltsschweren Worten. Otto schlang schnell den Arm um seine wankende Gemahlin, Walter ballte die Hand und biß die Zähne aufeinander, Lutold beugte sich zu der leise schluchzenden Ursula, und doch rannen ihm selbst Tränen des bittersten Schmerzes über die Wangen.

Mit eisernem Griff faßte Walter des Arztes Rechte. „Verlanget, was Ihr wollt, alles sollt Ihr haben, nur wendet Eure ganze Kunst an, rettet das Leben meiner Schwester!"

„Meine Kunst ist hier zu Ende", entgegnete der Mann, traurig den Kopf schüttelnd, „ich kann nichts mehr tun."

Er entfernte sich, nachdem er noch einmal den Verband erneuert und die Bereitung eines Tränkleins verordnet hatte.

Stunde auf Stunde verrann — die Nacht brach an.

Sturm und Regen hatten aufgehört; hell strahlte der Mond hernieder auf die neubelebte Erde.

In Elisabeths Gemach zitterte der Schein einiger Kerzen; mehrmals hatte Odalsinde sich über das Mädchen gebeugt, noch immer ging leise der Atem. Plötzlich schlug sie die

Augen auf; halb erstaunt ging ihr Blick von einem zum andern. Wie suchend schaute sie noch einmal umher. Das sah der Pater und trat an ihr Lager – „Elisabeth", sprach er mit weicher Stimme, sich über sie beugend.

Ein glückliches Lächeln flog über das liebliche Gesicht; leise flüsterte sie: „O Pater Rubertus, Ihr seid unverletzt? und hier? – bleibet hier – bei mir – wollt Ihr?"

„Gewiß, Elisabeth, ich bleibe. Leidet Ihr sehr?"

„Nein", sprach sie, „nur müde bin ich, sehr, sehr müde. Wißt Ihr, wie alles geschah?"

„Nein, Elisabeth", erwiderte er, „ich weiß nur, daß es entsetzlich war."

Sie winkte Oda näher und sprach stockend und leise: „Pater Rubertus hielt mein Pferd, dieweil ich schon fast die Gewalt darüber verloren hatte. Da kam der Blitz und Schlag, ich sah den Baum stürzen, fühlte, wie mein Tier zur Seite sprang und mich abschleuderte – mehr weiß ich nicht."

Sie schwieg erschöpft; Odalsinde gab ihr etwas Wein; nach einigen Minuten fuhr sie fort: „Ich weiß, daß ich nicht mehr viel Zeit habe; ich fühle es. Sagt meinem Verlobten einen Abschiedsgruß! Ich wollte durch das Wort, so ich ihm gab, viel Blutvergießen hindern, . . . ich hoffe, mein Opfer hat genützt, wenngleich ich es nicht ganz vollbringen kann. Rubertus, wisset Ihr noch, wie Ihr mir sagtet, so Gott mein Opfer nicht wollte, hätte er Wege genug, es zu hindern? Jetzt hat er es gehindert, anders zwar, denn wir damals wohl dachten – aber doch gut."

„Für Euch gut, Elisabeth. Ihr gehet in die ewige Freude; uns bleibt das Leid", murmelte Rubertus tonlos.

Odalsinde aber lehnte den Kopf an die Kissen und sprach mit erstickter Stimme: „Mit dir nimmt mir der Allmächtige alles, was ich hier noch hatte – warum, o warum das?"

„Sprich nicht so, Oda", bat Elisabeth, „dein treuester Freund und Helfer bleibt dir, und dann – o ich weiß gewiß, der Höchste hat noch ein großes, großes Glück für dich – solches ist meine Freude."

Sie versuchte, über der Gräfin tränenüberströmte Wange zu streichen, aber kraftlos sank die Hand zurück; lange war es wieder still in dem Gemach, dann sprach Elisabeth von neuem: „Willst du mir etwas kaltes Wasser holen, Oda?“

Als die Burgherrin hinausgegangen war, winkte sie Otto näher zu sich.

Er beugte sich tief herab, um ihre leisen Worte zu vernehmen. „Hassest du dein Weib?“

Er zuckte zusammen . . . die Frage kam zu plötzlich! „Guter Gott, nein“, sagte er verwirrt.

„So versuche, sie zu lieben“, bat sie. „Oda hat ein liebebedürftig Herz, sie ist eine Perle, sie verdient, glücklich zu werden – und möchte glücklich machen, mehr darf ich nicht sagen –, willst du meiner Worte gedenken, wenn ich nicht mehr bin, Otto?“

Da drückte er einen langen Kuß auf ihre Hand, und seine Stimme bebte, als er antwortete: „Elisabeth, du lässest mich einen Blick in eine glückliche Zukunft tun; oh, daß ich es dir nicht mehr danken kann, wie ich möchte! Deine Worte will ich nie vergessen – Oda soll glücklich werden.“

In dem Augenblick trat die Gräfin mit dem Wasser ein, und dankbar nahm Elisabeth den erfrischenden Trunk. Danach bat sie um die letzte Ölung. Dem Pater bebte die Hand; seine Stimme versagte ihm immer wieder, aber er brachte die heilige Handlung zu Ende. Dann blieb er neben dem Lager sitzen.

„Rubertus“, sprach sie nach langer Pause, „wißt Ihr, wie Ihr mir einstmals sagtet, was Gott in seinen Händen hat, wird gut auf jeden Fall? Sehet, das Wort hat mich oft getröstet, aber nunmehr habe ich es erst recht erfahren, ja, er hat es gut mit mir gemacht.“

„Gehet Ihr im Frieden heim?“ fragte er.

„Ganz im Frieden, auf das Verdienst meines hochgelobten Erlösers“, antwortete sie mit seligem Lächeln.

Stunde um Stunde verstrich; schon färbte sich der Himmel im Osten purpurrot. Der erste Sonnenstrahl fiel in das Gemach. Da richtete sich Elisabeth plötzlich mit der letzten Kraft auf: „Stützt mich", bat sie.

Rasch schoben der Pater und Oda die Arme hinter sie – liebevoll ließ sie die Blicke von einem zum andern gleiten – ihr Haupt sank müde an Rubertus' Schulter – noch einmal blickte sie ihn an, und die klaren, blauen Augen schlossen sich für immer.

Dreizehntes Kapitel

Aus dem Tagebuch des Paters

Den 15. August.

Nicht nur Elisabeth, auch mein treuer Bruder Antonius ist heimgefahren. Das ist das erste, so ich von neuem zu verzeichnen habe auf diesen Blättern, die schon von so viel und bitterem Leide reden. Ich ging heute in der Frühe des Morgens hinüber zu der Einsiedelei und hoffte auf eine gesegnete Stunde bei meinem alten Freunde. Da ich in der zehnten Stunde oben ankam, war die Hütte offen, aber von Antonius nichts zu sehen. Ich ging umher, suchte, rief nach ihm, nur das Echo antwortete mir.

Eine Bangigkeit befiel mich, es möchte ihm etwas begegnet sein, ... ich wartete mehr denn eine Stunde; schließlich machte ich mich auf den Heimweg. Da ich langsam bergab stieg und durch das Dörflein Bettingen kam, so im Tal gelegen ist, begegnete mir ein Bauer, der mich grüßte und scheu stehen blieb. Auch ich blieb stehen und fragte ihn: „Sagt, guter Freund, wißt Ihr etwas von Antonius, dem frommen Alten dort oben?"

„Ach, Hochwürden", sagte er da, „den trugen wir vor drei Tagen zu Grabe."

Erschrocken schaute ich ihn an: „Er ist tot?"

„Ja, Hochwürden, etliche von uns fanden ihn vor fünf Tagen auf seinem Lager, da sie zu ihm wollten. Viel Wehklagens herrscht hier darob; wir haben ihn sehr geliebt!

Neben seiner Hütte auf dem kleinen Friedhof, so dort an der Kirche ist, haben wir sein Grab gegraben!"

Er wischte sich die feuchten Augen; ich dankte ihm und bin wieder hinaufgestiegen. Das frische Grab fand ich gar bald, und lange, lange saß ich dort. So blieb ihm das Schwere, die Kunde von dem jähen Tod seiner Waldblume, erspart; sie haben droben ein fröhlich Wiedersehen gefeiert. Auf meinem Lebenswege aber schloß sich ein zweites Grab über einem Herzen, das ich geliebt, und das mir teuer war gleich wie der Vater dem Sohn.

All die gesegneten Stunden zogen an meinem Geist vorbei, die ich hier verlebt . . . der Trost, dessen ich so brennend gehofft, ist mir nicht geworden! Mein Trost soll in Gott und in dem Erstandenen ruhen, dagegen schwindet der irdische, und so es der beste wäre!

Später bin ich heim, doch nicht, ohne an Elisabeths Grab zu beten. Zwar hat es mich dort wieder übermannt – die Wunde ist zu tief! Aber ich getröste mich des Wiedersehens.

Am 20.

Es ist die zehnte Vormittagsstunde. Heute, gleich nach dem Mittagsmahl, zieht Graf Lutold von dannen, gen Werra, und ich – ziehe in drei Tagen gen Einsiedeln.

Heute nach dem Frühmahl sagte ich es Graf Walter, daß ich heimwärts möchte. Er schaute mich lange an; tiefer Ernst lag in den blauen Augen, die sonst so sprühen und leuchten.

Er strich sich den kurzen Bart und fragte: „Warum?"

Ich sagte ihm darauf: „Ich paß nicht mehr für die Welt und die Welt nicht mehr für mich, mich verlangt nach Ruhe."

Er nickte nur und entgegnete: „Ziehet in Frieden! Des Friedens und der Ruhe Stätte ist Rötteln nimmer und wird's noch weniger, so der Kampf um seine Mauern toben wird – und der kommt, kommt sicher! Ersatz für Euch zu finden, wird schwer sein, Herr Pater. Ihr seid ein Mann, anders als die übrigen Pfaffen, Ihr habt mich Achtung vor Euresgleichen gelehret. Doch muß Ersatz geschafft werden; der Ohm kann mir vorläufig einen Priester aus Basel schicken, bis ich selbst mit Eurem Abt reden kann und er mir wieder einen aus Eurem Kloster gibt."

Dann redeten wir noch allerlei, bis er seufzend ausrief: „Herr Pater, mir scheint, das Glück wich von Rötteln, seit wann und warum ... ich weiß es nimmer! Erst starb die Mutter, da man schon meinte, der Tod sei aus dem Dorfe gezogen, dann kam das Verhängnis über unsere Schwester und ihr schneller Tod – was wird noch geschehen? Wie ein alt Weib, so plagen mich oft Ahnungen! Doch sollte Rötteln untergehen" – dabei sprang er auf, und aus den Augen brachen Blitze –, „dann werden wir wissen, wie Männer zu sterben!"

„Graf Walter, um Gott, was redet Ihr", sprach ich erschrocken, „wie könnt Ihr an Röttelns Niedergang denken! Schauet Eure kraftvollen Brüder und Euch – weil zwei schwere Schläge kamen, müssen keine weiteren kommen."

„Wir werden uns auch dagegen wehren", sagte er, und die alte Tatkraft leuchtete von seinem Gesicht, „wenn es nicht überirdische Mächte sind, so gegen uns angehen ... mit den irdischen wollen wir schon fertig werden."

So sprach er zuversichtlich, ach möcht' er nie getäuscht werden! Mein Flehen zu Gott gilt Röttelns und seines Geschlechtes Wohlfahrt!

Am Spätnachmittag des gleichen Tages.

Jetzt ist er davongegangen, der jüngste der drei Herren, dessen fröhlich Lächeln und jugendschön Antlitz aller Herzen im Fluge gewann. Das war einst, heut ist es anders! Die Zeiten ändern sich, noch mehr die Menschen! Schön ist er noch immer ... aber mich dünkt, er sei auf dem Wege, das Lachen nicht nur, sondern auch das Lächeln zu verlernen!

Der Tod der Mutter, das jähe Sterben der Schwester, dies beides konnte ihn wohl ernst machen – armer Mann, möcht' dir ein dritter Schlag erspart bleiben! Ich fürcht' aber, er bleibt nicht aus, und er – fürchtet es wohl auch!

Gar stattlich sah er aus in der blinkenden Rüstung, da er zum letzten Mittagsmahl daheim in die Halle trat. Köstlich kleidete ihn das Panzerhemd mit dem gestickten schweren Mantel aus blauem Tuch darüber; an der Seite hing sein Schwert; er war völlig gerüstet. Er schnallte es ab, warf den Mantel über einen Stuhl und aß schweigend mit uns. Nur so er etwas gefragt wurde, gab er kurze Antwort.

Nach dem Mahl trat er schnell auf Ursula zu, die ihm gegenüber gesessen. „Wollet Ihr mein Schwert festschnallen, Ursula?" fragte er leise; sie nickte und tat es. Da sie fertig war, hielt er ihre beiden Hände fest und schaute sie an. Ich stand allein in ihrer Nähe; die anderen beiden Grafen waren schon hinausgegangen, da sie den Bruder ein Stück Wegs begleiten wollten, ... vor dem Priester meinte er wohl keine Scheu haben zu dürfen.

„Ursula, denkt meiner", sprach er innig bittend, „vergeßt mich nimmer, wie ich stets Euer gedenke." Sie hatte ihm ruhig die Hände gelassen und blickte ihn unbefangen an. Von dem, das in seinen Augen lag, sah ich bei ihr — nichts!

„Wie sollt' ich Euer vergessen, Lutold", sagte sie mit tränenfeuchtem Blick, „ich werde Euch sehr vermissen; Ihr waret mir stets ein treuer Bruder und Freund; mögen Euch die lieben Heiligen alle bewahren, daß wir uns fröhlich wiedersehen."

Es zuckte seltsam über sein Antlitz. „Ich danke Euch", sprach er sich abwendend, nahm den Mantel und ging hinaus. Wenige Minuten später ritt er davon mit seinen Brüdern und einem Häuflein erlesener Knechte, so ihn geleiten sollen nach Burg Werra.

Es war in der neunten Stunde. Walter und der Pater saßen in der Halle beisammen und redeten bald von diesem, bald von jenem. Ursula saß bei ihnen und strich liebkosend über Ellos schwarzen Kopf, den das Tier auf ihren Schoß gelegt hatte. Odalsinde war vor einer halben Stunde hinausgegangen und Otto bald nachher gefolgt.

Plötzlich trat er wieder ein. „Ist Odalsinde hier?"

Erstaunt sah Walter auf. „Du sahest doch, daß sie hinausging; sie ist nicht zurückgekommen."

„In ihrem Wohngemach ist sie auch nicht."

„So wird sie sonst wo sein", sprach Walter gleichmütig.

Otto ging wieder. Wo mochte sie sein? Sie sah so traurig aus am heutigen Abend; gern hätte er ihr ein freundlich Wort gesagt und sein Elisabeth gegebenes Versprechen, Oda glücklich zu machen, angefangen zu erfüllen — nun war sie nicht zu finden. Er schritt zum Zwinger hinab und fragte Radegundis, ob ihre Herrin drunten sei.

Die Gürtelmagd hatte sie nicht gesehen. Die Antwort hörte aber einer der Knappen und berichtete dem Grafen, er hätte die Burgherrin vor einiger Zeit aus dem Tor schreiten sehen.

Ein Angstgefühl wollte sich Ottos bemächtigen — wo war sie hin — allein, so spät am Abend — in dem Wetter? Vielleicht zum Kirchhof ... durchzuckte ihn ein Gedanke, und schnell entschlossen schlug er den Weg dorthin ein.

Wirklich sollte er Oda hier finden; sie war gekommen, um zu beten. Sie hatte nicht des nassen Weges geachtet, nicht des kalten Windes; sie merkte kaum, daß es aufgehört hatte zu regnen und nur von den Bäumen schwere Tropfen fielen; — sie war an den stillen Hügel in das feuchte Gras gesunken und ließ ihren Tränen ungehindert Lauf. Hier sah es ja niemand außer Gott, zu dem sie flüchten wollte; immer verlassener fühlte sie sich, immer einsamer auf der stolzen Burg; die Sehnsucht nach Elisabeths liebewarmem Herzen wurde immer größer, und dunkler als je zuvor schien ihr das Leben.

Sie drückte das Gesicht in das Gras und schluchzte leise: „Elisabeth, wie sehne ich mich nach dir! Ach, seit der Allmächtige dich mir nahm, bin ich ganz verlassen! Niemand versteht mich, niemand trägt mit mir. O Gott, verlaß du mich nicht; an dir hängt meine Seele, du bist meine einzige Zuflucht! Du verstehst mich, hab' Dank, daß ich zu dir kommen darf!" Immer leiser wurde ihre Stimme und erstarb schließlich ganz ... Aber Otto, der unhörbar im Grase nähergekommen war, hatte doch jedes ihrer Worte verstehen können.

Es wallte hoch in ihm auf, ... o wie schwer hatte er an seinem Weibe gefehlt! Er hatte ja nie versucht, ihr Vertrauen zu gewinnen, und war zornig gewesen, als sie sich so völlig von ihm abschloß. Wer trug die Schuld an dem bisherigen Leben? Gewiß, sie war kalt, herb, stolz, aber war er ihr denn vom ersten Augenblick an, da sie sich vor Jahren sahen, anders als kalt und fremd entgegengetreten? Hätte nicht alles anders sein können, wenn er anders gewesen wäre? Und wie hatte Elisabeth in ihrer letzten Stunde gesagt? „Oda hat ein liebebedürftig Herz; sie verdient, glücklich zu werden und möchte glücklich machen" – er hatte diese Worte nicht vergessen; unauslöschlich standen sie in seinem Herzen.

Leise rief er ihren Namen; erschreckt hob sie das Haupt ... sie hatte nicht geahnt, daß sie nicht allein hier sei.

Rasch trat er zu ihr und beugte sich über sie. „Ich bin's, Oda, dein Gemahl", sprach er weich und innig, „ich kam, mein Weib zu suchen, weil ich mich um dich sorgte."

Sie antwortete nicht – konnte nicht sprechen – alle ihre Selbstbeherrschung, all ihr Stolz, all ihr zur Schau getragener Gleichmut hatte sie in dieser Stunde am Grabe verlassen.

Er legte die Hand leise auf ihre Schulter und sprach weiter: „Ich sah, daß du heute besonders littest unter Elisabeths Tod – warum gingest du denn jetzo hierher und ließest nicht oben deine Tränen fließen? Weißt du nimmer, wie sehr du dir hier schaden kannst?"

„Was liegt an mir!" kam es da bitter und unaufhaltsam über ihre Lippen. „Warum ich hierher kam? Weil ich Euch nimmer meine Tränen sehen lassen wollte wie einst; weil hier das einzige Herz ruhet, das mich verstand, das einzige, so mir warme Liebe in Rötteln entgegenbrachte, das einzige, das mit mir trug – weil ich's nimmer aushielt dort oben in der Burg – weil Ihr –"

„Oda, nicht weiter", bat er mit gepreßter Stimme, „ich

weiß, du hast ein Recht, so zu reden, aber hör' mich an, was ich dir jetzt sagen möchte. Versuche alles Vergangene zu vergessen, versuche, in mir nicht den Gemahl zu sehen, dem du aus Pflicht folgen mußtest; laß uns ein neu Leben anfangen!"

Er hob sie mit sanfter Gewalt auf und nahm ihre beiden Hände. „Was ich schon längst, schon vor Jahren hätte tun sollen, ich tu' es heute, Oda: ich werbe um dich, nicht, dieweil ich muß, nein, dieweil mein Herz es will, aus reiner, treuer Minne zu dir." Er fühlte, wie ihre Hand eiskalt wurde, und mußte schnell den Arm um ihre schwankende Gestalt legen.

Statt aller Antwort lehnte sie den stolzen Kopf an seine Schulter; er umschlang sie, und sie weinte lange an seiner Brust.

„Vergib mir alles", bat sie endlich, sich fassend.

Er schüttelte den Kopf. „Wir haben uns beide viel zu vergeben, Oda: laß uns nimmermehr der Vergangenheit gedenken! So es aber geschiehet, alsdann mit innigem Dank gegen Gott für die lichtvoll werdende Gegenwart!"

Eng umschlungen standen sie an dem Hügel; ab und zu leuchtete der Mond durch die zerrissenen Wolken, die am Himmel dahinzogen.

„Ach, daß Elisabeth diese Stunde nicht mehr erleben konnte", sprach Odalsinde wehmütig, „wie wäre sie glücklich in unserem Glück."

„Bist du jetzt glücklich?" fragte er bangend.

In dem Augenblick glitt ein Mondstrahl über sie hin; er schaute in ein paar strahlende, dunkle Augen. Dort mußte er wohl Antwort genug gelesen haben — er preßte sie leidenschaftlich an sich.

„Laß uns heimgehen", bat er endlich. „Ich sorge mich deinethalben, dir möchte die Nachtluft schaden." Hand in Hand gingen sie langsam den kurzen Weg zum Schlosse hinauf. Oben am Tore blieb Otto stehen.

„Wirst du dich jetzo wohler fühlen in Rötteln, Oda?"

„Es ist mein Heim; ich möchte nirgends lieber sein, denn hier", erwiderte sie innig.

Da hob er sie mit einem unterdrückten Jubelruf auf seine Arme und trug sie an dem staunenden Torwächter vorüber in die Burg.

Aus dem Tagebuch des Paters

Am 22.

So ist nun doch endlich das Glück in Rötteln eingezogen. Wie danke ich dem Allmächtigen, daß ich die letzte Aufzeichnung, so ich hier auf der Burg mache, mit solchen Worten beginnen darf!

Gestern hab' ich Abschied genommen von den Stätten, so mir lieb und wert waren. Ich war am Nachmittag noch einmal zum Chrischonaberg. Hab' lang dort in der nun einsamen Einsiedlerhütte gesessen, die die Leute im Dorf instand halten, falls wieder ein frommer Bruder des Wegs daherkommt, bin zum Grab Antonius' gegangen und hab' auch dort lang gesessen und der Vergangenheit gedacht. Zuletzt war ich in der Kapelle zu beten. Was wird aus dir, du schlicht Kirchlein, werden in der Zukunft? Also dacht' ich wehmütig, da ich vom Berge die Landstraße hinabstieg und mich noch einmal umwandte, eh denn bei der Biegung des Weges das Kirchlein meinen Blicken entschwand. Viel Segen ging von dort aus, da Antonius lebte – möcht' es in der Zukunft noch mehr geschehen!

Heut am Spätnachmittag war ich an Elisabeths Grab; ach, das war der schwerste Abschied! Die ganze Zeit hier oben, die ich mit ihr verleben durfte, zog an meinem Geist vorüber. Wieder sah ich meine Waldblume in ihrer holden, lichten Schönheit vor mir, und sah die seelenvollen Augen im Tode brechen – da hab' ich die gefalteten Hände auf die Brust gepreßt, weil ich meinte, das Herz müsse mir schier springen vor Weh, und hab' zu Gott gefleht: „Erbarm' dich meiner, die Last ist zu schwer!" Je länger sie hier ruht, je mehr vermisse ich sie!

„Schlaf wohl, Elisabeth, meine Waldblume, ruhe im Frieden Gottes, und der Herr lasse sein ewig Licht über dir leuchten", also sprach ich noch leise und strich liebkosend über das Gras des Hügels; dann bin ich gegangen.

Morgen in der Frühe zieh' ich fort; jetzt ist es bald Mitternacht. Die letzten Stunden hier oben will ich im Gebet zubringen. Röttelns Geschick wird mir stets, auch in des Klosters Frieden, ein Gegenstand meiner Fürbitte bleiben. Du aber, mein Gott, halte deine Augen offen über alle hier oben und laß uns alle deiner Gnade befohlen sein!

Vierzehntes Kapitel

Der Herbst war gekommen und mit ihm das Ende des Waffenstillstandes. Hellauf war die Kriegsfackel gelodert; nun brannte sie fort in leuchtendem Feuer, ihr Schein fiel weit durch die Lande, Angst und Schrecken verbreitend.

Bischof Heinrich von Basel lag mit einem Heer vor der Stadt Mühlhausen im Breisgau, in Gemeinschaft mit dem Bischof von Straßburg, der sein Freund und Bundesgenosse geworden war. Dieses Bündnis und der Zug gegen die Stadt Mühlhausen, die habsburgisch Eigentum, war ein arger Strich gegen Rudolfs Rechnung gewesen, so daß er schleunigst den Befehlshabern seiner Scharen Boten sandte mit anderen Weisungen als den zuerst erteilten. Er berief die Herren nach Säckingen zum Hauptlager und unternahm sofort einen Einfall ins Münstertal bei Basel, dem Bischof damit auf seine Belagerung Mühlhausens antwortend.

Sechs Tage hatte diese gedauert; nun kam die Kunde von Rudolfs plötzlichem Erscheinen zu Heinrich; rasch zog er mit den Seinen von Mühlhausen fort, seiner Stadt zu Hilfe, und kam an, als Rudolf einige Dörfer sowie das Kloster im Münstertal eingeäschert hatte und mit reicher Beute abgezogen war. Wütend ballte er die Faust hinter dem schlauen Grafen, als er sah, er kam zu spät; aber der Graf hatte seinen Zweck erreicht, ihn von Mühlhausen fortzulocken.

Nachdem er nun Herrn Heinrich von dort entfernt wußte,

nahm er seinen ursprünglichen Plan wieder auf und zog mit den Rittern vom Stern vor die Burg Tüfenstein. Mit dieser Kunde zugleich erhielt Heinrich die Nachricht, daß der Graf von Wartenberg sich in seiner Burg verschanzt habe und nicht daran dächte, mit seinen Mannen zu Herrn Udo von der Homburg zu stoßen.

Einem Boten desselben hatte er finster geantwortet: „Was schert mich Bischof oder Graf! Ich will weder dem Hochmut des einen noch des anderen zu Diensten sein. Sagt das Eurem Herrn, dem Homburger. Sagt ihm auch, ich tät' ihm kund, ich säß' allhier sicher und gut, und so sich jemand, ob bischöflich oder habsburgisch, zum Besuch hier einstellen tät', dem würd' ich eine Suppe kochen, so ihm übel bekömmlich wäre. Meine Mannen zielten gut und hätten scharfe Augen."

„Ich will dir's eintränken, du Geselle", murmelte der geistliche Herr grimmig, und Walter, der just bei ihm war, drückte ihm verständnisinnig die Hand: „Ich auch, Herr Ohm, ich auch!"

Um die Burg Tüfenstein ging es indessen heiß her.

Nach tapferem Widerstand endlich gelang es dem Belagerer, einen Feuerbrand in eine Scheune zu werfen, die in wenigen Minuten in Flammen stand. Auch auf etliche Stallgebäude trug der Wind die Flammen, und die unter der Besatzung herrschende Eile, des Feuers Herr zu werden, die Verwirrung, die entstand, als sie es nicht bewältigen konnten, benutzten die Habsburgischen. Sie erstiegen die Mauern, neue Brände werfend, und waren bald Herren der Burg. Nur wenige der Besatzung entrannen durch schnelle Flucht. Als Rudolf mit den Seinen zwei Tage später abzog, ragten nur noch rauchgeschwärzte Mauern empor, wo das feste Schloß gestanden hatte.

Es war inzwischen Ende November geworden, und Rudolf zog nach Säckingen ins Winterquartier.

Der Bischof setzte sich in Basel fest, gebot doch die Jahreszeit von selbst Waffenstillstand.

Der Morgen des heiligen Weihnachtsabends brach an.

Odalsinde mit Ursula, Gundula, der Schaffnerin, und den beiden Gürtelmägden schafften eifrig in den Zimmern des Herrenhauses; galt es doch, alles doppelt schön zu bereiten, da Lutold für die Festtage nach der Heimat kam. Am Nachmittag wurde er erwartet; jetzt am Vormittag waren Otto und Walter in den Wald geritten, noch allerlei Gutes für die Küche zu schießen, dann nach der Mittagstafel wollten sie ihm entgegenreiten.

In dem großen Saal sah es einladend und gemütlich aus; schöne Tannenzweige schmückten die Wände und verbreiteten einen harzigen Duft in dem Raum; in großen Töpfen stand Buchsbaum in den Ecken; Tannenzweige und Efeuranken zierten auch die Tafel in der Mitte, die mit allerlei Überraschungen für die Hausbewohner bedeckt war, und in dem großen Kamin prasselte ein lustiges Feuer. Alles war wohlgeordnet; Odalsinde entließ die Mägde und schaute mit zufriedenem Blick über das Ganze hin.

Ihr dunkles Gewand, das in schweren Falten ausfiel, ließ ihre Gestalt königlich erscheinen; stolz trug sie den Kopf noch immer; aber eine zarte Röte färbte die früher so bleichen Wangen; ihre dunklen Augen strahlten, ein glücklicher Ausdruck lag auf dem schönen Gesicht.

Ursula saß in einer Fensternische, hatte die Hände über dem Knie verschlungen und sah bewundernd ihre Schwester an. Ein schelmisches Lächeln huschte über ihr Antlitz, als sie sah, wie Odalsinde hier und da noch ein wenig zu ändern fand.

Sie rief ihr endlich lachend zu: „Laß sein, Oda, 's ist wirklich alles gut und schön so und nicht vonnöten, daß du noch mehr Mühe verschwendest; Otto ist gewißlich schon jetzt, so er alles sieht, entzückt, solches kann ich dir versichern; und das ist die Hauptsache, denn für ihn allein schmückst du ja alles!"

Sie schüttelte ihre langen, blonden Locken zurück, die ein blaues Band hielt, hob die weiße Burgkatze, die einst Elisabeths Liebling gewesen und dann von Ursula als Eigentum beansprucht worden war, auf den Schoß und spielte mit dem behaglich schnurrenden Tierchen.

„Gelt du", plauderte sie, „ich will dir ein rotes Band mit einem Glöckchen um den Hals schlingen und dich putzen, also, daß die übrigen Katzen unten im Zwinger, mit denen diese Burg so reich gesegnet ist, vor Neid bersten sollen, und sämtliche Katerjünglinge, so hier vorhanden sind, dir zur Nachtzeit ihre schönsten Lieder vorsingen."

„Loser Vogel", neckte Oda, die zu ihr getreten war, und zog sie an den Locken, „was ist's, das dich heute so heiter macht? Wohl gar die Heimkehr unseres Lutold, dem der Oheim einen so ehrenvollen Posten gegeben?"

Forschend ruhten ihre Augen dabei auf der Schwester.

„Sicherlich freuen wir uns auf ihn, Kätzchen", erwiderte sie unbefangen, setzte das Tierchen wieder auf den Boden, zog Oda neben sich auf den Sitz und sprach: „Es ist mir nicht so zum Scherzen zumute, als es scheinen mag, Oda. Mich bewegt ein Gedanke schon lange Zeit, und heute will ich ihn dir sagen."

„Nun?" fragte Oda.

„Ich glaube, ich muß heim gen Sausenhardt, solange schon bin ich fort", sagte leise die junge Gräfin und senkte das Haupt.

„Warum solches", rief Oda erstaunt, „woher kommt dir solcher Gedanke, Ursula? Sehnst du dich vielleicht heim?"

Heftig schüttelte Ursula den Kopf: „Was sollt' mich dort hinziehen?" fragte sie. „Vom Vater sehe ich fast nichts; seit der Mutter Tod sitzt er entweder allein in seinen Gemächern; oder er ist auf der Jagd, du weißt es ja; und die grämliche Muhme ist auch nimmer meine Liebe. Heinrich aber ist noch ein Kind von sieben Jahren, und so er nur noch um weniges älter wird, kommt er fort zu Pagendiensten. Doch solches weißt du ja alles – wie sollt ich mich denn heimsehnen?"

„Nun denn, um der Heiligen willen, warum willst du fort?" rief Oda, die Hände zusammenschlagend, „gefällt es dir hier nimmer?"

„Ob es mir gefällt", antwortete Ursula mit zuckenden Lippen, „ich glaub', ich werd' krank vor Sehnsucht, so ich gehe und doch, ich bin schon zu lange zu Gast hier."

„Das ist's", sprach die Burgherrin, „über solches machst du dir Gedanken. Töricht Kind, du sollst hier nicht zu Gaste sein; du hast dein Heim hier bei mir. Ich sagte dir solches schon, da wir hier einzogen. Ob du aber dem Burgherrn selbst, unserm Walter, zuviel wirst, will ich gleich heute erkunden."

Über Ursulas Antlitz rollten Tränen.

„Spare sie dir", sagte Oda gutmütig und wischte sie ihr ab, „sie sind nicht vonnöten! Geh jetzt, wasche deine Augen und kleide dich um; ich höre Rossegewieher, Otto und Walter sind wohl heimgekommen. In einer halben Stunde ist die Mittagstafel." Sie küßte Ursula herzlich und ging mit ihr zusammen hinaus, ihrem Gemahl entgegen.

Nach der Mahlzeit, bei der nur Otto von ihren Jagderlebnissen erzählt hatte, vertrat Walter Ursula rasch den Weg, als sie hinaus wollte. Er nahm ihre Hand und führte sie zum Fenster.

„Sonnenstrahlen sind zur Winterzeit etwas Rares", sprach er. „So man sie haben will, soll man ihrer wahrnehmen und sie sich nicht entschlüpfen lassen. Rötteln aber braucht besonders viel Sonnenstrahlen, Ursula."

Sie antwortete nicht; sie senkte das Köpfchen, flammendes Rot färbte ihr Gesicht bis unter die Haarwurzeln.

„Oda hat mir Eure Gedanken gesagt", sprach Walter weiter, „ich lasse Euch aber nimmer fort, es sei denn, Ihr wolltet und es gefiele Euch hier nicht mehr."

„Bin ich nicht zu lange schon ein Gast?" fragte sie zaghaft.

„Dummes Zeug", entgegnete er kurz, „Ihr seid kein Gast, sondern Hausgenosse mit Odalsinde und uns. Solange Odalsinde hier weilet, ist auch Raum für Euch da. Und so einmal ein Feind kommt, ist für Mittel und Wege gesorgt, euch beide in Sicherheit zu bringen – solches sollt Ihr wissen für den Fall, daß Euch bange ist."

„An solches dachte ich nimmer", sprach sie rasch, „ich fürchte mich nicht, solange Ihr hier seid."

Stürmisch preßte er ihre Hände zusammen: „Ursula, die Worte will ich nimmer vergessen! Und nun, wollt Ihr noch fort?"

„Nein", sagte sie bestimmt.

Da ließ er ihre Hände los und ging.

Bald nachher ritten die Brüder zum Tor hinaus, Lutold entgegen. Oda und Ursula saßen im Wohngemach am Fenster und hingen ihren Gedanken nach.

Draußen hatte es aufgehört zu schneien; Oda ließ die Blicke träumerisch über die Landschaft gleiten, die friedlich im Scheine der hereinbrechenden Dämmerung lag. Wie ein dichtes weißes Tuch deckte der Schnee die Felder und Fluren; schwer bogen sich die Äste der Bäume unter seiner Last, kein Zweiglein war, das nicht eine kleine weiße Hülle trug, und über die Wiese breitete sich eine starre Eisdecke, die die munteren Fluten gefangen hielt. Bleigrau hingen die Wolken am Himmel; totenstill war es überall; nur zuweilen tönte aus dem unteren Burghof Hundegebell.

„So still, ruhig und schön", brach Ursula plötzlich das Schweigen, „aber wieviel schöner wär's, wenn Elisabeth und der Pater noch hier wären."

„Auch ich dachte soeben an unsere Schwester", sagte wehmütig Odalsinde, „wie sehne ich mich oft nach ihr!"

„Laß uns zu ihr gehen", bat Ursula, „die Grafen sind erst in einer Stunde hier, bis dahin sind wir daheim."

Bald waren sie auf dem Wege, gefolgt von Gieselbert, dem Knappen, der einen großen Korb voll Tannenzweige und Efeu trug; rasch säuberten sie Elisabeths und Edelgundis Hügel mit Gieselberts Hilfe vom Schnee, und bald prangten sie in dem frischen, grünen Schmuck. Nach einem Ave Maria, das Ursula halblaut gesprochen, kehrten sie heim und kamen gerade zur rechten Zeit, die drei Brüder zu begrüßen.

„Wo warst du?" fragte Otto seine Gemahlin.

„Wir waren beide an den Gräbern und schmückten sie zum

Christfest", entgegnete sie. Er legte den Arm um sie und schritt mit ihr, den anderen voraus, der Oberburg zu.

Staunend sah ihnen Lutold nach; da nahm Walter, der belustigt seinen verblüfften Gesichtsausdruck gesehen hatte, ihn auf die Seite und erklärte ihm in seiner Weise: „Sie lieben sich! Solches ist zwar nun zwischen Eheleuten nicht so etwas Absonderliches, bei diesen beiden aber doch. Hab' früher gemeint, Odalsinde besäße kein Herz; hab' aber nunmehr hinreichend eingesehen, daß sie doch eins hat, und nun dazu ein weiches, warmes. An Elisabeths Grab fanden sie sich", fügte er bewegt hinzu. „Mögen die lieben Heiligen das Glück beschützen und erhalten, so nun wieder hier oben erblühet ist."

„Habt ihr einen neuen Kaplan?" fragte Lutold.

„Vorläufig ja, aber ich behalt' ihn nicht", antwortete Walter. „Bernhard heißt er; der Ohm hat ihn geschickt, er ist ein Barfüßler von Basel. Ich will aber später wieder einen von Einsiedeln haben."

In der fünften Stunde versammelten sich alle Burgbewohner in der Kapelle, wo Pater Bernhard eine Christmesse hielt. Hierauf teilte Odalsinde als Burgfrau im Rittersaale alle Gaben aus. Ein festlich Mahl vereinte sämtliche Einwohner, die Knappen, Pagen, Knechte und Mägde mit ihren Herren zusammen in der Knappenhalle im Burgzwinger; so war es althergebrachte Sitte auf Rötteln.

Später trieben die Leute im Hofe unten allerlei Kurzweil und Scherz, während oben im großen Saale die Familie gemütlich beisammen war. Auch Pater Bernhard war unter ihnen; so sehr sich aber auch Lutold mühte, ein Gespräch mit ihm zu führen, er mußte es doch endlich aufgeben; es scheiterte an der Wortkargheit des Mönches, der nicht reden wollte oder nichts zu reden wußte.

Während Lutold sich noch mit dem Pater beschäftigte, war Ursula still an ein Fenster getreten und schaute bewundernd hinaus. Der Mond hatte die dicken Wolken durchbrochen; hell ruhte sein Schein über der Winterlandschaft.

Es funkelte und blitzte in seinem Lichte wie Tausende von Diamanten auf der weißen Schneedecke. Zauberhaft schön war die Natur; Ursula konnte sich nicht satt sehen. Leise war jemand neben sie getreten; sie glaubte, es sei Lutold, und sagte aufatmend: „Ist es nicht heute abend wunderschön?"

„Ja, hier liegt eine Welt voller Pracht", antwortete Walter, bei dessen Stimme sie leicht zusammenschreckte; er merkte es diesmal nicht und sprach weiter: „Doch die Pracht ist kalt, eisig kalt, und ich – liebe Sonnenstrahlen, die alles belebenden, erwärmenden!"

Sie antwortete nicht; es trat eine kleine Pause ein.

Er beugte sich ein wenig vor und fragte leise: „Ursula, ich möchte auch gern eine Gabe zum heiligen Christfest haben. Darf ich Euch um etwas bitten?"

Sie nickte.

„Gebt mir bitte das blaue Band, so Eure Locken umschlingt."

„Nichts weiter?" lächelte sie, band es los und reichte es ihm.

„Habt Dank", sagte er, die kleine Hand festhaltend, „für heut' nichts weiter. Ein andermal nehm' ich mehr."

Er steckte das Band ein und ging zu Otto, mit dem er sich in ein langes Gespräch vertiefte.

Auch Ursula trat ins Zimmer zurück, nickte Lutold zu und fragte neckend: „Wie gefällt's Euch dort oben im Werratal, vieledler Herr Graf?"

„Zum Gefallenfinden hab' ich nicht lange Zeit", lächelte er, „maßen es gar viel zu verbessern gibt an den Mauern und Gräben der Burg, und manches noch zweckmäßiger eingerichtet werden muß."

„Ist die Burg in gutem Zustande, gut wiederhergestellt?" fragte Otto.

„Sehr gut", entgegnete Lutold. „Ich vermeine, der Feind hat zu tun, ihr beizukommen, und dann ist er noch lange nicht drin, denn die Mauern sind hoch."

„Der Tüfstein fiel durch Feuer", sagte Walter.

„Was in Werra nicht möglich ist“, entgegnete Lutold. „Ich habe mich vorgesehen.“

„Der Ohm kann beruhigt sein“, meinte Walter. „Ich wußte, daß er keinen schlechten Griff tat, da er dich dorthin schickte.“

„Wo habt Ihr das Band Eurer Locken, Ursula?“ fragte Lutold leise, „ich wollt' Euch bitten, schenkt es mir.“

„Ich gab es Walter“, sprach sie erglühend.

Da stand er schweigend auf und ging hinaus.

Still verliefen die Festtage auf der Burg; die Familie war fast immer beisammen; ein herzlicher Ton herrschte zwischen allen, nur ein aufmerksamer Beobachter hätte vielleicht bemerkt, daß Lutold weniger gesprächig denn sonst war, daß über seinem offenen, schönen Antlitz zuweilen ein Schatten lag.

Als der erste Tag des neuen Jahres ins Land gezogen, wurde im Morgendämmern Lutolds Pferd gesattelt, und nach einem kurzen, herzlichen Abschied zog er aufs neue davon. Tief senkte er den Blick beim Lebewohlsagen in Ursulas Augen ... fand er darin, was er gesucht? – Als er auf der Landstraße dahinzog, gefolgt von seinen Knappen und Knechten, gedachte er wieder des Bischofs Worten über den Priesterstand – und heute länger als damals.

Langsam verstrich der Januar. Viel Eis und Schnee brachte er und schneidende Kälte, und auch der Februar ließ sich nicht anders an. Trotzdem zog in den ersten Tagen dieses Monats auf dem Weg nach der Stadt Neuenburg ein ziemlich bedeutendes Heer dahin. Der festgefrorene Schnee knirschte unter den Hufen der Rosse; hell strahlten die Helme und Harnische in dem Schein der klaren Wintersonne. Rudolf war's, der Habsburger Graf, der mit einer starken Macht gegen Neuenburg vorging, weil die Stadt bischöfliche Söldner aufgenommen hatte und damit die Feindseligkeiten wieder eröffnete.

Die Einwohner der Stadt hatten Kunde davon erhalten,

und als Rudolf vor ihren Toren erschien, fand er sie verschlossen und verwahrt und von wehrhaften Männern besetzt. Er belagerte sie ohne Erfolg etliche Wochen lang. Mehrmals versuchten die Einwohner Ausfälle, wurden aber in die Stadt zurückgeschlagen. Manche fielen dabei in Rudolfs Hände, der die Gefangenen ohne Gnade töten oder verstümmeln ließ.

Das reizte die Wut der Neuenburger aufs höchste; sie beschlossen, sich nimmer dem Habsburger zu ergeben und blutige Vergeltung an ihm zu üben, sobald er abgezogen wäre.

Als Rudolf sah, daß er fürs erste nichts hier ausrichten könne, gedachte er die Stadt auszuhungern, ließ einen Teil seiner Macht vor ihr lagern und wandte sich mit dem kleineren Teil nach Freiburg. Hier verbündete er sich mit dem Grafen Heinrich von Freiburg und seinem Bruder Egeno, um mit ihnen vereint wieder vor Neuenburg zu erscheinen.

Nach kurzer Zeit wurde ihm die Nachricht gebracht, daß er einen nicht zu verachtenden Bundesgenossen in Neuenburg selbst gewonnen hätte, der Adel der Stadt habe sich zusammengetan und sich für ihn erklärt. Nunmehr sei die Lage der Einwohner eine schier verzweifelte; sie könnten sich nicht mehr lange halten.

Frohlockend rieb der Graf die Hände — aber zu früh. Tags darauf kam ein Eilbote, ihm zu melden, der Bischof von Basel zöge mit starkem Heer in großer Schnelligkeit herbei zum Entsatz von Neuenburg.

Jetzt hielt es Rudolf für geratener, sich zu entfernen. Der Bischof war ihm überlegen; sich mit seiner kleinen Macht in einen offenen Kampf mit ihm einzulassen, wagte er nicht recht. So zog er ab, doch nicht, ohne auf dem Rückzug alle Felder, Weinberge und Äcker derart zu verwüsten, daß auf Jahre hinaus an kein Pflanzen und Bauen zu denken war.

Dies geschah Mitte März.

Nun wendete der Bischof sich einigen Dörfern zu, die habsburgisches Eigentum waren und jenseits des Rheines lagen.

Er zahlte dem Grafen mit gleicher Münze heim, indem er sie ebenfalls total verwüstete.

Rudolf sah dazu nicht müßig; er zog ins Baselland, steckte Weil, das dem Bischof gehörte, in Brand und zog sich mit reicher Beute nach Säckingen zurück, wo er sein Hauptlager hatte.

Auf Rötteln hatte man inzwischen hinter fest- und wohlverwahrten Mauern die Entwicklung der Dinge mit angesehen. Noch hatte sich kein Feind vor seinen Toren blicken lassen, und wenn man ins Wiesetal hinabschaute, so mochte man wohl zuerst den Eindruck gewinnen, daß es Friede sei wie ehedem ... aber die Felder, wo keine junge Saat keimte wie früher, sprachen von anderem denn vom Frieden.

Walter grollte fast ein wenig mit dem Ohm. Mehrere Male hatte er anfragen lassen, ob er mit einem Teil seiner Mannen zu ihm stoßen solle, da zur Verteidigung seiner Burg immer noch Otto dabliebe, aber Heinrich ließ ihm sagen: „Bleib', wo du bist; Otto und du dürft nimmer von Rötteln herab, auch genügt mir nicht einer, euch beide will ich oben wissen. Säckingen ist mir zu nahe, und Rötteln ist mir zu wichtig. Hab' Geduld, Walter, auch an dich kommt die Reihe zum Dreinhauen, und solches wohl eher, als du vermeinest."

Daran mußten sich die Grafen genügen lassen und verwendeten nun alle Kraft und Zeit für die Befestigung der Burg ... der Ohm hatte recht, Säckingen war sehr nahe. Alle ihre Dienstmannen zogen sie nach Rötteln zusammen; schier war die Burg nicht groß genug, sie zu beherbergen. Die Grafen ließen Vorräte über Vorräte für Menschen und Tiere aufspeichern, damit die Burg im gegebenen Fall eine lange Belagerung aushalten könne. Überall hatte Otto Wachen ausgestellt; die Zugbrücke war Tag und Nacht hochgezogen, und so war alles getan, was an Vorsicht geboten war.

Auch der unterirdische Gang war nach langer, mühevoller Arbeit fertiggestellt worden, und mehr denn einmal hatten Otto und Walter den Weg ins Wiesetal hinab durch die Erde gemacht. Der Gang mündete nahe bei Brombach, wo ein dichtes Gebüsch seinen Ausgang verdeckte. Er war niedrig und tief angelegt, da er unter dem Bett der Wiese dahinführte; aber er war fest und gut gestützt, alles Überflüssige an Erde und Gestein hatte die Arbeit der treuen Mannen hinausgeschafft und an die Seite gebracht.

Noch immer wußte niemand in der Burg von dem fertigen Werk außer Ursula — und sie schwieg, auch zu Odalsinde. Oft hatte sie dem leisen Bohren und Scharren in der Erde gelauscht, ja, wenn sie das Ohr an den Boden legte, hatte sie sogar die Stimmen der einzelnen unterscheiden können, wenn sie nicht zu weit vom Hause entfernt waren.

Mit Vergnügen dachte sie oft daran, was Walter für ein Gesicht machen würde, wenn er einmal erführe, daß sie von dem Gange wüßte! Sie ahnte nicht, wie bald und auf welche Weise dies der Fall sein sollte ... sie ahnte nicht, ebensowenig wie sonst einer der Mitwissenden in der Burg, daß man bereits im feindlichen Lager von dem unterirdischen Zugang Kunde hatte und eifrig die Möglichkeit erwog, Rötteln fast mühelos zu gewinnen und damit dem Bischof einen schweren Verlust beizufügen.

Fünfzehntes Kapitel

Mit dem Grafen Rudolf zusammen saßen die Herren von Vitztum und von Reichen. Sie gehörten mit zu den Rittern vom Stern und hatten als solche einen besonderen Haß nicht nur gegen den Bischof, sondern gegen alle, die der Partei zum Sittich angehörten. Im besonderen waren ihnen die Röttler Herren ein Dorn im Auge wegen ihres Ansehens und der Macht.

Das Gespräch der drei Ritter wurde leise, aber sehr eifrig geführt.

„Und wo endet der Weg?" fragte soeben Rudolf.

„Solches kann ich Euch nur ungewiß melden, Herr", entgegnete der Ritter von Reichen. „Mein Knappe, der den Grafen Otto von Rötteln jüngst in Brombach sah und dann merkte, wie er in einem Gebüsch verschwand, als sei er in die Erde gesunken, hat sich später das Gebüsch etwas näher angesehen und gefunden, es decke den Eingang oder Ausgang eines Weges. Er stieg hinein und verfolgte ihn ein Stück weit. Sodann kam er zu mir; ich ritt heute früh hin und fand, wie er gesagt. Wo anders aber soll der Gang münden, denn im Schloß?"

„Kaum woanders", sprach sinnend Herr von Vitztum, „der Sache ist nachzudenken."

„Für's erste nachzuspüren", sagte Rudolf. „Hört! Ihr, Herr von Reichen, geht zu allererst mit etlichen Getreuen den Weg entlang und suchet auszufinden, allwo er endet. So er in der Burg mündet, haben wir ziemlich gewonnen Spiel."

Im Flüstertone setzte er ihnen alsdann einen Plan auseinander, und da er zu Ende, schlug sich der Ritter von Reichen aufs Knie, lachte dröhnend und rief: „Glück zu, ein feiner Plan! Der ‚guten Morgen' wird ihnen kaum behagen." Dann gingen sie auseinander.

„Heiliger Fridolin", murmelte Rudolf, „so es gelänge, wollte ich dir ein Dutzend Wachskerzen stiften!"

Zwei Tage waren vergangen. Es war Mai; der Hochzeitstag Ottos und Odalsindes hatte sich gejährt und war mit einem Festmahl gefeiert worden. Wieviel kleiner war der Kreis heute als damals. Mit tiefer Wehmut hatte man der Dahingeschiedenen und des Paters gedacht, auch nicht vergessen, die beiden Grabstätten auf dem kleinen Friedhof reich mit Blumen zu schmücken. Am Abend hatten die vier Familienglieder noch lange im Garten gesessen; nach dem Gutenachtgruß war Walter in den Zwinger hinabgegangen, um zu sehen, ob alles in Ordnung war, und nun lag tiefe Ruhe über der Burg.

Am geöffneten Fenster ihres Gemaches saß Ursula und schaute in die schweigende Nacht. Sie hatte sich in ein weißes, weiches Gewand gehüllt, das Licht gelöscht und atmete mit Behagen die milde, reine Nachtluft ein. Ein lichtes, strahlendes Zukunftsbild stieg vor ihr auf. Träumerisch lächelnd blickte sie nach der Krone der Linde am Schloßbrunnen, die leise im Winde rauschte, da — was war das?

Sie war emporgefahren in jähem Schreck; deutlich vernahm sie ein leises Klirren wie von Waffen. Es klang dumpf, als käme es unter ihr aus der Erde — sie blickte über den Hof — nein, von hier konnte es nicht kommen — still war's ringsum, und auch die Steinstufe, die die Deckplatte des Ganges bildete, lag unberührt da. Niemand war von hier in den unterirdischen Gang hinabgestiegen ... sie mußte sich geirrt haben! Es wußte ja auch niemand davon!

Sie lauschte; da hörte sie das Geräusch wieder — deutlicher als zuvor ... Um der Heiligen willen, sollten auch die Feinde etwas von dem Gang wissen, durch Zufall oder gar Verrat? durchzuckte es sie.

Schnell entschlossen legte sie das Ohr an den Boden, und wie aus Grabestiefe hörte sie eine Stimme, die wohl dort unten laut gesprochen haben mußte zu jemand, der noch ferne war: „Wir kommen allsogleich zur Tür; diese geräuschlos zu öffnen, dauert wohl einige Zeit, und —"

Mehr hörte sie nicht; sie war emporgefahren und lehnte einen Augenblick zitternd vor Schreck an einen Tisch. „Walter", war dann ihr einziger Gedanke, ... sie unterdrückte mit Gewalt ihre Aufregung und flog mehr als sie ging in das Herrenhaus.

An Walters Tür pochte sie heftig. „Öffnet, öffnet schnell."

Er riß die Tür auf. „Alle Heiligen! Ursula, Ihr? Was ist's?"

Wankend lehnte sie an der Tür. „Feinde im unterirdischen Gang", sprach sie mit fliegendem Atem, „ich hörte sie, sie sind schon dicht an der Tür."

„Eilt in das Wohngemach", rief er und war mit ein paar Sätzen hinab.

Sie schritt hinauf und setzte sich an das Fenster, von dem man in den Hof sehen konnte. Sie bebte vor Erregung. Totenstill war's draußen; der Mond beleuchtete hell einen Teil des Hofes. Aus ihrem Gemach drüben drang ein schwacher Lichtschimmer; sie sah dort Walter und auch schon Otto lauschen. Dann verschwand das Licht; eine Gestalt glitt, geräuschlos wie eine Katze, aus dem Hause über den Hof zum Bergzwinger hinab. Nach einigen Minuten, die Ursula wie eine Ewigkeit dünkten, kam eine zweite, in der sie Otto erkannte.

Er war bereits in voller Rüstung, hatte ein blankes Schwert in der Hand und trat ebenso geräuschlos in den Schatten neben die Steinplatte hin. Gleichzeitig huschte Odalsinde über den Hof und kam hinauf zu ihrer bebenden Schwester.

„Otto hält Wache“, erzählte Oda, die in eben solcher Erregung war wie Ursula, „Walter ist hinab, die Mannen zu wecken und zu sehen, ob die Wachen auf den Mauern etwas Verdächtiges von draußen bemerkt haben. Da ist er schon.“

Im gleichen Augenblick kam er und verschwand im Hause. Nun wurde es auf dem Hof lebendig; Wilbold kam als erster mit Gero, Balthasar und Friedung, und bald hinter ihnen eine Schar von fünfzig bis an die Zähne bewaffneter Männer. Aber kein Laut wurde hörbar . . . keine Waffe klirrte . . . kein Stein rollte . . . gespensterhaft leise kamen sie daher; die einen stellten sich zu Otto, der ihnen gewinkt, in den Schatten, andere bargen sich hinter den Hausecken . . . wieder lag der Hof still da.

Walter trat ins Wohngemach.

„Es ist keine Gefahr mehr, die ist abgewendet dank den Heiligen und Euch, Ursula! Kann Euch vorläufig nicht anders danken, auch nicht fragen, woher Eure Kenntnis des Ganges kommt. Es wird Blut fließen in der nächsten Stunde hier oben; so ihr beide euch fürchtet oder es euch davor graut, so geht in Elisabeths Gemach, es hat keine Fenster zum Hof. Doch die Hand will ich Euch reichen, Ursula, eh ich hinab muß!“ Er trat auf sie zu.

„Glück auf den Weg“, sprach sie und schaute ihm zum erstenmal unbefangen in die blitzenden Augen.

Er eilte hinab; Oda aber umschlang ihre Schwester und rief: „Dir hat der Allmächtige heute die Ohren selbsten aufgehalten, daß du solch Geräusch hören mußtest, sonst wären wir alle verloren gewesen! Doch sieh", fügte sie, mit der Hand hinausdeutend, hinzu, „wollen wir hinauf, fort von hier?"

„Nein", bat Ursula, „laß uns hierbleiben."

Eng umschlungen blickten sie hinaus.

Die Steinplatte hob sich ein wenig, wurde leise und langsam zur Seite geschoben; der Kopf eines Mannes tauchte empor. Nach und nach zwängte er sich ganz heraus, schob jetzt die Platte zur Seite, und nun entstieg ein Gewappneter nach dem anderen dem Gang.

In fieberhafter Aufregung sahen die Frauen hinab — fünfundzwanzig stark bewaffnete Männer zählten sie; jetzt stieg als der letzte Ritter von Reichen heraus.

„So", sprach er halblaut, „hierorts schläft alles gleich den Ratten. Haha, das wird ein Tanz! Zehn von euch schleichen jetzt leise hinab; den Torwächter überrumpelt ihr, öffnet geschwind und laßt den Ritter von Vitztum herein. Seit einer Stunde lauert er im Dickicht mit hundert Mann. Ihr anderen besetzt geräuschlos die Tür der Burg hier."

Er wählte zehn Leute aus. „Vorwärts jetzt."

„Doch nur, so wir gestatten", schrie Walter, der auf diesen Augenblick gewartet hatte, und sprang in das helle Mondlicht, „drauf, ihr Leute."

Aus ihren Verstecken brachen sie hervor, die Mannen von Rötteln, und stürzten sich auf die wie erstarrt dastehenden Feinde. Nun kam Leben in diese. Die Schwerter blitzten ... wildes Geschrei durchhallte die Burg ... sie wehrten sich verzweifelt ... aber der Übermacht mußten sie doch erliegen. Nach einer kurzen halben Stunde waren alle gefangen. Nur ein Toter blieb auf dem Platz, der Ritter von Reichen.

Unter sicherer Aufsicht ließ Otto die fünfundzwanzig Männer in die Burgverliese bringen, die Tür zum Gang schließen, die Platte auflegen, stellte eine Wache dahin und eilte dann Walter nach, der mit dem größten Teil der fünfzig schon in den Burgzwinger hinab war.

Dort waren alle übrigen Knechte und Mannschaften bereit; er befahl ihnen, sich zu verbergen und nur wieder auf seinen Ruf hervorzubrechen.

„Wir wollen's ihnen eintränken, daß sie dachten, Rötteln bei der Nacht ohne Mühe zu nehmen", flüsterte er grimmig, „ein zweites Mal sollen sie das Wiederkommen vergessen."

Nun ließ er die Tore öffnen. Mit verstellter Stimme schrie er in die Dunkelheit hinaus: „Kommt herein, Herr Vetter; schier mühelos ward der Sieg unser!"

Nach wenigen Minuten ritt der Herr von Vitztum ein, von lauten Zurufen gegrüßt. Ihm nach drängten seine Leute.

„Fackeln her", schrie der Ritter, „man sieht ja nichts; wo steckt Ihr, bringt Licht —"

„Soll Euch werden", schrie Walter ihm jetzt entgegen und drang mit gezücktem Schwert auf ihn ein. „Will Euch ein Licht anzünden, so Euch Rötteln gut sehen läßt." Zu gleicher Zeit rasselte das Fallgitter auf Ottos Befehl herunter.

Nun begann ein heißes Ringen. Jetzt war die Arbeit nicht so bald getan. Wohl über eine Stunde wogte der Kampf; tapfer und kühn wehrten sich die habsburgischen Söldner, dann aber ergaben sie sich in ihr Schicksal.

Hier blieben zehn Tote auf dem Platz und ein Schwerverwundeter, der Ritter von Vitztum, der wie ein Löwe gekämpft hatte. Otto befahl, ihn in das Haus des Burgverwalters zu bringen und zu verbinden; aber als der Morgen zu grauen begann, erlag der mutige Mann seinen Verletzungen.

Die Toten alle ließ Walter nach dem Röttler Friedhof bringen, um sie dort zu begraben, die Gefangenen kamen zu den anderen; eine Anzahl Knechte machte sich daran, die Höfe zu säubern, und nun erst konnten die beiden Brüder daran denken, ihre Rüstungen abzulegen und zu Oda und Ursula zu eilen.

In Angst und Aufregung waren diesen die Stunden langsam und träge dahingeschlichen; zitternd hatten sie dem erneuten Waffengetöse im unteren Burghof gelauscht, dessen Ursache sie sich nicht erklären konnten; endlich war ein

Knappe gekommen, von Otto gesandt mit der Meldung: „Die Feinde überwunden"; seither war wieder fast eine Stunde verstrichen.

„Die Angst tötet mich", rief Odalsinde endlich aufspringend, „vielleicht ist Otto etwas begegnet, und ich soll es nicht allsogleich erfahren! Ich muß hinab und sehen."

Sie hörte nicht auf Ursulas Bitte, zu bleiben; sie eilte die Treppe hinunter und kam just auf den Hof, als Otto und Walter heraufkamen, ihre Rüstung abzulegen. Ursula sah, wie sie ihrem Gemahl entgegeneilte und mit ihm in dem Hause verschwand.

Sie saß einige Minuten allein und wartete; nun vernahm sie Walters schnellen, harten Schritt. Sie fuhr auf und wollte fort, aber schon sprang die Tür auf – er stand vor ihr.

Mit nur mühsam unterdrückter Erregung rief er: „Ursula, der Feind ist bezwungen, Rötteln ist gerettet . . . wie soll ich Euch danken!"

„Nicht mir, den lieben Heiligen dankt, die schützend über unserer Burg wachten", sagte sie leise.

„Solches soll morgen in der Frühe geschehen in einer heiligen Messe, die Pater Bernhard lesen soll", entgegnete er; dann beugte er sich über ihre Hände, drückte sie an sein Gesicht und sprach: „Dank, Ursula, Dank! Und nun bitt' ich Euch, erzählt mir, woher Euch Kenntnis von dem vorhandenen Gang gekommen ist."

Sie saß auf der Fensterbank; er hatte die Arme verschränkt und schaute sie unverwandt an, während sie in kurzen Worten erzählte.

Er lachte. „Hätt' mir nimmer solches träumen lassen, Ursula! So ich's früher gewußt hätt', wär's mir wohl sehr unlieb gewesen; heut' verdanken wir Euch unsere Freiheit, vielleicht unser Leben und unsere unversehrte Heimat." Seine Stimme bebte; er schwieg einen Augenblick.

„Doch redet weiter", bat er dann, „wie kam's, daß Ihr heute wachtet?"

Es war gut, daß es noch halbdunkel im Gemach war, so

sah er nicht die dunkle Röte auf ihren Wangen bei seiner Frage. Wie konnte sie ihm auch sagen, welche Zukunftsbilder sie wachgehalten hatten!

„Ich dachte an allerlei", sprach sie, „der Vergangenheit, der Zukunft, und schaute dabei über den Hof, der still und leer war. Plötzlich hörte ich Waffengeklirr, lauschte und vernahm die Worte: ‚Bald kommt eine Tür, die müssen wir geräuschlos öffnen'; nun wußte ich, das konnten nur Feinde sein. Da kam ich zu Euch."

Er beugte sich über sie, rasch ging sein Atem — mit hartem Griff faßte er ihre beiden Hände und fragte: „Zu mir? — Warum nicht zu Otto, der Euch schneller zu erreichen gewesen wäre — warum zu mir?"

Sie schrak bis ins Innerste zusammen ... ach, das wäre ja auch das Natürlichste gewesen; aber der Gedanke war ihr überhaupt nicht gekommen! Was mußte er von ihr jetzt denken! „Ich dachte gar nicht an Otto, nur an Euch", flüsterte sie verwirrt, tief erschreckt das Köpfchen senkend.

Da riß er sie stürmisch an sich und rief: „Ursula, Ursula, nun hast du dich verraten! Du dachtest nur meiner, sagst du, in dieser Gefahr? Dann tatest du es auch sonst, sag' nein, wenn du kannst!"

Aber sie sagte nicht nein; die Verwirrung benahm ihr fast den Atem ... sie hätte sich so gern versteckt, und da sie keinen anderen Platz fand, barg sie das Gesicht fest an seiner Schulter.

„Mein Sonnenstrahl!" jubelte er auf, „nun bist du mein, nun halt' ich dich fest und lasse dich nimmer! Hab' ja nie glauben wollen, daß solches Glück auch mir erblühen könne, hab' gefürchtet, deine Angst vor meinem Ungestüm sei zu groß, du könntest den Wilden nimmer lieben, und Lutold, der zartfühlende, sei dir lieber. Hab' deshalb bis anhero dir nichts von meiner unsinnigen Liebe geredet, so mein Herz zu dir erfüllt hat!"

Er hob ihren Kopf empor. „Willst du mein sein, mein bleiben bis in den Tod, Ursula?"

„Bis in den Tod", entgegnete sie mit leuchtenden Blicken – nicht ahnend, was diese Worte einst für sie bedeuten sollten.

Das war eine große Überraschung für Otto und Odalsinde, die soeben eintraten. Wie angewurzelt blieben sie zuerst stehen; Walter aber trat mit einem glücklichen Lächeln ihnen entgegen, Ursula mit sich ziehend, und rief: „Ich hab' mir einen Sonnenstrahl fangen wollen und bin selbst gefangen worden; ich wollt' der Retterin von Rötteln danken, da besiegte sie mich – was tu ich jetzt?"

„Werde glücklich wie ich", rief froh bewegt Graf Otto und umschlang den Bruder herzlich. „Mein Wilder, wie freu' ich mich deines Glücks; die Heiligen mögen dich und deine Braut segnen."

Oda aber flüsterte Ursula neckend ins Ohr: „Nun wirst du Burgfrau, und ich kann ganz für Otto leben."

Glückliche Stunden verstreichen schnell, sie fliegen wie Minuten; mit Staunen nahm man plötzlich wahr, daß die Sonne ihre goldenen Strahlen schon lange über Berg und Tal sandte.

„Jetzt müssen wir aber einige Stunden ruhen", sprach Oda, zärtlich ihre holde Schwester umschlingend, „der Aufregungen dieser Nacht waren zu viel; du siehest blaß aus."

„Walter aber muß zum Ohm gen Basel, berichten über das, so vorgefallen ist, und ich sorge indes für würdige Bestattung der Toten", fügte Otto hinzu.

Beim Abschiednehmen zog Walter seine junge Braut rasch in eine Fensternische und fragte: „Sprach Lutold dir je von Liebe?"

Lächelnd schaute sie zu ihm auf: „Ist mein Wilder von der Eifersucht geplaget? Lutold sagte mir nie andere denn freundschaftliche Worte; er ist mir ein gar lieber Freund und Genoß gewesen, nichts weiter."

„Dank für diese Worte, mein Sonnenstrahl! Es wär' mir ein gar trüber Gedanke gewesen, so ich mir hätte sagen müssen, mein Glück wäre dem Bruder eitel Herzleid und Weh."

Wenig später ritt Walter gen Basel; unter starker Bedekkung folgten ihm die Gefangenen. Im Hofe des bischöflichen Palastes mußten sie warten; er trat mit einem fröhlichen „Grüß Gott, Herr Ohm", bei dem Bischof ein.

„Was bringst du, Walter, dein Gesicht kündet Gutes?"

„Hab' Euch auch Gutes zu vermelden; hab' lieben Besuch gehabt bei der Nacht und Euch etlichen davon mitgebracht." Er deutete zum Fenster.

Der Bischof warf einen raschen Blick hinaus und rief, die Hände zusammenschlagend: „Alle vierzehn Nothelfer, das sind ja habsburgische Söldner!"

„Sind sie auch", nickte Walter vergnügt. „Sie wollten sich Rötteln anschauen und kamen statt wie sonst ehrliche Leute von vorn, durch den unterirdischen Gang, den ein Schuft entdeckt hatte."

In launigen Worten erzählte er dem Bischof den Hergang der Sache und schloß endlich: „Alsdann gestattete ich den Herren Einblick und Aufenthalt in unseren unterirdischen Herbergen für diese eine Nacht; nun aber bring' ich sie Euch, Herr Ohm; ich kann ihrer dort oben entraten und brauche meine Verließe wohl für andere Leute. Zudem, die meisten von ihnen sind Söldner, denen es gleich ist, für wen sie sich schlagen. Ich rat' Euch, redet mit ihnen, dinget sie und führet sie dann gegen den Habsburger."

„Nicht so übel wär's", lächelte der Bischof, „ich werd's vielleicht tun. Doch ist's allein dieser Sieg, der dich so strahlen läßt?" fragte er dann.

„Heiliger Joseph, die Augen der Priester sind scharf; sie sehen mehr denn andere", lachte Walter. „Ihr habt recht, Ohm Heinrich, 's ist noch etwas Übriges! Ich will dem Münster zu Basel ein schwer silbern Kruzifix stiften, auch zwei dicke Wachskerzen."

„Wofür?" fragte der Bischof, „doch nimmer für den Sieg?"

„Für den die Kerzen, das Kruzifix aber für meinen Sonnenstrahl", und froh erregt teilte er ihm seinen Verspruch mit seiner jungen Base mit.

„Glück zu", rief Heinrich erfreut, „also ist für Röttelns Fortbestehen Sorge getragen! Doch, Walter, nach den zwiefachen Geschehnissen dieser Nacht muß ich dir etwas sagen." Sein Antlitz war ernst geworden. „Der Kampf kann, ehe denn man es ahnt, sich hierherziehen, wie der Überfall Röttelns es zur Genüge bewiesen. Wie, wenn Ursula nicht gewacht und es ihnen gelungen wäre? Was wär' aus den Frauen geworden? Ich rat' euch allen Ernstes, führet sie gen Basel hierher in meinen Palast; Raum genug ist da, und ihr könntet euch alsdann doch des öfteren sehen. So sind sie in Sicherheit, und ihr kämpft freier."

„Worauf's Euch doch wohl am meisten ankommt, Herr Ohm", sagte Walter fast ironisch. „Doch aber möget Ihr nach mancher Seite hin nicht so ganz unrecht haben; mehr Sicherheit beut Euer Palast denn Rötteln. Ich will's oben vermelden und Euch den Bescheid kundtun."

„Und was geschieht mit dem Gang?"

„Der wird anders angelegt, vorsichtiger und besser", antwortete Walter. „So ihn zu lassen, wär' eine Narrheit. Doch nun gehabt Euch wohl, ich will heim."

Etliche Wochen später geleitete Otto seine Gemahlin und Schwägerin gen Basel. Sie waren nach langem Überlegen dahin gekommen, den Rat des Bischofs zu befolgen. Otto hatte zuerst vorgeschlagen, sie sollten nach Sausenhardt zurückkehren. Dem hatten sich aber Oda und Walter energisch widersetzt.

„So du dann einmal verletzt würdest, und ich könnte nicht zu dir!" rief Oda, und Walter sprach: „Auf Sausenhardt sind sie nicht mehr in Sicherheit denn hier, im Gegenteil, Rötteln ist sicherer. So aber einmal Basel in Gefahr käme, was wohl kaum zu befürchten ist, hätten wir alsdann der Mittel und Wege genug, ihnen zu helfen." Dabei blieb's dann, und sie zogen gen Basel, mit ihnen etliche Mägde und zwei Diener.

Eifrig wurde in der ganzen Zeit auf Rötteln an der Veränderung des unterirdischen Ganges gearbeitet; wie damals, so waren es auch diesmal dieselben Männer, die das Werk betrieben; niemand von den übrigen Männern erfuhr etwas darüber, den Gang bis zu seiner Mitte so zu belassen, wie er war, dann aber sollte der neue Weg, von dort aus links abzweigend, einige Meter von dem ursprünglichen entfernt, ebenfalls unter der Wiese durchgehend, nach dem Kirchhof in Brombach weitergeführt werden. Sein dortiger Ausgang war unter einer uralten Kastanie, seine Öffnung verschloß eine Grabplatte, die aus dem vergangenen Jahrhundert stammte und nur noch undeutliche Schriftzeichen trug.

Mit der ausgegrabenen Erde des neuen Ganges verschüttete man den alten; doch ließ Wilbold mit spöttischem Lachen ein kleines Stück des letzten Endes frei. „So nun die Feinde gedenken, uns wieder einen Besuch zu machen", sagte er zu Balthasar, „stehen sie nach einigen Minuten vor der Erde, und die Herrlichkeit hat ein Ende."

Sechzehntes Kapitel

Wonnig leuchtete die Sonne vom wolkenlosen Himmel hernieder; die Obstbäume waren wie mit einem weißen Tuch bedeckt von der Fülle der Blüten. Es war ein wundervolles Frühjahr nach dem harten, strengen Winter; aber die Felder wurden nur spärlich bebaut, wußte doch niemand, ob das gesäte Korn auch wachsen und reifen könnte, oder ob alles unter wilden Rossehufen zerstört sein würde, ehe denn es aufkam!

Die Fehde tobte in wilder Leidenschaft weiter. Rudolf von Habsburg richtete die Blicke zunächst auf einige Klöster, die sehr reich waren und den Bischof als Schirmherrn hatten. Er zerstörte Sizikilchen von Grund auf, und sein Freund, Graf Heinrich von Neuenburg, machte sich an das Frauenkloster Gutnowe. Daß gerade Graf Heinrich dies tat, hatte noch einen persönlichen Grund. Er hatte von dem Kloster in früherer Zeit eine ansehnliche Summe geliehen, die er alljährlich gut verzinsen mußte. Dies war ihm allgemach unangenehm geworden. Daher kam seine besondere Bereitwilligkeit, gegen dieses Kloster zu ziehen. Bald stand es in Flammen; nur wenige der Nonnen entkamen dem Tode, und Graf Heinrich lachte schadenfroh; seine Schuld war getilgt.

Solches geschah Mitte April.

In den ersten Tagen des Monats Mai durchlief das Habsburger Lager die Kunde von einem bevorstehenden Angriff auf Basel; aber statt des erwarteten Befehles hieß es eines Morgens: Auf gen Rötteln!

„Wir dürfen nimmer gegen einen Adler ziehen, so der andere uns alsdann im Nacken ist“, sprach Rudolf zu seinen Getreuen. „Erst nehmen wir Rötteln, dann Basel.“

Als aber der Graf, wie er meinte unvermutet, im Wiesetal erschien und Kundschafter gegen die Burg sandte, fand er sie zu seinem Verdruß wohl verwahrt und bewacht; Walter aber stand lachend in einem Wachtturm, sah hinab und freute sich über des Grafen Enttäuschung.

„Wilder, lache nicht zu früh“, warnte Otto, der neben ihm stand, „du siehst, er hat dreimal mehr als wir, und heiß wird es wohl noch manchmal um unsere Burg hergehen — viel Blut wird fließen.“

„Gut, daß die Frauen nicht hier sind“, entgegnete Walter, „so können wir ungehindert der Blutarbeit obliegen, die wir vor uns sehen.“

An einem der nächsten Tage versuchten die Habsburgischen den ersten Sturm gegen die Burg, wurden aber mit blutigen Köpfen heimgesandt. Sie zählten eine große Anzahl Toter und Verwundeter — Rudolf nickte finster, als er hörte, wie viele, und sagte: „Ich weiß, daß es mit den Röttlern einen harten Strauß gibt; aber solches ist mir gleich, die Burg soll und muß mein werden.“

Woche auf Woche verstrich; zu wiederholten Malen hatte der Graf von Habsburg einen Sturm versucht, aber immer vergeblich. „So hungern wir das Nest aus“, sprach er mit einem zornigen Fluch, und bald schloß sich ein enger Kreis um die Burg.

Walter lachte laut auf, als er das an einem Morgen wahrnahm, und sagte zu Otto und Balthasar, die neben ihm standen: „Solches Vorhaben könnte uns schlimm bekommen, so wir nicht im Notfall durch den Gang uns Nahrung verschaffen könnten, wenn die unsere am Ende."

„Und bis dahin ist auch noch lange hin", sprach Balthasar.

So kam der Juni heran. Ein wolkenloser Himmel wölbte sich über der grünenden und blühenden Erde; rein und klar war die Luft; in leuchtender Schönheit schauten die Spitzen der Alpen aus der Ferne herüber.

Wieder einmal machte der Habsburger an diesem Tage einen Versuch, die Burg zu stürmen, und wieder wurde er abgewiesen – aber es herrschte in der Burg diesmal keine Freude über den abgeschlagenen Angriff. Zwei nur waren von den Gräflichen getroffen worden, der eine leicht am Arm, der andere aber in die Brust, und das war Graf Otto.

Mit sorgenvollem Gesicht beugte sich Walter über seinen Bruder, dem man einen notdürftigen Verband angelegt hatte und der nun schwer atmend dalag. „Otto, Otto", murmelte er mit zusammengepreßten Lippen, „ruht denn kein Segen mehr auf Rötteln und seinem Geschlecht?"

Er stützte den Kopf und brütete vor sich hin. Wieder, wie zuweilen in letzter Zeit, stiegen dunkle Ahnungen in ihm auf, gleich einer schwarzen Wolke schien es ihm über Rötteln zu liegen, trotz des Sonnenscheins draußen. Ein Schauer ging durch seine Glieder – plötzlich aber richtete er sich auf; unbeugsamer Trotz sprühte aus seinen Augen.

„Siegen oder untergehen, beides aber mit Ehren", murmelte er und sprach entschlossen zu Otto: „Du mußt fort! Hier oben ist anjetzo keine Pflege für dich; noch diese Nacht lasse ich dich gen Brombach und von dort auf gelegene Weise nach Basel hinbringen. Hier oben gehst du zugrunde."

Er trat hinzu, ohne Ottos Antwort abzuwarten, und rief Gero, Wilbold, Friedung und Tillo, die stärksten seiner Getreuen, zu sich. Schweigend, mit sorgenvollem Blick, sahen sie in das bleiche, finstere Gesicht ihres Herrn.

„Ihr kennt den Weg gen Brombach", redete Walter sie an, „ihr habt ihn gebaut. In dieser Nacht sollt ihr meinen Bruder gen Brombach führen und von dort, sobald es tunlich ist, gen Basel. Ihr wappnet euch gut und haftet mir für euren Herrn."

„Mit unserem Leben, Herr", entgegnete Tillo, „Ihr könnt uns vertrauen."

Walter nickte und reichte ihm die Hand. Dann fuhr er fort: „In Basel laßt ihr euch von unserem hochwürdigsten Herrn Bischof eine Abteilung Söldner geben und kommt mir zu Hilfe. Ihr im Rücken, ich von vorn, da müßte es mit allen bösen Geistern zugehen, so wir des Habsburgers nicht mächtig würden."

Als es Nacht war, hoben Wilbold und Tillo den Stein vom Gange ab; Balthasar schritt mit einer Fackel voran, und die anderen vier nahmen die schmale Tragbahre auf, auf der Otto lag. Den Schluß machten noch vier bewaffnete Knechte, die Wilbold aus Vorsicht mitgenommen hatte.

Walter preßte des Bruders Hand ... „auf Wiedersehen, die Heiligen mögen dich gnädig bewahren", murmelte er heiser und sah dem kleinen Zug nach, der langsam in der Erde verschwand. Er machte die Runde bei den Wachen, stieg hinauf zum Söller, um in die Nacht hineinzuspähen, und als er alles in Ordnung fand, schritt er langsam hinab ins Wohngemach und setzte sich ans Fenster. Sein Blick schweifte nach Brombach hinüber; guter Gott, ob sie seinen Bruder wohl sicher dorthin und ums feindliche Lager herum nach Basel bringen würden? Trübe Gedanken kamen ihm; es litt ihn nicht auf seinem Platz, er sprang auf und ging erregt auf und ab.

Wie langsam die Zeit verstrich!

Ob Balthasar nicht wiederkam, ihm zu melden, daß sie glücklich und unbemerkt in Brombach angelangt und auf der anderen Seite des Dorfes wieder hinaus waren?

Stunde um Stunde verging; schon färbte sich im Osten der Himmel rot, da endlich trat der Ersehnte ein.

„Alles gut gegangen, Herr“, meldete er. „Wohlversteckt ist unser Herr mit den anderen in einer Waldhütte, um gegen Dunkelheit heute gen Basel gebracht zu werden.“

Walter drückte ihm kräftig die Hände: „Hätte dich auch gern bei dem gefahrvollen Wege mitgehen lassen“, sprach er, „aber ich brauch' dich zu nötig hier.“ Dann stieg er nach der durchwachten Nacht auf den Söller und badete sein Antlitz in der frischen, kühlen Morgenluft.

Mit scharfem Auge musterte er dabei die Reihen der Belagerer und wurde gewahr, daß sich eine seltsame Tätigkeit bemerkbar machte. Trotz der sorgsamsten Beobachtung konnte er aber nicht bemerken, was das zu bedeuten hatte. So schritt er hinab, um Balthasar zu rufen, auch selbst wiederum nachzusehen, ob alles auf den Mauern bereit sei, einen erneuten Angriff abzuweisen.

Auf dem Wege von der Zugbrücke, die über den breiten Graben führte, der die Oberburg von der Unterburg trennte, kam ihm Balthasar aus dem unteren Burghofe besorgt entgegen. „Just dich suche ich“, rief Walter ihn an, „sie haben etwas vor.“

„Sahet Ihr es auch schon, Herr?“ fragte der treue Knecht erregt. „Aber noch ist mir nimmer klar, was sie wollen. Nur so viel vermeine ich, es geht diesmal gegen den nordwestlichen Eingang, der in den Wald führt, und, Herr, dort sind wir schwach.“

„Sobald wir wissen, wogegen sie an wollen, werfen wir dort unsere ganze Macht hin“, sprach Walter, „Balthasar, siegen oder sterben.“

Nun entwickelte sich auch in der Burg eine fieberhafte Tätigkeit. Die Wachen standen, scharf Auslug haltend, an den Mauern und Toren; die Männer im Hof schleppten Fässer mit Wasser herbei, wenn etwa Feuerbrände geworfen würden, und in den Küchen brodelten Kessel voll kochenden Wassers, es auf die Angreifer zu gießen.

Walter war überall selbst und wollte just noch einmal auf den Söller steigen, um Ausschau zu halten. Er ging die kleine, gewundene Treppe hinauf, die vom oberen Burghof, dicht am Herrenhause entlang, zu dem freien Platz führte, von wo der Eingang in den Burgfried mit dem Söller war. Wo die Treppe einen Bogen machte, lag zur rechten Seite ein kleines Zimmer, das Elisabeths Lieblingsgemach gewesen war, mit einem mittelgroßen Fenster, das auf einen Altan führte. Walter trat ein, ging auf den Altan und schaute hinab.

Vollkommen senkrecht ging es hier hundertfünfzig Meter in die gähnende Tiefe, da unten sah er keinen Feind, denn von hier aus war die Burg uneinnehmbar. Von dieser Seite aus war er sicher; wer hier herauf oder hinunter wollte, büßte das Wagestück jedesmal mit dem Tode.

Er ging langsam weiter zur Turmstube des Bergfrieds hinauf, um die feindlichen Bewegungen zu beobachten; doch schien es, als sei dort Ruhe eingetreten.

Aber Walter ließ sich nicht täuschen. Er wußte, der Habsburger war listig und schlau, und er rechnete, daß der Ansturm mit desto größerer Macht erfolgen würde.

Eine merkwürdige Unruhe erfaßte ihn; ihm war zumute, als sei die Luft durchtränkt mit Unheil. Er ging wieder hinab, trat aber noch einmal in das Zimmer neben der Treppe und maß die Tiefe mit den Augen. Nein, hier war kein Heraufkommen möglich, wohl aber ein Hinabkommen – und unten in die Arme des Todes . . . „Narrheit“, murmelte er, „ich bin wahrlich gleich einem alten Weibe.“

Walter fand im Hof alles fertig; die Mannschaft stand bereit, sobald ein Angriff erfolgen würde, sich an die gefährdetste Stelle der Burg zu werfen. Doch vorläufig blieb noch alles still.

Aber Walter sollte sich in dem Grafen von Habsburg nicht verrechnet haben! Bald nach Mittag stand er mit der gesamten Heeresmacht vor dem Haupttor Röttelns und ließ seine Sturmböcke gegen die Mauern und Tore führen. Im Nu waren Röttelns Mannen dort, hohnlachend die Habsburger zurückweisend.

Nur zwei lachten nicht; Walter hielt in der Mitte des Hofes

auf seinem mächtigen, schwarzen Streithengst, und Balthasar, gleichfalls zu Pferde, neben ihm.

„Herr, der Teufel traue den Kerlen da draußen", sprach Balthasar finster. „Mir ist, als wenn sie uns in eine Falle locken wollten."

Walter nickte. „Mir auch! Balthasar, die Augen offen; es wird heut ernst."

Er riß sein Pferd, daß es sich hoch bäumte; seine blauen Augen sprühten Blitze; er sprengte an der Mauer entlang, mit kräftigen Worten die Seinen anspornend. Wie aus Erz gegossen saß er auf dem Hengste, dessen kostbares Saumzeug in der Sonne um die Wette mit Walters Rüstung funkelte. Der Graf sah prächtig aus in seinem silberblinkenden Schuppenpanzer, den Arm- und Beinschienen und dem blitzenden, offenen Helm.

Lauter Jubelruf grüßte ihn, besonders als er jetzt die Zügel fallen ließ, nach der Armbrust griff, Pfeil auf Pfeil absendend, nie sein Ziel verfehlend und das mächtige Tier unter sich nur mit dem Druck der Schenkel regierend.

So war eine Stunde verstrichen.

Plötzlich hörte er ein lautes Geschrei vom nordwestlichen Tore her; er riß sein Pferd herum und jagte dorthin. Auf halbem Wege kam ihm Balthasar entgegengesprengt und schrie: „Der Böse sitzt in der Bande! Sie haben mit großer Macht unversehens uns von dort überfallen, Feuerbrände gegen das Tor geschleudert und ringen nunmehr mit den wenigen, so wir dort haben – helfet, Herr!"

Walter schrie den Kämpfenden an der Mauer einige Worte zu, und etliche Fünfzig eilten ihm nach, die Gefahr abzuwenden. Das Tor hatte Feuer gefaßt, rasch wurde Wasser gegossen . . . Walters Stimme klang scharf und kurz; die Leute flogen, seine Befehle zu tun, aber die Übermacht war zu groß.

Immer neue Feuerbrände flogen, hell loderten die Flammen auf. Balthasar jagte zurück, um die Kämpfenden, die am Haupttor zu entbehren waren, zur Hilfe zu holen – und fand dort heillose Verwirrung.

Die aufsteigenden Flammen hatten die Mannschaft stutzig gemacht; ihr Gebieter war nicht da ... besorgt schauten sie dorthin, wo das laute Geschrei der Angreifenden und Zurückgeschlagenen ertönte ... auf den Augenblick hatte Rudolf gerechnet. Im Nu waren die Seinen in Kähnen auf dem Wassergraben, hatten Sturmleitern angelegt und erkletterten die Mauern.

Gerade da kam Balthasar.

„Tod den Feinden", schrie er, „rettet euer Leben und die Burg — Tod jedem, der sich auf der Mauer blicken läßt."

Er kehrte zurück — ohne Hilfe —

Walter hatte nur noch zehn Männer um sich; alle anderen lagen teils tot, teils schwer verwundet am Boden.

„Keine Hilfe?" rief Walter.

„Keine; die Feinde ersteigen die Mauern!"

„Kämpft weiter; ich muß hin", rief der Graf und flog hinab.

Unten im Hof fand er die Seinen im Handgemenge mit den Habsburgischen; immer mehr erschienen auf der Mauer. Ein Hagel von Pfeilen empfing ihn, er achtete nicht darauf.

Mit Donnerstimme rief er seiner Mannschaft zu: „Zurück zur Oberburg; noch ist nichts verloren!"

Er sprengte zurück, rief Balthasar das gleiche zu und jagte weiter zur oberen Burg, wo er das schmale, feste Eingangstor weit öffnen ließ.

Kämpfend zogen sich die Röttler Mannen zurück ... jeder Schritt wurde mit Blut erkauft ... endlich war der letzte über die kleine Zugbrücke; rasselnd flog sie in die Höhe vor den nachstürmenden Gräflichen. Walter selbst schloß das Tor. Er war bleich bis in die Lippen; finster war die Stirn zusammengezogen, nur in den blauen Augen sprühte und flammte es.

Er nahm sein Roß am Zügel und führte das sich zuerst sträubende Tier mit sicherer, fester Hand den gewohnten Gang die Treppen hinauf in den kleinen Burgzwinger.

Hier scharten sich die Seinen um ihn — er überflog ihre Reihen — es fehlten mehr als die Hälfte!

Schweigend sahen die Getreuen ihren Herrn an. Da reckte er die kraftvolle Gestalt, riß den Helm herab, daß der milde Wind ihm die Stirn kühlte, ballte die Faust und rief: „Ihr Mannen von Rötteln, siegen oder sterben — aber nimmermehr ergeben!"

„Siegen oder sterben, nimmermehr ergeben", jubelten sie ihm zu — der Bann, der einen Augenblick auf ihnen gelegen zu haben schien, war fort. Sie schwuren ihm begeistert Treue bis in den Tod.

Es war inzwischen Spätnachmittag geworden.

Die Habsburgischen schienen den Kampf nicht weiter fortsetzen zu wollen. Man hörte ihren Siegesjubel im Zwinger, aber es erfolgte kein weiterer Angriff.

„Laßt sie der Ruhe noch die Nacht pflegen", lachte Rudolf Herrn von Schwanau zu. „Sicher sind sie uns doch, und die Unseren brauchen auch Kräfte, maßen der Kampf noch heiß genug morgen werden wird."

Er gab Befehle aus, den Grafen Walter wenn möglich lebend zu fangen; niemand sollte auf ihn zielen.

So kam der Abend und die Nacht; in der oberen Burg lagen die Röttler teils auf dem Hofe am Boden, teils in der Halle; aber niemand schlief, sie wußten alle, daß den neuen Abend wohl nur wenige überleben würden. Walter saß auf der Platte, die den unterirdischen Gang deckte, der treue Balthasar neben ihm.

„Herr, ruhet", bat er.

„Laß mich, nein", wehrte Walter.

Lange war es still, nur der Nachtwind flüsterte im Geäst. Walter preßte die Lippen zusammen, um nicht aufzustöhnen vor innerer Qual. An sich dachte er nicht, nur an seine Burg, das Schloß seiner Väter, er dachte an seine Getreuen und ihr Schicksal, das sie ereilen würde; er dachte an die, die dort unten ihr Blut vergossen hatten für die Heimat, und sein Herz zog sich zusammen. Gab es keine Rettung, keine?

Er sah keinen Ausweg!

Er sprang auf und machte ein paar erregte Schritte.

„Herr", sprach Balthasar, „so wir uns noch morgen halten könnten und sogleich, jetzt, einen Boten gen Basel sendeten, der hochwürdigste Bischof würde uns doch nimmer im Stich lassen!"

„Schwerlich", entgegnete Walter, „mir kam just der gleiche Gedanke. Wen senden wir? Laß sehen."

Er überflog seine Getreuen und rief einen Knappen herbei. Balthasar schob mit Walters Hilfe die Steinplatte zur Seite, öffnete die Tür zum Gang und sprach: „Du kennst den Weg nicht, sei also sorgsam und merke, Eile tut not."

In kurzen Worten gab ihm Walter Befehle, zum Bischof zu eilen und ihn um Hilfe zu bitten; der Knappe stieg hinab, und die Tür schloß sich.

Der Mann kam nie in Basel an; er war zu unvorsichtig und wurde, da er zu dicht am habsburgischen Lager vorüberkam, niedergemacht. Hätte auch seine Sendung wenig genützt, der Bischof hatte selbst nicht Überfluß an Mannen in Basel, das er auch schützen mußte. Er hatte sofort, nachdem Otto hingebracht worden war, noch in der Nacht zu dem Homburger gesandt, der im Sundgau mit einem starken Abteil stand, aber von dort konnte Hilfe erst in zwei Tagen kommen. Doch hoffte der hohe Herr auf Röttelns starke Mauern.

Der Morgen graute; der Tag brach an. Balthasar schaute in das zunehmende Licht; würde er den Abend noch sehen? Er schüttelte den Kopf. „Mich schreckt der Tod nicht", murmelte er leise, „und solches verdanke ich dem guten Pater Rubertus! Mein Gott, vergilt ihm, was er an so manchem unter uns, was er an mir getan hat."

In seine Gedanken hinein tönte Walters Stimme, der die Seinen zusammenrief. In kurzen, kräftigen Worten sprach er zu ihnen von der Hoffnung auf Hilfe, wenn sie die Oberburg halten könnten, und schloß: „Doch ist es nicht möglich, dann sterben wir! Es gibt nur zweierlei noch für uns: Freiheit oder sterben, Ergebung keine!"

Diesmal antwortete ihm kein begeisterter Zuruf, aber statt

dessen drängten sich die Mannen an ihn, einer nach dem anderen faßte ehrerbietig, aber mit festem Druck, seine Hand.

„Nun ans Werk", rief der Graf, „die Habsburger sollen uns bereitfinden, wenn sie kommen!"

Und sie kamen ... kamen mit solcher Gewalt, daß auch dem Stärksten das Herz erzitterte. Es war ein furchtbares Ringen, und so gedeckt auch die Röttler standen, so traf doch bald hier, bald dort ein Pfeil eine Brust – der Getroffene sank lautlos zusammen – über ihn ging der Kampf weiter – wer hätte heute auch Zeit gehabt, der Verwundeten zu denken?!

Von drüben her hatten sie über den Graben Sturmleitern an die Mauern gelegt; aber sobald sich einer der habsburgischen Mannen hinaufwagte, sank er getroffen in das Wasser.

So tobte der Kampf bis gegen Mittag, und noch war der Stand der Dinge der gleiche wie am Morgen, nur daß Tote und Verwundete bei den Habsburgischen in großer Zahl den Boden deckten.

Da riß dem Grafen Rudolf die Geduld. „Mehr Sturmleitern her", schrie er, „Feuerbrände dazu und Pechkränze; Tod und Teufel, bis zum Nachmittag will ich Herr der Burg sein! Der erste, der mir von drinnen das Tor öffnet, wird heut noch zum Ritter geschlagen."

Das zog! Wie die Ameisen kletterten sie auf den Sturmleitern empor, und wenn auch noch viele der Tapferen tot hinabsanken, es gab für die Nachdrängenden kein „Zurück" mehr ... und diesem heftigen Ansturm konnte das zusammengeschmolzene Häuflein der Röttler keinen genügenden Widerstand mehr bieten.

Und jetzt kam noch das Schlimmste dazu: im Kampfgewühl hatten sie nicht merken können, daß die Habsburger Pechkränze und kleine Strohbündel geschickt an das Tor zu bringen gewußt hatten – der starke Wind tat das seine dazu – mit einem Wehschrei sahen sie urplötzlich die hellen Flammen emporlodern.

Diesen Moment der allgemeinen Verwirrung benutzend, sprangen etliche der Habsburgischen über die Mauer hinab, rissen die Kette los, daß die Zugbrücke dröhnend herabflog, und wenn sie auch ihr Wagestück mit dem Leben bezahlten, so war doch dem Grafen Rudolf der Weg frei!

Mit wenigen Sätzen hatten seine Mannen das brennende Stroh in den Graben befördert, andere schleppten Wasser herbei; im Nu war das Feuer am Tor gelöscht ... noch eine kurze Stunde ... krachend brach es auseinander unter der Wucht der Steinwerfer.

Nun entstand ein furchtbares Handgemenge!

Langsam wichen die Röttler zurück – Schritt für Schritt, aber wenn auch einer von ihnen es im Mute der Verzweiflung mit zehn Habsburgischen aufnahm – wenn auch die Leichen der Feinde sich häuften, so sank doch auch von ihnen einer nach dem anderen tödlich getroffen dahin. Walter kämpfte wie ein Wilder; hageldicht sausten seine Streiche hernieder, nie das Ziel fehlend ... aber was vermochte er auszurichten, er mit den fünfzehn, die vor ihm fochten, um ihn zu decken!

Neben ihm hielt sein treuer Balthasar.

„Herr", rief er, „alles ist verloren; gibt's denn für Euch keine Rettung, keinen Weg, damit Ihr Euch Rötteln wieder holen könnt?"

Walter antwortete nicht sogleich – er sah keinen Weg – nur einen – und der war fast sicherer Tod. „Aus Elisabeths Altanzimmer, Balthasar", sprach er fliegend.

„Allmächtiger, das ist sicherer Tod, Herr", schrie der Getreue entsetzt.

„Tausendmal eher den, als von der Hand dieser Buben oder gar ihr Gefangener", rief Walter hart, „es ist der einzige Weg!"

„Herr, gehet ihn mit Gott, vielleicht erhaltet Ihr Euch für Rötteln! Erobert es Euch zurück", preßte Balthasar hervor, „und wenn Ihr –" ein Pfeil traf ihn; er glitt lautlos zu Boden.

Walters Hand sank herab; einen Blick warf er auf den treuen Knecht, einen zweiten auf die wenigen, die noch vor ihm kämpften — wie aus weiter Ferne tönte der Siegesjubel der Gräflichen an sein Ohr — er riß seinen Hengst zurück, und während auch der letzte seiner Mannen zur Erde sank, hatte er mit seinem schnaubenden Tier die wenigen Stufen erstiegen und hielt an der Tür des Altanzimmers.

Jubelnd stürmten die Feinde heran; nun war er ihnen sicher ... nun konnten sie ihrem Herrn den tapferen Feind bringen ... auch Rudolf war inzwischen in den Burghof gekommen und blickte frohlockend zu Walter hinüber ... da plötzlich Totenstille ... der Graf hatte die Zügel fest gefaßt, dem Tier die Sporen gegeben, und mit einem gewaltigen Satz flog es vom Altan hinab mit seinem Reiter in die Tiefe!

Wie erstarrt standen die Sieger und schauten zuerst gebannt auf die leere Stelle; dann eilten einige an den Altan und blickten schaudernd in den Abgrund, wo zerbrochene Baumäste ihnen den Weg zeigten, den der Graf genommen hatte. Die anderen aber stürzten aus dem Burghof hinaus, um die Leiche des tapferen Feindes zu suchen.

„Alle Heiligen", sprach Rudolf zu Herrn von Schwanau, der neben ihm stand, „in dem Röttler steckt mehr Mut, als ich bis anjetzo sonst irgendwo gefunden! So sie die Leiche finden, soll ihm ein ehrenvoll Ritterbegräbnis werden; er hat es redlich verdient." Damit schritt auch er hinauf in das Zimmer und sah kopfschüttelnd und schaudernd in die gähnende Tiefe. „Schade um ihn", murmelte er.

Als er wieder in den Hof trat, kamen ihm atemlos einige seiner Leute entgegen. „Herr", riefen sie, „solches kann nimmer mit rechten Dingen geschehen! Wir fanden dort unten verendend den schwarzen Hengst des Röttler Herrn, von ihm selber aber nichts weiter denn seinen Brustharnisch."

Schier wollte dem Grafen die Sprache vergehen! Er fuhr auf: „Tod und Teufel, so kann er doch nimmer weit sein! Verfolgt ihn, sucht nach ihm; er hat sich sicher gen Basel gewandt; hoher Lohn dem, der ihn fängt."

Die Mannen eilten auseinander, und bald sah man sie eifrig auf der Suche nach dem Grafen von Rötteln.

Dieser saß indessen verborgen in einem Hause des Dorfes, angetan mit den Kleidern eines Bauern. Die guten Leute zitterten vor Angst um das Leben ihres Herrn und um ihr eigenes und bebten, als sie die Verfolger sahen; aber ihre Sorge war unbegründet. Die Söldner hatten es nicht so eilig wie ihr Herr und hätten lieber der Ruhe gepflegt, als nach einem einzelnen Mann zu suchen. So kehrten sie, da es dunkelte, unverrichteter Sache zur Burg zurück.

Walter aber entkam im Schutz der Nacht und langte nach zwei Stunden vor Basel an. Erschrocken erkannte ihn der Torwächter an der Rheinbrücke und ließ ihn ein – entsetzt schaute ihn der Bischof an, den er um weniges später aus dem Schlaf geweckt hatte.

„Walter, um der Heiligen willen, was ist geschehen?"

Da sank der todesblasse, unglückliche Mann auf einen Stuhl, bedeckte das Gesicht mit den Händen und stöhnte verzweifelt: „Alles verloren! Auf Rötteln sitzt der Habsburger!"

Siebzehntes Kapitel

Es war im Anfang August. Heiß schien die Sonne herab; schlaff hingen die Blätter an den Bäumen hernieder. Untätig lagen die habsburgischen Söldner auf der Burg im Wiesetal und vertrieben sich die Zeit mit Würfelspiel und Trinken. Ihr Herr war abgezogen. Er hatte nur eine starke Bewachung zurückgelassen, denn er selbst hatte anderes zu tun, als hier zu rasten.

„Der Röttler ist ein geschlagener Mann", pflegte er zu sagen, „der tut uns nichts mehr! Bevor er ein Heer zusammen hat, um sich die Burg wiederzuholen, ist der Kampf zu Ende. Der Bischof aber kann ihm keine Mannschaft geben, maßen er selbst nicht über allzuviel verfügt."

So war der Graf ganz sicher, hatte auch deshalb die Burg nicht zerstören lassen, sondern sogar befohlen, ihre Schäden, die sie bei der Belagerung erhalten hatte, auszubessern, denn er erwog in Gedanken, sie später einer seiner Töchter als Heiratsgut mitzugeben. Nach dem unterirdischen Gang ließ er vergebens forschen, er konnte den Eingang nicht entdecken. Das wollte ihm erst einige Sorgen machen, doch entschlug er sich bald der Gedanken im Blick auf Walters zerstörte Macht.

Aber er hatte nicht mit des Grafen ungebeugter Tatkraft gerechnet. Als Walter einige Stunden nach seinem Eintreffen in Basel an das Lager seines verwundeten Bruders trat, da war der wilde Schmerz der Verzweiflung, der ihn gepackt, mit eiserner Gewalt in das Herz hinabgedrängt, trotzige, starre Entschlossenheit stand auf seinem Antlitz geschrieben.

Otto stöhnte laut, als er den Bruder sah; der aber beugte sich über ihn und sprach: „Sei still, mein Bruder, noch steht die Burg; der Habsburger läßt sie kaum schleifen. Ich aber hole sie zurück, und sollt' es mein Herzblut kosten! Lieber unter ihren Trümmern begraben werden, denn das Erbe unserer Väter verlieren. So du gesund bist, ziehest du ein in unser Rötteln — oder dein Bruder lebt nicht mehr!"

Nun begann er in aller Stille zu rüsten, eifrig unterstützt von seinen wenigen Getreuen, die aber freilich die Besten waren.

Als der Torwächter vom Sankt Albantor am 2. August des Abends das Tor schloß, schaute er sinnend und kopfschüttelnd einem Bauern nach, der, so schien es, einfältig aus der Stadt gegangen war, und murmelte dann in seinen grauen Bart: „So viel Bauern als heute sind selten durch das Tor gezogen — wo die hinwollen in dieser Nacht, da gibt's am Morgen blutige Köpfe, solches ist sicher."

Der Abend schritt weiter vor, und je dunkler es wurde, desto schneller ging der Bauer. Er wählte den Weg über den Hornfelsen, und trotz der Dunkelheit, die ihn im Walde mehr und mehr umgab, schien er doch die Richtung genau zu kennen; er schritt unbeirrt zwischen den Bäumen und durchs Gestrüpp dahin und stand nur ab und zu still, um zu lauschen. Aber nur der eintönige Schrei eines Nachtvogels tönte in gleichmäßigen Zwischenräumen durch die Stille, rief jedoch jedesmal auf dem Antlitz des Bauern ein befriedigtes Lächeln hervor.

Jetzt schwieg die Vogelstimme. Geraume Zeit verstrich; der Mann stand häufiger still, lauschte anhaltend und nahm schließlich den Hut vom Kopf, um sich den Schweiß abzuwischen. Im gleichen Augenblick fiel ein Mondstrahl durchs Gezweig und beleuchtete hell Walters Gesicht.

„Da ist etwas Verdächtiges", murmelte er, „heiliger Georg, sei barmherzig, laß es gelingen, das Wagestück, so ich mit nur dreißig Mann unternommen habe! Was mag nur Wilbold merken, daß er so beharrlich schweigt? — Gottlob, da ist sie wieder seine Stimme!"

Aus weiter Ferne tönte der Vogelschrei zweimal hintereinander durch die Stille, und nun schritt Walter hastig, aber mit doppelter Vorsicht weiter. Der hellscheinende Mond verschwand unter aufsteigenden Wolken; ein Wetter zog am Himmel auf, ein Blitz leuchtete, in der Ferne grollte der Donner.

Bald nach Mitternacht sah Walter die ersten Häuser von Brombach vor sich liegen. Nun galt es, vom Waldessaum aus das Feld zu durchqueren und den Kirchhof zu gewinnen. Er spähte, noch von den Bäumen gedeckt, sorgsam umher — nichts regte sich. Langsam trat er hinaus auf die Wiese, und nun sah er drüben Rötteln liegen, die Burg seiner Väter.

Ein unterdrücktes Stöhnen entrang sich seiner Brust, er preßte die Hände zusammen und murmelte: „Mein Rötteln, in den nächsten Stunden bin ich wieder dein Herr, oder — dein Boden hat mein Blut getrunken!" Er ballte die Faust und schüttelte sie in wildem Grimm. „Wehe euch dort oben, so ich der Herr bleibe und ihr euch nicht ergeben wollt!"

Vorsichtig, gleich einer Katze, die auf Beute ausgeht, schlich er über die Wiese, noch wenige Schritte, er stand auf dem Kirchhof. Eine dunkle Gestalt löste sich von einem Baum los und glitt auf ihn zu.

„Herr, kommt Ihr endlich“, flüsterte Wilbold, „schon vermeinte ich, Ihr hättet ein Hindernis gehabt.“

„Wie du, Wilbold; was war's, das deinen Schrei verstummen ließ?“

„Ein Fuchs, Herr, dem ein echter Bauer folgte, um seiner habhaft zu werden“, lachte der Knecht leise, „ich sah ihn zur rechten Zeit und machte einen langen Umweg um den Mann.“

„Sind sie alle drin?“

„Alle, Herr, man harret nur auf Euch. Gero ist voran nach Eurem Befehl.“

„Nun, dann vorwärts im Namen aller Heiligen“, rief Walter, warf das Bauerngewand ab und stand in voller Rüstung da.

Sie traten zu der Kastanie, an deren Fuß ein schwarzes Loch gähnte. Walter verschwand langsam darin, Wilbold folgte ihm, und an einem eisernen Griff zog er die Grabplatte über die Öffnung. Bald kamen die beiden Männer zu den anderen, die längst ihrer harrten.

„Herr“, empfing ihn Gero, „es war kein leicht Stück Arbeit, all diese Bauern hierher zu führen, doch Dank den Heiligen, es gelang.“

„Nun kommt das Schwerste“, sprach mit fliegendem Atem Walter im Vorwärtsschreiten, „versucht vorsichtig hier den Eingang zu öffnen, aber vorsichtig, daß man nicht hierorts unser Nahen merkt, gleich wie wir damals das ihre.“

Er nahm das Windlicht, das Gero trug, diesem ab, und jetzt gingen ihrer vier an die Öffnung des Einganges. Es war ein sauer Stück Arbeit; mehr denn einmal gab es ein Geräusch ab, doch der stärker werdende Donner übertönte es, und im Hof blieb alles still. Endlich wich die Steinplatte; Gero zwängte sich als erster durch die Öffnung hindurch, ihm folgte Walter, der das Licht gelöscht hatte. Sie schoben mit Riesenkraft die Platte etwas weiter fort, und mühelos entstiegen die Mannen dem Gange. Als der letzte heraus war, schlossen sie auf Walters Befehl den Eingang.

Alles geschah so leise wie möglich . . .

„Herr", rief der lange Friedung mit unterdrückter Stimme, „und nun über die Schufte her, sagt schnell, wo wir anfangen; sie schlafen ja hier gleich den Murmeltieren."

Walter antwortete nicht gleich. Sein Gesicht schien im Schein der zuckenden Blitze weiß; er hatte den Helm abgenommen; der heftige Wind fuhr ihm über die heiße Stirn. Das Wetter war herangekommen; die ersten Regentropfen fielen.

Der Graf holte tief Atem, überschaute sein Erbe, in das er sich hatte hineinschleichen müssen wie ein Dieb, und sprach dann mit zitternder Stimme, aus der die innere Bewegung zitterte: „Erhebt ein laut Kampfgeschrei! Wir sind keine Meuchelmörder, sondern wollen im Kampf zurückholen, was man uns nahm. Derer, die hier als Besatzung liegen, ist doppelte Zahl denn wir sind, zum mindesten. Sie im Schlaf zu töten wäre das leichteste, aber unwürdig unser und auch ihrer. Doch eins sei euch gesagt: Wenden sich die Heiligen von uns, so bleiben wir alle auf dem Platze; lebend entkommt niemand von uns, und auch mein Blut färbt alsdann die Erde."

Da brachen die dreißig in ein wildes Kampfgeschrei aus . . . es währte nur wenige Augenblicke, so stürmten die habsburgischen Söldner einher und meinten eine Spukgestalt zu erblicken, als sie des Grafen ansichtig wurden.

Sie standen wie erstarrt, Walter aber rief ihnen zu: „Bewaffnet euch, ich gebe euch fünf Minuten Frist. Nimmer wollten wir euch im Schlaf töten; wir kommen nicht als Mörder, anjetzo soll das Schwert noch einmal entscheiden und euch beweisen, daß Rötteln mein ist, . . . mein!"

Wild aufjauchzend bei diesem Wort riß er sein Schwert aus der Scheide; da sprang von drüben der Anführer aus dem Haufen und rief: „Auf fünf Minuten Frist!" Der Mann wandte sich zu den Seinen und sprach hastige Worte, doch so leise, daß der Graf sie nicht verstehen konnte. Bald erhob sich ein zustimmend klingendes Gemurmel . . . die Verhandlung wurde immer eifriger, ... schon klappte der Röttler Herr sein Visier herab und wollte den Befehl zum Angriff geben, da wandte sich jener ihm zu und hob an: „Vieledler Herr, verstattet, daß ich Euch, ehe wir den Kampf beginnen, etwas sage. Die Burg ist Euer, solches wissen wir; daß der Habsburger Graf, unser Herr, sie Euch nahm, ist Kriegsrecht, daß Ihr sie wiederhaben wollt, ist selbstverständlich. Zwar sind wir Euch um mehr denn das Doppelte überlegen, doch wissen wir, daß einer von den Euren es mit fünfen von den Unseren aufnimmt. Solches aber ist's nimmer, was wir soeben erwogen und was uns dazu treibt, Euch ein Anerbieten zu machen. Hättet Ihr uns angegriffen, ohne uns zu warnen, so hätte gar mancher von Euch da drüben ins Gras beißen müssen, ehe wir uns ergaben, und wer weiß, wer gesiegt hätte. Teuer wär' Euch gewißlich die Wiedereinnahme der Burg zu stehen gekommen! Aber Euer Großmut hat uns entwaffnet – Ihr seid ein edler Feind! Nehmet, was Euer ist, wir sind Eure Gefangenen, aber schont unser Leben."

Mit wachsendem Staunen hatte Walter zugehört; schweigend sah er eine Weile den Mann an; zu unerwartet war ihm dies gekommen.

Er schlug sein Visier auf, trat einen Schritt vor, bot dem Mann die eisenbehandschuhte Rechte und sprach: „Ihr seid meine Gefangenen, wie ihr gesagt habt. Ihr sollt es nicht bereuen, daß ihr mir mein Eigentum kampflos überlaßt und ich also die Kraft meiner besten Mannen spare. Friedung und Gero", wandte er sich zu seinen Leuten, „nehmt ihnen die Waffen ab und führt sie in den Zwinger hinab, alsdann sorgt für einen guten Trunk."

Er winkte Wilbold und ging mit ihm in die Halle des Herrenhauses. Dort sank er auf einen Stuhl und preßte die Hände an die Stirn.

„Rötteln, mein Rötteln", stieß er hervor, „nun wieder mein ... mein ... mein!"

Die Erregung durchschüttelte ihn; schwer ging sein Atem. Der treue Knecht stand abseits und überließ den Burgherrn einige Minuten seinen Gefühlen – hätte er doch selbst vor Freude laut aufjauchzen mögen!

Dann aber trat er ehrerbietig hinzu und sprach: „Herr, nun ist's genug; vergebt, daß ich also zu Euch rede, aber Ihr habt nimmer Zeit zum Hinsitzen. Mir scheint doch Vorsicht noch geboten gegen die Söldner, und – Quartier müssen die Gefangenen auch haben."

Walter sprang auf: „Du hast recht, Wilbold! Laß uns vorerst sehen, in welchem Zustand wir alles finden, und alsdann gehen wir zu den Mannen hinab."

Er schritt voran, und Wilbold folgte ihm.

Walter sah bald, daß da und dort Schäden zu bessern waren, nicht aber so viel, wie er befürchtet hatte. Durch die Wohnräume zu gehen nahm er sich nicht die Zeit, wollte auch dabei allein sein, und so stiegen sie zum Zwinger hinab.

Von unten schallte ihnen froher Gesang entgegen; ein Lächeln flog über sein Gesicht, er öffnete die Tür zur Knappenhalle und trat ein.

Der Gesang verstummte, und er sprach: „Genug des Trinkens! In einer halben Stunde seid ihr auf dem Weg nach Basel. Der Bischof braucht Leute; er soll euch werben."

Er winkte Gero, und als zu der bestimmten Zeit zwanzig Röttler Mannen, an ihrer Spitze der lange Friedung, die Gefangenen nach Basel geleiteten, brachten sie dem edlen Grafen eine begeisterte Huldigung dar.

Das Tor schloß sich hinter ihnen, die Zugbrücke flog auf – Röttler Mannen standen als Wachen auf den Mauern – und Walter stand oben im Burghof still, um sich zu besinnen, daß nicht alles ein Traum sei. Er ging in den Pallas und schritt langsam von Zimmer zu Zimmer. Alles war unverändert, der Graf von Habsburg hatte schonend verfahren.

Nun kam Walter an das kleine Altanzimmer, von wo aus er den Todessprung gewagt hatte. Er trat auf den Altan und schaute lange in die gähnende Tiefe.

Das war vor acht Wochen gewesen, und heute war Rötteln wieder sein!

Da geschah, was dem starken Mann noch nie passiert war — große Tränen stahlen sich über sein Gesicht, er sank auf die Knie und flüsterte: „Mein Gott, ich danke dir."

Als er hinaus auf den Hof trat, leuchtete der erste Strahl der Morgensonne durch die Linde. Hell war sein Auge, der alte, freudige Mut lag auf seinem Antlitz.

Die Landsleute im Dorf rieben sich die Augen, sie vermeinten, es äffe sie ein Spuk, als sie im Morgenwind von Röttelns Zinnen die alte wohlbekannte Fahne ihres Herrn flattern sahen. Im bischöflichen Palast aber herrschte lauter Jubel, und Otto beschloß trotz Odalsindes Bitten, am Nachmittag mit seinen Mannen und noch fünfzig von des Bischofs Knechten nach Rötteln zurückzukehren.

Es hielt ihn nicht länger in Basel. Seine Verwundung war fast ganz heil, . . . „den Rest wird die Röttler Luft heilen und mir auch die fehlende Kraft wiedergeben . . .", meinte er.

Rudolf von Habsburg geriet in seinem Hauptlager in Säckingen schier außer sich, als er hörte, der Röttler sei wieder auf seinem Schloß! Er ballte die Fäuste und teilte mit Donnerstimme seine Befehle aus — da ereignete sich etwas, das seine Gedanken vollständig von Rötteln ablenkte.

Achtzehntes Kapitel

Auf der kleinen, starken Burg Werra saß Lutold in beschaulicher Ruhe. Bisher hatte weder der Habsburger noch einer seiner Genossen Gelüste gezeigt, anzubändeln. Wohl waren sie in der Ferne vorübergezogen, herangekommen aber war niemand. Lutold betrachtete von hier aus die Dinge, wie sie draußen gingen. Walter hielt ihn so gut als möglich durch Boten auf dem Laufenden.

So erlebte er von hier aus Röttelns Fall.

Da war er in die Burgkapelle geeilt und hatte sich dort eingeschlossen . . . als er um Stunden später herauskam, war aus dem Jüngling ein Mann geworden. Tiefer Ernst lag auf seinem jugendschönen Gesicht, und das Lächeln, das freilich selten gegen die frühere Zeit über sein Antlitz gezogen war, schien jetzt ganz erstorben. Seine Befehle klangen bestimmter noch denn sonst, und die Burgleute raunten einander zu: „Er sah in der Kapelle etwas! Es tut nimmer gut, allzulang vor dem Altar zu knien."

Saß der Graf aber allein in seinem Gemach, so drehten sich seine Gedanken nur um einen Punkt: Rötteln verloren, die Burg meiner Väter verloren! Dann füllten wohl Zorn und Grimm seine Seele, daß er hier in untätiger Ruhe ausharren und zusehen mußte, wie Rötteln ein anderer nahm, statt mit dem Schwert in der Faust sich seine Heimat zurückzuholen — und doch war er gebunden! Er hatte dem Bischof sein Wort gegeben, Werra zu halten, und einem Röttler war sein Wort heilig.

Hin und her zogen auch wohl des Bischofs Worte durch seinen Sinn: „Bist du einmal weltmüde, so komm, die Kirche kann dich brauchen" — aber dann schüttelte er energisch den Kopf. Was sollte er der Kirche, oder die Kirche ihm?! Ihm winkte ein ander Glück, denn die Kirche es bieten konnte, in Ursulas blauen Augen — ach Ursula! Wie lange schon hatte er nichts von ihr gehört! Daß auch Walter so beharrlich schwieg — nichts hatte er berichten lassen, als daß Oda und Ursula in Basel beim Bischof waren.

Aber eines Tages kam von Walter die Kunde: „Rötteln ist unser!" Und der Bote berichtete, wie es wiedergewonnen. Ein froh Aufjubeln löste den Alp, der auf Lutolds Brust gelegen; er beschenkte den Mann reich, und der Tag wurde auf Werra zum Feiertag.

Das war im August gewesen; heute schrieb man den 15. Dezember.

Im kleinen Saal des Schlosses saß Lutold mit einigen Freunden beisammen. Werner, der Graf von Bärenfels, saß ihm zur Rechten, ein Vetter von ihm, Herr Otto von Neuenstein, zur Linken. Auch der Sohn des Bürgermeisters von Basel, Hugh von Marschalke, wie sein Vater geheißen, war im Kreis. Ihn hatte der Bischof schon zu Beginn der Fehde zu Lutold gesandt mit fünfzig Mann.

Die vier Herren waren in eifrigem Gespräch begriffen, und Werner rief soeben: „Ha, laß ihn kommen, er soll sich des Empfanges freuen. Hab' vermeint, der Habsburger hat unser vergessen. Scheinet jetzo sich zu besinnen, daß der hochwürdigste Bischof auch hier noch etliche Freunde hat! Wann, saget Ihr, wurde Euch die Kunde?"

„Gestern am abend", entgegnete Lutold. „Ein Landmann von Wehr, Wolf mit Namen, hinterbrachte uns solches. Er war zu Gast bei seinem Schwestersohn in Muttenz und vernahm dorten die Kunde, der Habsburger wolle nunmehr gegen uns an!"

„Und wie ward ihm die Kunde?" fragte der Graf von Bärenfels, „mich nimmt wunder, daß der Mann solches in Muttenz hat hören wollen. Seit wann läßt der Graf von Habsburg vor sich hertrompeten, gegen wen er ziehen will?"
„Auch mich verwundert solches baß", warf Otto von Neuenstein dazwischen, „ist dem Wolf zu trauen, Lutold?"

„Er erklärte mir auf meine Frage, da mir die gleichen Bedenken kamen, er habe noch einen Schwestersohn, der sei bei dem Habsburger geworben", erwiderte Hugh von Marschalke. „Dieser nun suchte zu erkunden, was der Graf vorhabe, da er einmal den Namen dieser Burg hörte, und hinterbrachte, was er wußte, seinem Bruder in Muttenz."

„Klingt glaubhaft", nickte der Bärenfelser Herr, „jedoch – ich trau' dem Frieden nicht, ihr Herren."

„Er liefert uns seit langem Vorrat an Korn und Gemüse", entgegnete Lutold, „Hugh und ich haben gestern am Abend noch lange sinniert, ob ihm zu trauen sei – wir fanden kein Nein darauf –"

„Aber auch kein Ja", vollendete Herr von Marschalke. „Ihr wißt, Lutold, er hat einen bösen Blick."

„Den hat er", entgegnete dieser, „aber, Ihr Herren, so ihm nicht zu trauen sei, warum hinterbrachte er uns solche Kunde?"

„Um guten Lohn auf beiden Seiten wurde schon mancher zum Schuft“, sagte ironisch Herr von Neuenstein, „kennt der Kerl die Burg genau?“

„Er half bei ihrem Wiederaufbau wie andere auch“, sagte Lutold nachdenklich, „sonst war er nie länger drin. Vom Pförtchen in der Mauer dort nach dem Bärenfels zu ahnt er nichts, es ist zu gut verborgen unter dem Efeu und Gestrüpp und auch erst gebrochen, da alles Fremde von der Burg fort war; außerdem deckt es lose gefügtes Mauerwerk.“

„Und habt Ihr es je benutzet?“ fragte Werner.

„Nie“, sagte Lutold, und auch Hugh verneinte.

„Hm“, machte Herr von Neuenstein, und auch der Bärenfelser Herr wußte nichts zu erwidern.

Er leerte seinen Humpen, stand auf und sprach: „Nun hinauf zur Bärenhöhle. Bring' gute Kunde heut nach oben! Die Bewegung, so anjetzo bei mir und hier einziehen wird, ist gut für Menschen und Vieh. Stehen die Pferde zu lange im Stall, so werden sie faul und dick, die Knechte gleich also! Lebt wohl, ihr Herren!“

Diensteifrig sprangen im Hof etliche Knechte hinzu; einem schlanken Knappen flüsterte Lutold etwas zu, ein frohes Lächeln glitt über dessen Gesicht. Er eilte fort, hinauf zum Turmwächter. Als er auf der letzten Treppe war, hörte er ein schnarchendes Geräusch. Er blieb einen Augenblick stehen und horchte auf, der Ton verstärkte sich und nahm wieder ab.

„Ich glaube gar, der ehrliche Fridolin schläft“, lächelte der Knappe vor sich hin. „Heilige Jungfrau, wenn der Habsburger wüßte, daß Werra einen solchen Turmwächter hat!“

Mit zwei Sätzen war er oben im Gemach. Da saß oder lag der edle Wächter auf dem Stuhl, die Beine weit von sich gestreckt, die Hände über den Leib gefaltet, das bärtige Haupt auf die Brust geneigt. Er sägte bald scharf und laut, bald zart und leise.

„Fridolin, du wachsamer Knecht unseres edlen Herrn“, schrie ihm der Knappe ins Ohr, „'s ist nicht Zeit zum Schlafen, sondern zum Wachen; der Habsburger kommt!“

Der Wächter taumelte auf. „Was, was?"

„Ja, ja", rief der Knappe, „der Habsburger kommt!"

„Wo?" schrie der brave Fridolin und griff zum Schwert. „Gelobt seien die Heiligen, endlich! Er soll uns bereit finden. Nunmehr will ich schon wachen; keine Katze soll mir entgehen."

Der Knappe ging, und Fridolin nahm seinen Platz am Fenster ein. Er sah so eifrig auf die Heerstraße, als müßte jeden Augenblick eine Helmzier sichtbar werden.

Der Wind hatte sich gelegt; wie eine graue Dunstschicht war die Luft geworden, und im Westen standen schwarzgeballte Wolken. Leise und langsam fing es an, in weißen Flöckchen vom Himmel zu fallen, erst vereinzelt, dann immer dichter und dichter, ein eisiger Nord machte sich plötzlich auf, und endlich fegte ein Schneesturm daher, daß man auf fünf Schritt nicht mehr sehen konnte. Im Nu war der Schmutz und Schlamm, den der Regen hervorgerufen hatte, mit einem weißen Tuch bedeckt, – unaufhörlich und ununterbrochen wirbelte der Schnee hernieder.

Durch die heute noch früher wie sonst einbrechende Dämmerung und den Schneesturm geschützt, zwar naß wie eine Wasserratte, aber unbekümmert um Wetter und Sturm, schlich sich ein Mann an der Mauer von Werra entlang, bis er zu einer schier ganz von Efeu bedeckten Stelle kam. Vorsichtig lüftete er das Gezweig; klatschend fuhr es ihm ins Gesicht; er achtete es nicht. Lose gefügtes Mauerwerk wurde sichtbar.

Er nickte befriedigt und schlich vorsichtig wieder zurück. „Alles in Ordnung", murmelte er, „dort Lohn für die Tür, hier für die Botschaft, daß der Habsburger kommen will! Macht zusammen, ich hoffe, so viel, daß es langt, die Äcker drüben im Tal zu erstehen; ich trag' schon lang Gelüste danach! Wolf, das war schlau begonnen." Er lachte leise und verschwand im Walde.

Der Tag ging langsam dahin. In der Burg war eifrig Leben eingekehrt. Lutold und Hugh waren überall, nach allem sehend, und Werner von Bärenfels sagte zu seinem Vetter: „Um die Burg ist mir nimmer bange; an der beißt sich der Habsburger seine besten Backenzähne aus.“

An Walter hatte Lutold einen vertrauten Boten gesandt mit der Kunde: „Nun geht's bei uns los“, und Walter hatte zurücksagen lassen: „Glück auf, mir bangt nimmer; du bist ein Röttler.“

So kam der 19. Dezember. Lutold und Hugh besprachen in den Mittagsstunden, wie sie der Besatzung zum heiligen Christfest eine Freude bereiten konnten, und kamen zu dem Entschluß, ihnen ein frohes Mahl zu geben. Da sauste Fridolin in langen Sprüngen die Treppe hinab und in das Herrengemach hinein. „Der Habsburger“, keuchte er.

Als die dichten Nebelmassen, die heute die ganze Burg in schier undurchdringliche Schleier hüllten, auf Augenblicke zerrissen, hatte er den Feind daherkommen sehen. Aber auch die unteren Wachen hatten ihn schon erblickt, und wie in einem Ameisenhaufen, so war alles in Bewegung geraten. Kurz und bestimmt flogen Befehle hin und her; jeder stand an seinem Posten. Wohl verwahrt waren die Tore, — auch an das geheime Pförtchen hatte Lutold einen Mann als Wache gestellt, dem er das Geheimnis des Notausganges anvertrauen konnte.

Den Abend zuvor war der schlichte Landmann Wolf im Schloß gewesen, hatte ein Langes und Breites über des Grafen Bewegungen zu berichten gewußt, Kunde von Basel gebracht und hinzugefügt, daß man den Feind demnächst hier erblicken werde. Lutold hatte ihn nur durchdringend, ohne ein Wort zu sagen, angeschaut, — der Wolf konnte den Blick nicht aushalten und ging sehr bald.

Draußen um die Burg im Tal entwickelte sich ein lebhaft Treiben; Graf Rudolf schlug sein Lager auf. Die Besatzung von Werra sah, soweit es ging, ihnen zu und brannte vor Begier auf den Angriff. Aber der Tag ging hin; alles blieb still. Es fing wieder an zu regnen; gleichmäßig und schwer tropfte es hernieder.

Im Zelt des Grafen Rudolf saß dieser mit etlichen Herren zusammen. Ein Landmann stand vor ihnen.

„Ich weiß nunmehr genug, so geht", sprach eben Rudolf.

„Und mein Lohn, Herr", fragte frech der Bauer.

Der Graf warf ihm einen kleinen, gefüllten Beutel zu und sprach: „Da nimm. Gelingt der Plan, erhältst du das andere; dies ist die Hälfte. Ich weiß ja nimmer, ob ich dir trauen kann, ob du mich nicht gegen mehr Gold an die Herren von Werra verraten."

„Herr Graf", wollte der Bauer beteuern, doch eine energische Handbewegung und ein Blick Rudolfs ließen es ihm rätlich erscheinen, sich schnell zum Zelte hinauszudrücken.

Um weniges später stand Wolf am Tor der Werraburg, um Einlaß bittend, dieweil im Tal sein Leben gefährdet sei, von wegen des Habsburgers. Er war oft in der Burg gewesen; so ließ ihn die Wache ein –

Es war in der elften Stunde; tiefste Stille umher ... nur der Regen rauschte gleichmäßig hernieder ... im Walde schrie ein Käuzchen.

Lutold hatte eben seinen Leibknappen entlassen und ihm dabei gesagt: „Sobald hier etwas geschehen ist, wartest du nimmer auf Befehle, sondern reitest gen Rötteln, dorthin Kunde zu bringen."

„Laß uns zur Ruhe gehen, Lutold", schlug Hugh vor, „die erste Hälfte der Nacht schläfst du, die andere ich."

Aber Lutold wehrte ab. „Geh du und schlummere, ich vermag es nimmer! Eine Unrast ist in mir, die treibt mich von Stelle zu Stelle." Er stand auf und ging ans Fenster, in die Nacht hinein spähend.

Hugh folgte ihm. „Auch ich bin nicht ruhig", sagte er, „doch Lutold, solches ist erklärlich; du und ich sollen allhier die Feuerprobe bestehen, und wir wollen sie bestehen, alter Freund!" Von Ruhen sprach keiner mehr.

Hugh hatte seinen Platz wieder eingenommen, Lutold schritt im Gemach auf und nieder; jeder hing seinen Gedanken nach.

Langsam verstrich die Zeit ... die Mitternacht war vorüber ... „Was war das?“ fuhr Lutold plötzlich herum und war mit einem Satze am Fenster – auch Hugh war aufgefahren – wie ein unterdrückter Schrei hatte es geklungen ... Angestrengt horchten sie in die Nacht hinaus ... sie vernahmen nichts als das Käuzlein – es schien dicht an der Burgmauer zu sitzen – tiefer im Walde bellte heiser ein Fuchs.

„Es war nichts“, sprach Hugh.

Kaum hatte er ausgeredet, da war es, als würde der Hof lebendig – wildes Geschrei ertönte – und ehe die beiden Ritter zu ihren Schwertern greifen konnten, sprang die Tür auf und herein drängten eine Menge Ritter ... allen voran einer in glänzendem Harnisch und wallender Helmzier.

„Ihr Herren von Werra, ergebt euch“, sprach eine tiefe, klangvolle Stimme.

„Verrat, der Habsburger“, gellte Hughs Stimme durchs Gemach –. „Nimmer ergeben, eher den Tod“, schrie Lutold und hatte sein Schwert ergriffen, um sich hineinzustürzen – aber schon waren sie umringt und ihrer Waffen ledig gemacht.

Draußen glühte der Hof von Fackeln; Siegesgeschrei erfüllte die Luft, zum Bärenfels aufsteigend. Alles war in wenigen Minuten geschehen, niemand wußte wie, – der da hätte Kunde davon geben können, die Wache an der Notpforte – lag tot am Boden.

Auch manch anderer der Besatzung, die sich tapfer gewehrt, hatte ins Gras beißen müssen – zu schnell war alles geschehen.

Im Herrenhause befahl Rudolf seinen Rittern, die beiden Gefangenen in das Lager hinabzubringen, dann trat er auf Lutold zu.

„Herr Graf, so ist der Kampf! Euer Bruder nahm mir also die Burg Rötteln, ich dafür Werra. Wer's Glück hat, dem lacht der Preis. Heute mir, morgen einem anderen – nehmt's Euch nicht so sehr zu Herzen – die Habsburg ist zwar ein fester Hort, doch läßt sich's dort auch als Unfreier aushalten.“

Lutold antwortete nicht; er war wie von einem dumpfen Traum umfangen und starrte vor sich hin. Hugh fuhr nur hin und wieder mit der Hand durch das Haar, und wilder Trotz flackerte in seinen Augen.

Die Edlen des Grafen Habsburg nahmen die Herren in ihre Mitte und führten sie hinaus. Als sie aus dem Burgtor traten, fiel Hughs Blick auf den Landmann Wolf, der neben dem Tore stand. „Du sollst nachher zum Grafen kommen", rief ihm einer der Ritter zu.

Er dienerte – da hatte Hugh sich mit Riesenstärke losgerissen ... ein Satz ... die Faust fuhr dem Mann in das Gesicht ... „Verräter, da dein Lohn", schrie er auf. Das ganze war das Werk eines Augenblicks gewesen; jetzt folgte er willig den Rittern, die ihn umringten und fortführten.

... Die Äcker jenseits im Tal blieben ungekauft ... man fand am Morgen den Wolf tot neben der Mauer.

Als der Bärenfelser Graf den Siegesjubel in der Nacht hörte, rieb er sich die Hände und sagte: „Hab's gewußt, daß der Habsburger reinfällt! Glück zu, Lutold!" Da er aber am Morgen ein ander Banner auf Werra sah, stieß er einen grimmigen Fluch aus und konnte doch nichts dawider tun – er sah von seiner „Höhle", wie er die Burg benannte, daß Rudolf ihm um das Vierfache überlegen war.

Zu gleicher Zeit, als Lutold und Hugh in das habsburgische Lager kamen, jagte auf ungesatteltem Pferd ein Reiter die Straße nach Basel dahin. Es war Lutolds Leibknappe, der in der allgemeinen Verwirrung verstanden hatte, zu entwischen. Roß und Reiter flogen dahin, kaum den Boden berührend ... wer sie sah in den Dörfern, bekreuzte sich und drückte sich scheu in das Haus.

Mit der letzten Kraft jagte das Roß den Röttler Schloßberg hinan; am Tor brach es verendend zusammen. Sein Reiter aber stand vor Otto und Walter im Schlafgemach und berichtete mit fliegendem Atem das Geschehene.

Da erwachte Walters ganzer tollkühner Mut. Mit Donnerstimme gab er seine Befehle, und nach einer knappen halben

Stunde sausten hundert Mann, den Grafen an der Spitze, nach Werra.

„Lutold muß gerettet werden — er muß", rief er Otto vom Pferde aus zu, „ich setze mein Leben für ihn ein!"

Bang, mit schwerer Sorge, schaute ihm Otto nach, eine unheilvolle Ahnung wollte in ihm aufsteigen. Finster durchkreuzte er das Gemach, dann fuhr er auf: „Soll denn Rötteln untergehen, so soll es ehrenhaft untergehen."

Etwas später eilte ein Bote nach Basel zum Bischof, um Verstärkung für die Burg bittend.

Neunzehntes Kapitel

Im habsburgischen Lager herrschte tiefe Stille. Die Mannen pflegten der Ruhe, sie schliefen — und auch die Wachen standen oder lagen schläfrig auf ihren Posten.

Rudolf ruhte auf dem Lager in seinem Zelt und dachte nach. Schon am Vormittag sollten Lutold und Hugh nach der Habsburg gebracht werden; er lachte leise in sich hinein, der Fang war ein guter! Ob die Herren, die er im Zelte nebenan hatte unterbringen lassen, gut schliefen? Kaum, nun, er konnte es nicht ändern! Es war ja auch wohl nicht gerade ein angenehm Gefühl, sich von doppelten Wachen beobachtet zu wissen, und er hatte zuverlässige Leute um ihr Zelt gestellt.

Da — was war das? Ein gurgelnder Schrei war durch die Morgendämmerung geklungen. Rudolf sprang auf — wilde Rufe gellten durch das Lager — er griff zum Schwert und war mit einem Satze hinaus.

Einen Augenblick freilich stand er wie erstarrt ... aber dann rief seine Donnerstimme die aufgerüttelten Schläfer zusammen, und wie ein Rasender stürzte er auf das Häuflein bis an die Zähne Bewaffneter, das über die Leichen der erstochenen Wachen hinweg mit Lutold und Hugh in der Mitte davon eilen wollte!

Die doppelten Wachen waren für Walter von Rötteln das Zeichen gewesen, wo er seinen Bruder zu suchen hatte.

Nun begann ein wildes Ringen!

Die tapferen Röttler Mannen hieben und stießen in blinder Wut um sich, dabei den Weg zum nahen Walde nehmend, durch den sie sich wie die Katzen herangeschlichen hatten und wo ihre Pferde unter Aufsicht geblieben waren. Walter deckte als letzter den Rückzug ... mit dem Mut der Verzweiflung wehrte er sich gegen den andringenden Feind, nicht achtend, daß sein Blut schon aus mehreren Wunden floß.

Da sah er Hugh von Marschalke tödlich getroffen zusammensinken – sie waren dicht am Walde. „Auf die Pferde", schrie er, „Lutold, rette dich! Grüß meinen Sonnenstrahl, meine Braut!"

Den todesbleichen Jüngling in ihrer Mitte, stürmten die Mannen davon, vermeinend, ihr Herr sei bei ihnen ... der aber lag auf dem nassen Waldesboden still und bleich – die blitzenden Augen waren geschlossen – rings färbte sich das Moos rot.

Rudolf kniete neben ihm, löste den Harnisch und ließ vom Feldscher die Wunden untersuchen.

„Sehr schwer", murmelte der kundige Mann, „glaub' nicht, daß wir das Leben halten, Herr."

„Tut, was Ihr könnt", sprach Rudolf, „er soll die beste Pflege haben. Alles soll geschehen, ihn zu erhalten."

Tiefe Bewegung zuckte über sein Gesicht, aber nur einen Augenblick, dann gab er Befehl, sein Zelt für den Todwunden herzurichten, und wandte sich ab.

Eine Stunde später trat er leise an Walters Lager. Lange sah er auf den Mann, der ihm stets als der ebenbürtigste Gegner erschienen war, und der nun gebrochen vor ihm lag. Nur ein leises Stöhnen hin und wieder gab Kunde, daß das Leben noch da war.

Rudolf sann einen Augenblick nach – „er ist es wert, daß ich's tue", murmelte er und schritt eilig hinaus.

„Reite nach Rötteln", befahl er seinem Lieblingsknappen,

„laß ein weiß Tuch flattern und begehre den Grafen Otto zu sprechen. Gib ihm Kunde, sein Bruder sei todwund und mein Gefangener. Es solle ihm aber an nichts fehlen; dieserhalb soll man sich dort keine Sorgen machen. Ich wüßt', wie man an edlen Feinden zu handeln hätt'. Sein Meisterstück, der Todessprung auf Rötteln, und daß er jetzt sein Leben für den Bruder eingesetzt, hätt' mein Herz gewonnen, ihn als meinen Bruder zu betrachten." –

In das Röttler Wohngemach leuchtete die Wintersonne mit hellem Schein; die beiden darinnen achteten es nicht. Otto schaute hinaus in das Wiesetal; seine Finger wühlten in seinem langen, blonden Barte, und finster waren die Augen zusammengezogen. Lutold saß am Tisch, das Gesicht in den Händen verborgen. Er war wie im Fiebertraum. Schlag auf Schlag war seit gestern abend zu schwer auf ihn niedergefahren. Ihm war zu Sinne, als seien Jahre verstrichen seit dem letzten Abend auf Werra – und doch waren es nur Stunden, die dahingegangen waren.

Der Überfall der Burg, seine Gefangennahme, die Befreiung durch Walter, Hughs Tod – und jetzt, vor kaum zehn Minuten, die Kunde über Walter durch des Habsburgers Knappen! Es summte ihm im Kopf ... er vermochte kaum noch zu denken. Rasch sprang er auf und machte einen kurzen Gang durchs Gemach. Da tönten ihm Walters letzte Worte nach ... schier hatte er sie vergessen.

Seine Braut? Wen konnte er meinen? ... Wie mit Eiseskälte kroch langsam eine Ahnung durch sein Herz; er blieb vor Otto stehen – „und Walters Braut?"

Der fuhr sich mit beiden Händen durchs Haar – „arme, kleine Ursula!"

„Ursula?" Lutold erschrak schier vor seiner eigenen Stimme, so fremd klang sie ihm. Otto nickte trübe: „Ach so, ja, ich vergaß; Walter wollte es dir selbst mitteilen, es ist noch geheim; nur der Ohm weiß bis jetzt davon."

Da wandte sich Lutold um und verließ das Gemach.

Als Otto später nach ihm fragte, war er nirgends zu finden,

man hatte ihn aber den Weg zum Friedhof einschlagen sehen.

Schwüle Stille lagerte über der Burg; man sah nur tiefernste Gesichter; groß war um Walter die Sorge und Trauer.

Als es fast Mittag war und Lutold noch immer nicht kam, fing Otto an, besorgt zu werden. Schon war er im Zwinger drunten, um selbst nach dem Friedhof zu gehen, da ließ der Wächter Lutold ein. Otto trat rasch auf ihn zu . . . das Wort stockte in seinem Munde . . . auf Lutolds Antlitz lag der ganze schwere Ernst eines gereiften Mannes, und durch sein blondes Gelock zogen sich Silberfäden.

Sekundenlang schaute Otto ihn an — er verstand plötzlich alles! Tief erschüttert zog er den Bruder an die Brust; verräterisch glänzte es in seinen Augen. „Alles scheint auf Rötteln zusammenzubrechen", sprach er dumpf.

Lutold machte sich sanft los. „Sattle, ich will gen Basel", rief er einem Knechte zu.

„Lutold?" fragte betroffen Otto.

Er nickte. „Fürchte nichts! Ich muß zum Bischof, ihm Kunde von Werra bringen."

Bald trug ihn sein Roß den wohlbekannten Weg hinunter zur Stadt. Er ließ die Zügel hängen — er sann und sann. Wie hatte der Ohm einst zu ihm gesagt: „Bist du weltmüde, so komm, die Kirche kann solche Leute brauchen, wie du einer bist!" — Weltmüde! Er war mehr als das! Aber nein, noch brauchte Rötteln seinen Arm, noch galt es streiten und siegen! Es war wohl nicht das letztemal, daß er im Kampfgewühl gestanden — und dort hatte schon mancher Weltmüde Ruhe gefunden.

Als er in Basel in Herrn Heinrichs Gemach trat, fuhr dieser auf, als sähe er einen Geist.

„Lutold!" — Schweigend sank der Jüngling auf ein Polster und barg das Gesicht in den Händen. Minutenlang herrschte tiefe Stille, dann fragte der Bischof, schwer atmend: „Und Walter?"

„Todwund — des Habsburgers Gefangener", und in kurzen Sätzen berichtete Lutold, was geschehen war.

Der Bischof hatte das Kinn in die Hand gestützt und antwortete nichts. Er stand auf und schritt etliche Male durch das Gemach. Dann blieb er vor Lutold stehen und sagte: „Du tatest deine Pflicht; gegen Verrat kann niemand an! Und Walter tat seine Pflicht – wann hätten die Röttler sie nicht getan! Was aber nun werden soll ... ich weiß es nicht, wenigstens jetzt noch nicht! Ich muß erst ruhig werden, muß nachdenken, geh zu den Frauen und laß dich pflegen – noch wissen sie nichts, sag's ihnen schonend."

Ein leises Pochen unterbrach ihn; die Tür ging auf, und Ursula schaute herein. „Verzeihet, Herr Ohm, ich wollte Euch erinnern" –, das Wort erstarb ihr, sie sah, daß etwas Besonderes vorgefallen war; mit wenigen Schritten stand sie im Zimmer: „Herr Ohm, was ist geschehen? Ich hörte soeben, Kunde sei von Rötteln gekommen."

Herr Heinrich strich ihr leicht über das blonde Gelock: „Wir kommen schon zu dir und Oda; geh jetzt nur, laß uns allein."

„Wir?" Sie schaute sich um und gewahrte nun erst den Grafen. „Lutold, Ihr? Und wo ist Walter?" schrie sie plötzlich auf.

Er vermochte nicht zu antworten, ihm war die Kehle wie zugeschnürt; mit sonderbarem Ausdruck lag sein Blick auf dem Mädchen, dessen Bild er so hoffnungsfroh bis zu diesem Morgen im Herzen getragen hatte.

„Was ist mit Walter?" rief Ursula leidenschaftlich und griff seine Hand, „ – oh, er ist tot, und Ihr wollt es nicht sagen –"

Auch jetzt brachte er keinen Ton hervor ... es schwamm ihm wie Nebel vor den Augen, wie aus weiter Ferne hörte er den Bischof in schonenden Worten Ursula etwas sagen ... er sah die zarte Gestalt ohnmächtig zu Boden gleiten – hörte Stimmen – Schritte – ohne imstande zu sein, sich zu bewegen, und nun war es, als wenn ein Meer mit schwarzen Wogen sich brausend über ihn wälzen wollte ...

Mit eisernem Griff faßte eine Hand seinen Arm, schüttelte ihn heftig, und klar und schneidend klang eine Stimme an sein Ohr: „Was stehst du hier wie ein Feigling und zitterst? Bist du ein Mann oder eine Memme?"

Wie ein Sturzbad wirkten diese Worte; der Anfall von Bewußtlosigkeit schwand; er sah den Bischof vor sich stehen.

„Geh schlafen und zieh die Decke über die Ohren, so du Waffengetöse nicht hören kannst", fuhr dieser hart fort, „und so du nach einem Mißerfolg die Flucht ergreifen willst! Geh heimwärts, ich brauche Männer – keine Träumer, Taten – nicht Klagen."

Der letzte Rest von Schwäche war bei Lutold geschwunden; er richtete sich hoch auf. „Bischof Heinrich, ich bin ein Röttler!"

„So handle als solcher! Wetz' aus die Scharte, die ‚Werra' heißt, und sei es mit deinem Blut."

Lutold schwieg sekundenlang – „Ich will", und er streckte dem Bischof die Hand hin.

„Vorwärts denn", sprach dieser, „es ist nichts so schwer, es kann überwunden werden. Geh' jetzt zu den Frauen; sie werden dir einen Imbiß besorgen –"

„Ich kann nicht", preßte Lutold hervor, und wieder drohte ihn der Schwindel zu fassen.

„Du mußt", fuhr der Bischof ihn hart an. „Ein Feigling, wer um eines Weibes willen den Kopf verliert! Vorwärts, es gilt Röttelns Ehre, die durch dich erniedrigt ist!"

Lutold zuckte wie von einem Schlage getroffen zusammen.

„Bischof von Basel, bedenkt Eure Worte!"

„Solches tue ich", entgegnete dieser eisig wie zuvor. „Beweise, daß du ein Mann, ein Röttler bist."

Da richtete der Graf sich hoch auf; sein Kopf war plötzlich klar geworden. „Wo sind die Frauen? Ich will sie grüßen und will dann heimwärts reiten."

Der Bischof wies hinaus: „Mein Diener geleitet dich; melde dich noch einmal bei mir, ehe du reitest."

Stolz und sicher verließ Lutold das Gemach. Der Bischof sank mit einem tiefen, erleichterten Aufatmen in einen Sessel und flüsterte vor sich hin: „Den Heiligen sei Dank; jetzt scheint er gerettet! Hab's ja nimmer geahnet, daß er sein Herz an Ursula gehängt; erst sein Blick, da sie vor ihm stand, verkündete mir alles! 's ist schier zu viel für ihn! Erst die Burg, dann den Bruder, dann die Liebste – mich nimmt's wunder, daß meine Härte ihn herausriß! Freilich, anderes hätte auch nimmer geholfen! Armer Mann!"

Dann aber kehrten seine Gedanken zu der verlorenen Burg wieder, und in ohnmächtiger Wut ballte er die Faust; rastlos begann er mit finster gerunzelter Stirn im Gemach auf und ab zu schreiten.

Inzwischen war Lutold in Odalsindes Wohngemach geführt worden. Wohl bebte er davor, Ursula wiederzusehen; aber des Bischofs harte Rede wirkte noch in ihm nach. Zu seiner Erleichterung betrat bald nach ihm Oda allein das Zimmer, von einer Magd gefolgt, die Erfrischungen trug. Ihr schönes Antlitz trug noch Tränenspuren, und Tränen schimmerten aufs neue in ihren Augen, als sie ihm wortlos beide Hände bot.

Da die Magd hinaus war, brach er das Schweigen. „Ich bin ein schlimmer Bote, holde Schwägerin!"

Sie nickte. „O Lutold, daß wir uns so wiedersehen müssen! Wüßte man nicht, Gottes Hand hält alle Fäden der Menschenschicksale, man könnte vermeinen, unter den schwarzen Wolken schier erliegen zu müssen."

Er antwortete nicht; mechanisch goß er sich einen Becher Wein ein.

„Was wird geschehen, Lutold?" fragte Odalsinde beklommen.

„Ich weiß nicht", entgegnete der Graf. „Ihr habt recht, man könnte schier erliegen! Doch nein, eher sterben!"

Er sprang auf und trat ans Fenster. Die Gräfin erwiderte nichts; Tränen rannen über ihr Gesicht.

„Entlaßt mich, Herrin", sagte Lutold, vor sie tretend.

„Genießt erst etwas", bat sie.

„Nein", wehrte er ab, „ich kann nicht! Soll ich Otto von Euch grüßen?"

„O tausendmal", sprach sie leise. „Sagt ihm, meine Gedanken und Gebete seien stündlich um ihn."

Eine Magd unterbrach sie und rief sie zu Ursula.

„Wartet", bat sie im Hinauseilen.

Es währte lange; ungeduldig schritt Lutold im Gemach auf und ab. Da kam Odalsinde mit verstörtem Gesicht herein.

„Lutold", rief sie, „ratet Ihr ab, vielleicht hört sie auf Euch – nimmer, nimmer darf sie das tun!"

„Wer? Was?" fragte er bestürzt.

„Ursula will ins habsburgische Lager und Walter pflegen – schon rüstet sie zum Aufbruch, und kein Gegenreden hilft."

Ehe er antworten konnte, wurde rasch die Tür geöffnet, und Ursula stand vor ihm. Totenbleich war das liebliche Gesicht; aber auf ihren Zügen lag eine Entschlossenheit, Festigkeit, die er ehedem niemals bei seiner kindlichfrohen Base kennengelernt hatte. „Geleitet Ihr mich, Lutold? Sonst reite ich allein", fragte sie.

Odalsinde wandte sich fort; heiß schoß es ihr in die Augen. In dem Blick, mit dem der Graf das Mädchen umfaßte, las sie alles! Da hörte sie seine Stimme; sie merkte, welche Anstrengung ihn das Reden kostete.

„Bleibt, wo Ihr seid, Base", sprach er langsam und kühl, „was wollt Ihr im lärmenden Lagerleben? Solches ist kein Platz für Euch! Walter hat alles, ließ der Habsburger uns melden, und alles geschieht zu seiner Rettung."

„Alles hat er, und doch fehlt ihm eins, die liebende Hand", entgegnete sie mit fliegendem Atem. „Ihr kennt die Liebe nicht, nimmer hieltet Ihr mich sonsten zurück. Ich reite also ohne Euch."

Ein schneidendes Auflachen antwortete ihr – erschreckt blickte Odalsinde ihn an ... aschfahl war sein Gesicht. Er preßte die Lippen zusammen und stützte sich so schwer auf ein kleines Tischchen, daß es zusammenbrach.

„Ich reite mit Euch sogar bis zum Habsburger", sagte er dann kurz, „seid bereit in einer halben Stunde; Ihr trefft mich beim Ohm." Damit verließ er das Gemach.

„Nun?" fragte der Bischof, als er bei ihm eintrat.

Lutold erzählte ihm von Ursulas Vorhaben.

„Sie ist von Sinnen", fuhr Heinrich auf, „ich laß sie nimmer fort!"

„Doch, Ohm, Ihr müßt", entgegnete Lutold ruhig. „Laßt sie zu ihm! Rudolf von Habsburg ist ein Edelmann; dorten ist sie so sicher als hier."

Der Bischof ging etliche Male auf und ab: „Und wer wird sie hingeleiten?"

„Ich", erwiderte Lutold gelassen.

„Du?" fragte stehenbleibend der Bischof gedehnt und betroffen.

Lutold richtete sich hoch auf. „Jawohl ich, Graf Heinrich! Zweifelt Ihr etwa an meinen körperlichen und geistigen Fähigkeiten, solches zu tun?"

„Vorhin zweifelte ich an beiden", antwortete Heinrich mit seinem Lächeln, „jetzt nicht mehr!"

Wieder schritt er etliche Male auf und ab und blieb wieder vor Lutold stehen, ihn lange anschauend. Wie als den Schluß einer langen Gedankenreihe sagte er dann langsam: „– und wenn der Streit vorbei und Friede eingekehrt ist, wenn auf dem Röttler Horst zwei Adler nisten, was dann?"

Wie träumend schaute der junge Graf an ihm vorbei, hinaus nach dem Rhein; es zuckte um seinen Mund, aber er erwiderte stolz: „Dann hat der Dritte hoffentlich mit seinem Blut den Flecken weggewaschen, der ‚Werra' heißt, und dabei die Ruhe gefunden, die er verloren hat."

„Und wenn nicht – was dann?"

Voll wendete ihm Lutold den Blick zu. „Ohm Heinrich, als unsere Waldblume noch lebte, da sagtet Ihr mir einmal, die Kirche könne mich brauchen; ich soll kommen, so ich weltmüde sei – wollt Ihr mich alsdann haben?"

„Komm, mein Sohn, die Kirche wartet deiner", rief Heinrich warm.

„Aber Ohm, ich bin mehr als weltmüde –" seine Stimme brach.

Der würdige Herr nahm sanft wie eine Mutter die jugendliche Gestalt in seine Arme. „Auch ich war einst wie du, mehr denn weltmüde, da ich mich in die rettenden Arme der Kirche flüchtete, mein Sohn; aber ich fand bei ihr, was ich sonst nimmer gefunden: Ruhe und Frieden, Befriedigung auch im Unglück. Meine zweite Liebe vergalt mir mit gleicher Liebe; auch du wirst finden, was ich fand! Nun sei ein ganzer Mann, sei ein Held — sei ein echter Röttler, der du immer warst."

„Habt Dank, Ohm, für Eure Worte; Ihr habt mich vor Verzweiflung gerettet! Erst half Eure Härte — mehr noch jetzt Eure Milde! Ihr sollt Euch nimmer in mir täuschen!"

„Ich weiß", nickte Herr Heinrich, „und nun mögen dich die Heiligen geleiten. Für Otto habe ich keine Aufträge. Ursula müssen wir der heiligen Jungfrau befehlen. Wir sehen uns bald wieder. Jetzt bleibt mir nur die schwere Pflicht, Herrn Hugh von Marschalke die Kunde vom Tode seines einzigen Sohnes zu bringen."

Nach einer Stunde verließ Lutold Basel; ihm zur Seite ritt Ursula; ein Diener und die Gürtelmagd folgten.

In seinem Zelt stand Rudolf von Habsburg und schaute abwechselnd von Lutold zu Ursula. Auf seinem stets tiefernsten Gesicht kämpfte ein seltsam Gemisch von Staunen und Bewunderung — schier war es ihm nicht möglich, zu fassen, was die beiden da wollten!

Er strich mit der Hand über die hohe, kalte Stirn und sagte alsdann: „Wollet mir, Graf von Rötteln, vergönnen, etliche Fragen zu richten, maßen ich nimmer recht zu hören vermeine. Ihr kommt zu mir mit dem weißen Tuch, und Ihr wißt, solch Zeichen ist heilig. So Ihr allein gekommen wäret, hätte ich eher begriffen; aber Ihr bringt mir da ein Edelfräulein mit —"

fort, frei und kühn stand sie vor dem Habsburger und sprach:

Rasch trat Ursula einen Schritt vor; ihr Antlitz glich dem Schnee, aber alle ihre sonst so kindliche Schüchternheit war

„Ihr wisset Eure Rede nicht zu vollenden, edler Graf, solches versteh ich! Es ist ein gar seltsam Ding, dessen ich begehre. Also höret noch einmal: Graf Lutold begleitete mich hierher – maßen ich sonst den Weg allein gemacht hätte, da ich Euch bitten will, vergönnet mir, Graf Walter zu pflegen! Er ist todwund" – ihre Stimme wankte – „da bedarf er zarter Hand und Pflege."

„Die hat er; ich sorge für ihn, als wär er mein eigen Fleisch", sagte der Habsburger langsam, „er hat mein Herz gewonnen mit seiner Tat für den Bruder – wer seid Ihr?"

„Ich bin seine Braut, Herr Graf! Schickt mich nicht fort", bat Ursula mit bebender Stimme, „denkt, es ist vielleicht das letzte, so ich ihm tun kann, denkt, so es einer Eurer Töchter so ginge denn mir –" sie brach ab.

Der Graf wandte den Kopf zur Seite – er war besiegt.

„Bleibet, Mägdelein", sagte er gütig, „und pfleget ihn! Sobald als möglich lasse ich ihn nach Habsburg bringen, bis dahin bleibt er in Werra. Allerorts könnt Ihr für ihn verlangen, was Ihr wollt, und es soll Euch werden. Seid Ihr zufrieden?" Er bot Ursula die Hand.

„Ich dank' Euch, Graf Habsburg."

Da fuhr Lutold auf. Finster hatte er die Stirn zusammengezogen, aber mit keinem Wort die beiden unterbrochen. Jetzt rief er: „Ein Edelfräulein in der Rauhheit des Lagerlebens! Ursula, Ihr wollt auf mich nicht hören – Graf von Habsburg, sagt Ihr es dem Kinde, was solches bedeutet!"

Der Graf blickte zu Ursula und begegnete ihrem flehenden Blick. Mit einem Lächeln sagte er: „Ich vermeine, das Kind sei ein tapfer Weib, ich hafte mit meinem Blut für der Gräfin Sicherheit – genügt Euch solches, Graf von Rötteln?"

„Es genügt mir", sagte Lutold tonlos. „Lebt wohl, Gräfin Ursula, grüßt Walter, so er Euch kennet."

Als Ursula zu Walter gebracht wurde, trat Lutold auf den Grafen zu, schwer ging sein Atem. „Habsburger Graf, Ihr seid ein edler Mann! Nun erfüllt auch meine Bitte: laßt mich hier an Walters Statt, und laßt ihn gen Rötteln bringen."

Der Habsburger fuhr auf und durchmaß den kleinen Raum etliche Male mit langen Schritten. Dann blieb er vor Lutold stehen, legte beide Hände auf dessen Schultern und schaute ihn mit seltsamem Blick an.

Seine Stimme klang heiser: „Beim heiligen Gott, Euer Vater ist noch im Grab zu beneiden, da ihm solche Söhne blühen! Röttler Graf, weiß nicht, was ich drum gäbe, hätt' ich Brüder gleich Euch und Walter! Stahlhart soll Mannesherz sein, und wird es im Kampf und Streit, aber tief drinnen muß neben der Härte die Liebe wachen, so es ein echt deutsch Herz ist! Röttler Graf, Ihr habt solch Herz — aber ich auch! Nein, ziehet hin in Frieden und Ehren, noch ist der Streit nimmer beendet, Rötteln kann Euer nicht entraten! Walter aber, ich gelobe es Euch mit meinem Rittereid, soll mir höher sein denn mein Bruder."

Lutold hatte den Kopf tief gesenkt. „Ich danke Euch, Graf, entlaßt mich denn."

Der Habsburger faßte mit kräftigem Griff seine Hand. „Eines nehmt mit, Graf von Rötteln! Sobald der Streit beendet und Graf Walter genesen, kehrt er heim zu Euch mit der jungen Gräfin; ich begehre kein Lösegeld, seid Ihr zufrieden?"

Lutolds ganze Gestalt bebte. „Das mögen die Heiligen Euch tausendfach lohnen", stieß er hervor.

Der Habsburger befahl, die Pferde vorzuführen, und bald war Lutold mit seinem Knappen auf dem Heimweg.

Jetzt war er allein und konnte seinen Gedanken nachhängen. Nur einmal wandte er den Kopf zurück, er sah hinüber nach Werra — und blickte zum Lager, wo er Ursula mit der Magd zurücklassen mußte. Ein finster Gefühl wollte ihn gegen Walter beschleichen, der ihm sein Glück genommen — da sah er aber seinen Bruder vor sich — wie er gekommen war, ihn mit Darangabe seines eigenen Lebens zu retten ... große Scham überkam ihn!

„Mein Wilder, mein Bruder", flüsterte er vor sich hin, „du verdienst das höchste Glück ... nimm's denn!"

Zwanzigstes Kapitel

In den letzten Tagen des April zog langsam ein kleiner Zug auf der Straße von Säckingen gen Basel zu. An der Spitze ritten etliche habsburgische Reiter, ein großer Wagen folgte, und den Schluß machten wieder Reisige.

Bequem auf weiche Polster und Decken gebettet, ruhte in dem Wagen Walter, der Burgherr von Rötteln, und neben ihm saß Ursula, sein Weib. Der Feldpriester hatte sie auf ihre Bitte gleich am ersten Tage im Lager mit Walter zusammengegeben im Beisein des Grafen von Habsburg und etlicher Ritter.

Walter hatte die Besinnung wieder erlangt; reden konnte er nicht; aber seine Blicke hatten an Ursula gehangen. Nach der heiligen Handlung war Rudolf an das Lager getreten und sagte leise: „Ihr seid frei, Graf von Rötteln; als meinen Bruder will ich Euch pflegen und halten, bis Ihr hergestellt seid. Und so Ihr mit Eurer Gemahlin und Lutold, Eurem tapferen Bruder, einmal der Habsburg einen Besuch machen wollt, sollt' es mir eine Ehre sein, und liebere Gäste könnt' ich nimmer haben!"

Ursula überreichte er ein kostbar Geschmeide und sagte: „Gottes Segen über Euch, Gräfin von Rötteln! Nur ein solch tapfer Weib als Ihr seid, konnte der Walter brauchen – Ihr seid einander würdig."

Rudolf ließ es an nichts fehlen. Er hatte gleich nach der Eheschließung Walter mit der größten Vorsicht nach der Burg Werra bringen lassen, starke Besatzung unter dem Edlen von Neuenstein in die Burg gelegt, aber Befehl gegeben, nach Walters Heimkehr sie von Grund auf zu zerstören. Dann zog er fort, und nun folgten Wochen der schwersten Sorge für Ursula.

Walter hatte schwere Wunden am Kopf, an den Armen und Beinen davongetragen; die schlimmste Verletzung aber war ein Lanzenstoß in die Brust, der die Lunge gestreift hatte. Der Blutverlust brachte den starken Mann schier an den Tod, jetzt tat das hitzige Fieber noch das seine dazu. Fast verwunderte sich der Medikus jedesmal, daß Walter noch lebte.

Wochen waren also dahingegangen; nun kam der Tag der Entscheidung. Der Medikus wich nicht mehr von dem Lager. Endlich, am Abend des schrecklichen Tages, sank Walter in einen tiefen, ruhigen Schlaf, und der Arzt erklärte der Gräfin: „Gerettet!"

Solches war im Ausgang des Januar gewesen. Nur langsam, sehr, sehr langsam war alsdann die Genesung vorwärtsgeschritten. Erst jetzt, da die Luft mild und warm wehte, konnten sie den Heimweg antreten. Als sie von Werra fort waren, lohte dort die Flamme empor; die Habsburgischen schleiften die Burg von Grund auf und zogen ab zu ihrem Herrn und in neue Kämpfe.

Bleich und still lag Walter; seine Blicke schweiften müde über die bekannten Gegenden. Auf des Arztes Antlitz hatte ein ernster Ausdruck gelegen, da er die Wunde in der Brust vor der Abfahrt noch einmal genau geprüft hatte. Zwar war gerade sie schnell und gut verheilt, aber der weise Mann fand, schier zu gut und zu schnell! Doch sagte er nichts, und so waren sie abgefahren.

Auf halbem Wege kamen ihnen Otto und Lutold entgegen mit etlichen ihrer Mannen. Es war ein unbeschreibliches Wiedersehen zwischen den Brüdern! Keiner von ihnen konnte reden, ob er gleich wollte — aber die Augen redeten mehr als Worte. Sie lohnten die Habsburger reich ab und ritten schweigend neben dem Wagen her.

Walters Blick suchte Lutold, er erkannte in dem ernsten Mann kaum noch seinen einst so lebensfrohen Bruder — er sah mit aufsteigender Sorge und Bangigkeit die grauen Haare an den Schläfen.

Er schaute hinüber zu Ursula, sie begegnete seinem Blick mit liebreichem Lächeln.

Ob sie den Ausdruck seiner Augen verstand? . . . Sie mußte wohl . . . und Lutold auch . . . sie redete Lutold in herzlicher Weise an wie einst. Mit mildem Lächeln wandte er das

Antlitz ihr zu, gab freundlich Bescheid, sie ruhig anblickend ... und mit einem erleichterten Seufzer und frohem Lächeln schloß Walter die Augen.

Lutold hatte dem Bruder heute seine Tat bei Werra vergolten; er hatte ihm zu ungetrübtem Glück verholfen – ein freudiges Gefühl darüber erfüllte sein Herz trotz allem Leid.

Nun zogen sie ein in die Burg.

Bischof Heinrich und Odalsinde kamen ihnen entgegen, im Hof standen alle Knechte, Mannen und Knappen, ihren Herrn zu empfangen. Sie umdrängten den Wagen, alle wollten ihn sehen, ihn grüßen, aber in gar manchem Auge der harten Männer glänzte es feucht, da sie ihren Herrn jetzt bleich und eingefallen wiedersahen.

Heinrich sprach mit warmen Worten einen Segen über seinen und seiner Gemahlin Einzug in das Schloß der Väter, vorsichtig hoben die Knappen ihren Herrn von seinem Lager auf und trugen ihn hinauf zur Oberburg. Als Walter in dem hohen, luftigen Gemach war, das Odalsinde für ihn und Ursula hergerichtet hatte, schaute er lange über das im köstlichen Frühlingsschmuck prangende Wiesetal, faltete mit glücklichem Lächeln die Hände und sagte zu Otto: „Daheim! Nun werde ich genesen!"

Im Lager von Säckingen entwickelte sich eine fieberhafte Tätigkeit. Rudolf ließ von dem größten Teil seiner Mannschaft Boote zimmern, die er bei dem Hauptzug gegen Basel zu verwenden gedachte, um über den Rhein setzen zu können. Der Graf war überall selbst zu finden; alle Arbeiten standen unter seiner persönlichen Leitung. Auch nach außen hin war er nicht untätig. Er hatte eine Anzahl seiner Ritter und Herren ausgesandt, neue Söldnerheere zu werben, und vergrößerte auf diese Weise seine Macht um ein bedeutendes.

Der Bischof war auch nicht träge; seine reichen Geldmittel gestatteten ihm, ebenfalls ein großes Heer zu besolden, und so brachten seine Werber auch ihm manche Söldnerschar zu. Heinrich ließ Basel noch mehr befestigen und verwahren, da er annahm, daß der Graf sich nunmehr gegen seine Stadt wenden würde.

Langsam verstrich die Zeit. Heiß brannte die Julisonne auf Basel und seine Umgebung herab. Träge und langsam floß der Rhein dahin, graugelb sein sonst so klares Wasser.

Träge und langsam schlich auch den Bewohnern der Stadt die Zeit dahin, besonders dem Bischof. Er ahnte, daß Rudolf mit aller Macht heranrücken würde, scharf ließ er Auslug halten, schier ungeduldig wartete er von Tag zu Tag auf das, was geschehen sollte.

Eines Abends kam atemlos einer seiner Kundschafter in die Stadt und berichtete von Rudolfs Anrücken. Nun kam Leben in die träge Ruhe der Bewohner; mit Erwartung und Bangen schauten alle den nächsten Tagen entgegen.

Der Bote hatte recht berichtet, schon am nächsten Tage stand Rudolf mit seinem Heer südwestlich von Basel auf der Binninger Höhe und schlug dort sein Lager auf.

Als der Morgen des Sankt Margaretentages* anbrach, gab er den Befehl zum Angriff. Er fand aber einen gerüsteten Feind, und die Mauern der guten alten Stadt Basel waren fest, die Bürger standen auf ihren Posten . . . blutig wurde er abgewiesen.

Drei Tage donnerten die Wurfgeschosse gegen die Stadt, immer wieder versuchte Rudolf, ihrer Herr zu werden . . . vergeblich! Da sah er mit Ingrimm ein, daß alles Blut vergeblich geflossen war, daß Basel diesmal noch nicht fallen würde. So führte er sein Heer ins Breisgau hinüber.

Er unternahm einen Zug ins Sankt Georgiental, dann wandte er sich nach Klingen. Er belagerte aber die Burg vergeblich; der Herr derselben trotzte ihm. So verwüstete er das Dorf und zog mit reicher Beute wieder ab. Die Ritter vom Sittich übten Vergeltung; sie fielen bald da, bald dort in habsburgisch Gebiet ein und fügten Rudolf manchen schweren Schaden zu.

Das war Anfang August.

* 20. Juli.

Es kam der September. Über Baum und Strauch spannen sich weiße Fäden, rötlich färbten sich die Blätter und sanken lautlos zur Erde, das große Sterben der Natur begann! Mit verklärendem Schimmer leuchtete die Sonne darüber hin, als wollte sie die Schwere des Dahingehens mildern, dem Vergehen das Herbe, Bittere nehmen. Aber es war wohl kein Mensch in Basel und Umgegend, welcher auch nur mit einem Blick die Schönheit des Herbstes beachtet hätte!

Rudolf von Habsburg zog alle seine Mannen zusammen, und bangenden Herzens blickten die Einwohner von Basel in die nächsten Wochen hinein.

Bischof Heinrich saß in seinem Palast, vor ihm Otto von Rötteln. „Es ist so, als ich sage", sprach Heinrich. „Meine Söldner sind bestochen worden. Sie sind lässig und faul, und ein groß Teil lächelt, so ich erscheine und Befehle austeile. Anjetzo ist mir alles klar. Die Söldner, die vor etlichen Wochen sich bei mir verdingten, sind habsburgisch, sie brachten Geld mit vom Grafen, und seither ist ein groß Teil der Meinen unbrauchbar geworden. Was nun?" In heller Aufregung sprang der geistliche Herr auf und durchmaß das Gemach.

„Woher kommt Euch solche Wissenschaft, Herr Ohm?" fragte Otto finster.

„Einer der Unseren hat sie belauscht und mir verraten. Sag', Otto, was tun?"

„Die ganze Bande zum Teufel jagen, Ohm, da fragt Ihr noch lange?" rief Otto aufspringend.

„Das sagst du", sprach Heinrich grimmig. „Alsdann gehen sie zum Habsburger und vergrößern nur seine Macht. Lieber behalt' ich sie hier und tu' sie in sicheren Gewahrsam."

Ein laut Geschrei und Waffenlärm ertönte plötzlich in den Straßen.

„Was ist das?" rief Otto und sprang hinaus. Heinrich folgte.

Atemlos stürzte ihnen ein Knecht entgegen. „Der Habsburger in Basel", keuchte er.

„Wo?" schrie Heinrich.

„Dort", rief der Knecht und zeigte nach der Richtung, in der der Lärm sich entfernte.

Otto war auf sein Pferd gesprungen und jagte zum Tor hinaus, der Bischof wollte ihm folgen, aber sein treuer Leibknappe wehrte ihm. „Bleibt, hochwürdigster Herr", bat er, „Graf Rötteln genügt bei der Verfolgung."

Nach kurzer Frist schon kam Otto wieder, sprang vom Pferde und rief wütend: „O Frechheit sondergleichen! Von Sankt Kreuz ist er gekommen, allein – zu Fuß, und Eure neuen Söldner haben ihn vergnügt gehen lassen! Solches hat man eilig Herrn Hugh von Marschalke überbracht; der ist ihm mit dem Schwerte nach, und eine Anzahl Bürger folgten ihm. Der Graf floh, Herr Hugh aber, im Eifer und Schmerz um des Sohnes Tod vermutlich, folgte ihm hitzig bis fast zum Albantor, uneingedenk, daß nur wenige ihm so schnell nachkommen konnten. Da die Bürger herankamen, fanden sie Herrn Hugh tot in seinem Blut liegen. Der Graf aber war entkommen."

Heinrich war blaß bis an die Lippen. „Es gehet nimmer so weiter", stöhnte er, „nunmehr setz' ich alles auf eine Karte! Er oder ich – und solches rasch!"

Nach einer Stunde jagten Boten vom Bischof zu allen Mannen, die zu ihm standen, und entboten sie gen Basel. Er wollte dem Grafen entgegenziehen und in einer großen Schlacht den Sieg erringen.

Nimmer faßte die Stadt die Mengen des Kriegsvolkes; alle Häuser waren schier übervoll, und auch auf den Plätzen und Straßen waren Lager aufgeschlagen.

Da erschien Rudolf wieder vor Basel, ebenfalls mit seinem ganzen Heer. Er hatte von des Bischofs Vorhaben Kunde erhalten und gedachte nunmehr mit aller Gewalt Basel zu berennen, einzunehmen und die bischöfliche Macht zu vernichten. Er hatte außer seinen eigenen Mannen und den zu ihm gehörenden Grafen und Rittern noch große Scharen Kriegsvolk von Zürich, Schwyz, Uri und Unterwalden, ebenso Sankt Gallen bei sich.

So brach der Morgen des heiligen Kreuztages* an. Schon in der Frühe donnerten die Wurfgeschosse gegen Basels Mauern. Bischof Heinrich, hoch zu Roß, leitete selbst die Verteidigung, neben ihm Otto von Rötteln und, etliches entfernt, Lutold.

Hin und her wogte der Kampf stundenlang an den Mauern, da befahl der Bischof gegen den Mittag: „Die Tore auf und hinaus, dem Feind entgegen."

Wie ein reißender Strom stürzten die bischöflichen Getreuen den Habsburgischen entgegen, allen voran Lutold.

Nun erhob sich ein heiß und mörderisches Ringen. In ganzer, schauervoller Schrecklichkeit tobte die Schlacht. Wildes Geschrei der Angreifenden und Zurückgeschlagenen erfüllte die Luft und mischte sich mit dem Stöhnen der Verwundeten und Sterbenden. Manch einer der Gefallenen endete unter den Hufen der Rosse; — wer hatte noch Zeit oder Sinn, des Nächsten zu gedenken!

Vorwärts ... nur vorwärts ...

Dahin ging's, über Tote und Lebende ...

Überall tauchte der Bischof auf, in seinem strahlenden Panzer weithin sichtbar; wo es aber am wildesten herging, kämpfte Lutold wie ein Rasender. Er hatte das Visier aufgeschlagen, den Schild fortgeworfen, seine Lanze war längst zersplittert — das Schwert in der Faust war dunkelrot gefärbt und troff von Blut.

Mehrere Male hatte er dem Habsburger Grafen gegenüber gehalten, den er an der leuchtenden Helmzier erkannte. Der aber hatte jedesmal wie unabsichtlich sein Roß herumgeworfen und sich einen anderen Gegner erkoren. Rudolf wußte, der tapfere Ritter war seiner Stärke doch nicht gewachsen, und er wollte ihn schonen, er hatte ihn liebgewonnen vor einem halben Jahre in seinem Zelt.

„Den als Eidam", murmelte er, doch die Schlacht riß ihn mit sich fort und machte jeden anderen Gedanken unmöglich.

Stunde um Stunde verrann, noch immer war der Kampf

* 14. September.

unentschieden. Bald wichen die Bischöflichen, bald die Habsburgischen.

Schon neigte sich die Sonne dem Untergange zu.

Lutold kämpfte und focht wie ein Verzweifelter; *ein* Lanzenstoß, *ein* Schwerthieb mußte ihn doch treffen, ihn, der ohne Schild, mit offenem Visier kämpfte! – Dann – o dann war Werra gerächt ... und dann hatte das heiße Herz seine Ruhe gefunden!

Aber er hoffte vergeblich!

Rechts und links sanken sie um ihn, zu Tode getroffen. Als bei einbrechender Dunkelheit die Schlacht endete und die Bischöflichen sich in die Stadt zurückzogen, hatte Lutold nicht eine Schramme davongetragen, der Tod hatte ihn hohnlachend geflohen.

Wüstes, wildes Geschrei hallte zuerst noch durch Basels Straßen – allmählich wurde es stiller, die tapferen Streiter pflegten der wohlverdienten Ruhe.

Im Palast des Bischofs war Oda in eifriger Sorge um die drei Ritter bemüht. Sie hatte es sich nicht nehmen lassen, Otto zu begleiten, da der Bischof ihn und Lutold nach Basel entboten hatte, und Otto war's wohl zufrieden gewesen. Wie dankbar war die Gräfin, daß alle unverletzt waren!

Hier im Palast war aber von Ruhe keine Rede. Herr Heinrich und Otto saßen in bequemen Hausgewändern am Tisch und besprachen lebhaft Einzelheiten der Schlacht. Lutold stand am Fenster und schaute in die Nacht hinein.

„Komm", rief Heinrich ihm zu, „labe dich, du hast es vonnöten, Lutold! Ich sah dich heute selten – so ich dich aber sah, hat sich mein Herz stolz erhoben, daß du mein Schwestersohn bist! Glück zu, du Held!"

Er hob ihm den Pokal entgegen. Auch Otto tat es, mit kräftigem Druck seine Hand fassend: „Mein Bruder, du bist ein echter Röttler!"

Finster stand Lutold am Tisch. „Und konnte doch nicht den Flecken, so ‚Werra' heißet, mit meinem Blut abwaschen, Ohm Heinrich ..."

Der Bischof sprang auf und legte ihm beide Hände auf die Schultern. „Lutold, der ist abgewaschen, getilgt für alle Zeiten! Hab' gemeint, du hättest mich besser verstanden!" Er schaute ihm tief in die vor Erregung fast schwarz scheinenden Augen.

„Ich verstand Euch wohl gut, Ohm, und doch wollt' ich mein Blut dafür geben."

„Ich dank' den Heiligen, die dich bewahrten", rief Heinrich. Dann schaute er ihn lange an: „Lutold, Glück auf", sagte er langsam, jedes Wort betonend, „in der Zukunft im Frieden ein noch streitbarerer Held!"

Lutold wurde schier noch bleicher – „Ich komme, Ohm, wartet meiner."

Der Bischof drückte ihn an sich und flüsterte ihm zu: „Sei willkommen, ich warte."

Otto hatte erstaunt den Worten zugehört – er faßte ihren Sinn nicht. Nur Odalsinde schien zu verstehen; eine Träne glitt ihr die Wange herab, sie wischte sie hastig fort.

„Was wird morgen werden", sagte Heinrich, auf und ab schreitend, „der Tag hat gar viel gekostet."

„Laßt den morgenden Tag, Ohm", entgegnete Otto aufstehend. „Ruhet – ich will's auch. Wir brauchen fürs erste morgen Kraft."

Er ging mit Oda und Lutold hinaus; der Bischof warf sich auf ein Ruhebett, war aber noch lange wach und fiel erst gegen Morgen in einen unruhigen Schlummer.

Schon beim ersten Tagesgrauen hatten die Bewohner von Basel angstvoll auf die Wiederaufnahme des Kampfes gewartet. Statt dessen erschien ein Herold vor dem Sankt Johanntor, der Habsburger Graf ließ dem Bischof einen oder zwei Ruhetage anbieten zur Bestattung der Toten.

„Keine Lanze oder sonsten eine Waffe soll sich widereinander erheben, zu den Mauern wollen wir kommen und die Unseren holen, ungehindert sollt Ihr kommen und die Euren holen. Fragt Euren Bischof, ob er für solches gesonnen sei."

Dem hohen Herrn überbrachte man allsobald die Kunde, gern willigte er in zwei Ruhetage.

Gegen mittag öffneten sich die Tore der Stadt. Die von Basel kamen heraus, allwo die Habsburgischen schon eifrig bei der traurigen Arbeit waren, ihren toten Kämpfern die letzte Ehre zu erweisen. Viel Wehklagen war auf beiden Seiten, gar manch Leben war drangegeben und auch viel edel Blut geflossen.

In langem Zug trug man die Grafen und Ritter, die gefallen waren, in die Stadt, um sie in den Kreuzgängen des Münsters oder wo es sonst sei, beizusetzen. Da war ein Graf von Neuenburg und der von Sanagasa, der Freiherr von Ringenberg und Graf von Toggenburg, der Graf von Arburg und Herr von Augst, ohne der übrigen edlen Ritter und Herren zu gedenken aus dem Breisgau und Sundgau.

Der Bischof hielt ein feierlich Totenamt für sie, danach eins für die Mannen alle. Er war bleich dabei; seine Augen glühten.

„Noch eine solche Schlacht, und ich bin verloren", sagte er zu den Herren von Rhyn, Pfeffingen, Homburg und Rötteln, da sie wieder im Palast waren, „solch Ringen frißt die Mannen."

„'s ist bei denen drüben just das gleiche", erwiderte der Herr von Homburg, „schier hatten sie noch mehr Tote denn wir."

Der Bischof schwieg, schaute mit gefurchter Stirn noch eine Weile vor sich hin, stand auf und verließ das Gemach.

„Es kommt ihn hart an", sagte der Homburger. „Insonderheit ist's ihm arg, daß Walter nimmer dabei sein kann, er sagte mir's gestern."

„Ich bitt' dich, schweig", fuhr Otto auf. „Tag und Nacht denk' ich an unseren Wilden — aber reden kann ich nimmer von ihm. O ihr Heiligen, seine Ahnungen sind nur allzu wahr gewesen!"

Er stützte schwer den Kopf auf.

Die anderen Herren schwiegen; sie ehrten seinen Schmerz,

fehlte ihnen Walter doch schier ebenso wie dem Bischof und den Brüdern.

In der Frühe des anderen Tages ließ der Bischof den Homburger und Herrn von Rhyn in sein Arbeitsgemach entbieten, allwo sie die beiden Röttler Grafen und den Markgrafen Etto von Hochberg schon vorfanden. Der hohe Herr hatte seine sonstige Ruhe verloren; er wanderte auf und nieder und sah bleich und überwacht aus.

Erwartungsvoll hingen die Blicke der anderen an ihm.

Er blieb am Tisch stehen, und es brach von seinen Lippen: „Ihr Herren und Edlen vom Sittich, höret mich an! Ich bin willens, zu versuchen, durch ehrenvollen Vergleich den Frieden herzustellen zwischen dem Habsburger und mir."

Tiefes Schweigen folgte seinen Worten. Schier versagte den Herren der Atem ob dieser Rede, man hätte ein Mäuslein laufen hören können!

Endlich brach der Markgraf die Stille: „Warum solches, Herr Bischof?"

Heinrich holte tief Atem; ruhiger sprach er: „Was soll noch länger solch Blutvergießen! Ich hab's satt! Des Jammerns und Wehklagens soll anjetzo genug sein; so der Habsburger meine Forderungen bewilligt, mach' ich Frieden."

„Und die wären?" fragte Herr von Rhyn gespannt.

„Wiederherstellung meiner Burgen, Los- und Lediggeben der Stadt Säckingen an das Hochstift Basel für alle Zeiten, endlich tausend Mark Silber Buße."

Markgraf Etto lachte laut auf. „Nicht mehr? Na, Herr Bischof, da werbt nur schleunigst neue Heere, auf solche Forderungen läßt sich der Habsburger nimmer ein."

„Wollen sehen", rief Lutold, „ich stimme dem Ohm bei."

„Versucht's", sprach Otto. „Mich verlanget nach Ruhe, kann's nimmer leugnen, die Fehde hat uns genug genommen."

„So will ich denn heute am Nachmittag einen Herold entsenden, der Waffenstillstand anbahnet", sagte Heinrich, „alsdann wollen wir weiter sehen."

In Rudolfs Zelt stand des Bischofs Gesandter, Herr Karl von Neuenburg. Er hatte dem Grafen Heinrichs Antrag übermittelt und wartete nun der Antwort.

Graf Rudolf hatte die Arme gekreuzt und blickte ihn lange an. Endlich sprach er: „Es ist sonderbar, daß ich die gleiche Friedensabsicht hatte! Mein Bote sollte heute abend zum Bischof kommen. Sagt Eurem Herrn solches. Sagt ihm auch, die Friedensbedingungen zu stellen, wollen wir den Schiedsmännern überlassen. Ich schlage vor, daß wir jeder deren zwei wählen; die sollen alsdann alles weitere ordnen."

Karl von Neuenburg kam zurück und überbrachte dem Bischof Rudolfs Antwort. Heinrich war damit einverstanden; erwählte als Schiedsmann den Markgrafen Etto von Hochberg und gab ihm zur Seite den Alten von Geroldseck.

Rudolf von Habsburg wählte unter den Seinen den Burggrafen von Nürnberg und Graf Heinrich von Fürstenberg.

„Diese sollten nun alle Händel sprechen zu Minne oder Recht, das ist freundlich oder rechtlich", berichtet die Chronik, „von diesem Tag, Sankt Mauritzen*, bis auf den nächsten Sankt Gallentag**, und sollt' in solcher Zeit auch Fried' gehalten werden."

Als erste Folge dieses Waffenstillstandes öffnete der Bischof dem ausgewiesenen Adel die Tore. Die Herren vom Stern ritten wieder ein in die Stadt Basel und zogen in ihre Häuser.

Graf Rudolf blieb mit seinem Heer noch vor Basel liegen; doch war ein friedlich Verkehren zwischen seinen Mannen und den Bewohnern der Stadt.

* 22. September.

** 16. Oktober.

Einundzwanzigstes Kapitel

Aus den Aufzeichnungen des Paters Rubertus

Burg Rötteln, am 23. September 1273.

Wie ein Traum ist's mir, unfaßlich und schier zu wunderbar, um Wahrheit zu sein, aber dennoch, es ist so: ich bin wieder auf Rötteln!

Da sitze ich in meinem Gemach, um mich herum alles, wie ich's einst verließ. Und so ich den Blick erhebe, schweift er über das liebliche Wiesetal und grüßt die Schwarzwaldberge. Ich lese des Morgens die Messe, die Mahlzeiten sind wie ehedem in der großen Halle unten, alles so wie einsten auch – und doch so ganz anders!

Hätt' nimmer geglaubt, da mein Leben im Kloster so ruhig dahinfloß, daß ich diese Blätter noch einmal hervorholen würde. Sie haben in meiner Lade geruht seit meinem Fortgang damals von Rötteln; aber es kommt des öfteren anders, denn man meinet! Hätt' wohl gar mancherlei zu schreiben gehabt, aber entbehrte der Lust dazu, will's heute nachholen!

Da ich im Kloster anlangte, nahm Abt Meinrath meine Hand, sah mir lange ins Antlitz und sagte dann: „Die Welt macht müde, komm und ruhe dich aus. Du bist krank, nicht von außen, aber von innen. Hier wirst du mit Gottes und unserer lieben Frauen Hilfe genesen. Für die ersten Tage erteile ich dir noch Dispens von des Klosters Regeln, daß du dich erst wieder mählich daran gewöhnest. Burgleben ist anders denn Klosterleben."

Gütig und mild hatte seine Stimme geklungen; ich konnte nichts darauf sagen.

Ich studierte viel im Kloster, war fast immer in der Bibliothek zu finden. Eines Tages rief mich der Abt zu sich und sagte, ich solle die Klosterschüler unterweisen und also meine Gelehrsamkeit verwenden. Ist mir auch eine Freude gewesen und wurde es noch mehr, da ich sah, wie die jungen Gemüter gern aufnahmen, was ich geben konnte.

Fünf Tage sind es her, da ein riesiger Zug bei uns am Tore hielt, Einlaß begehrte und ich sehr bald zum Abt Meinrath gerufen wurde. Ich erstaunte; aber mein Erstaunen wuchs, da ich Röttler Mannen erkannte.

„Graf Walter von Rötteln hat zu mir gesandt", hob der Abt an, „er braucht einen Burgkaplan. Inständig bittet er um dich, er möcht' nur dich wiederhaben. Ist anjetzo noch leidend, der edle Herr, hofft aber baldige Genesung."

„Graf Walter ist krank?" fragte ich erstaunt.

Da sagte der lange Friedung, den ich ja so gut kenne: „Ja, Hochwürden, er war recht krank. Schier hat man an seinem Leben verzweifelt. Vor mehr denn vier Monden brachten sie ihn uns von Werra, allwo er gelegen hatte. Er läßt Euch seinen Gruß entbieten und bitten: kommt wieder zu uns!"

Zwei Jahre sind dahingegangen, seit ich von Rötteln zog, aber die Zeit versank mir in diesen Augenblicken, mir war, als hätt' ich gestern Abschied genommen, die Sehnsucht wallte in mir auf! Ich besann mich nimmer lang, sondern sagte rasch: „So Ihr mich ziehen lasset, hochwürdigster Herr Abt, möcht' ich gerne wieder hin."

„Geh' mit dem Segen unserer lieben Frau", sagte Herr Meinrath gütig.

Ich ging, meine wenigen Habseligkeiten zu ordnen, und nahm Abschied von den Brüdern und den Kindern.

Mir war zu Sinn, als wenn ich lange, lange nicht wiederkehren würde! Am anderen Morgen früh zogen wir fort. Der Abt gab mir seinen Segen, und nach drei Tagen langten wir hier an. Da wir vor dem Tor erschienen, blies der Wächter ein froh Willkommen. Im Zwinger waren sie zusammengelaufen, die Knechte und Knappen, Mägde und Frauen, aber nur wenige kannte ich, sind doch die meisten der tapferen Mannen bei Röttelns Einnahme, davon mir Friedung unterwegs berichtete, geblieben!

Gräfin Ursula kam mir entgegen, da ich vom Pferde stieg – damals grüßte mich eine andere.

Schier hätte ich die Burgherrin nimmer erkannt, das liebliche, schüchterne Kind ist ein vollerblüht Weib geworden; ruhige Sicherheit liegt in ihrem Wesen. Hat gar großen Mut bewiesen in jener Nacht in Rudolfs Lager! Hab's schier nimmer fassen können, da ich's vernahm! Aber freilich, sagte doch schon Paulus den Korinthern: Die Liebe verträgt alles und duldet alles!

Da ich mit ihr zur Oberburg schritt, kam Graf Otto mir rasch entgegen. Das war ein bewegt Wiedersehen! Gleich Brüdern lagen wir uns in den Armen und hielten uns umschlungen. Alsdann führten sie mich zu Walter. Er hat mit seiner Gemahlin etliche Gemächer inne, so über dem großen Saal liegen. Gräfin Odalsinde saß bei ihm, da ich eintrat. Ich grüßte sie nur schnell – mein Herz zog mich zu dem bleichen Mann dort auf dem Ruhepolster am großen Bogenfenster.

Ich beugte mich zu ihm, konnt' aber kaum reden, da ich ihm ins Antlitz sah! Blaß und eingefallen war das Gesicht; die dunkelblauen, sprühenden Augen verschleiert – das war Graf Walter nicht mehr!

Mit warmem Lächeln drückte er immer wieder meine Hand. „Ich wollt' nur Euch, Rubertus", sagte er leise, „bin der Meinung, so Ihr da seid, würd' es bessere Zeit werden."

Ich schlug das Zeichen des Kreuzes über ihm und sagte: „Solches liegt nur am Segen des Allmächtigen! Soviel ich aber dazu tun kann, soll geschehen, Walter!"

Hierauf führte mich Odalsinde hinauf in mein Gemach und drückte mir voller Freude die Hand: „Wie dank' ich's dem Vater im Himmel, daß Ihr wieder hier seid, Pater Rubertus! Hoff' nun, den Weg zum Gottesherzen noch besser zu finden, da Ihr ihn mir weisen könnt."

Ich muß sie wohl ob ihrer Rede erstaunt angesehen haben, denn sie fügte leise hinzu: „Elisabeth unterwies mich."

Sie ging hinaus; ich war allein. Aber mich trieb's allsogleich hinab zur Kapelle, mein Herz vor dem Herrn auszuschütten. Wie lange ich dort gesessen, weiß ich nimmer – ich war erfüllet von dem, was ich durch Friedung erfahren und hier selbsten gesehen.

Beim Abendimbiß fehlte Lutold, so wie am Nachmittag allbereits. Er war in Basel beim Bischof. Ich konnte ihn erst heute grüßen. Wie ist er verändert! Was mag er gelitten haben, daß aus dem lebensfrohen Jüngling solch ernster Mann mit den vielen Silberfäden im Haar geworden ist! Ich ahne manches – doch kein Wort soll es ihm verraten.

Am 25.

Walters Aussehen gefällt mir nimmer. Die Wunde in der Brust ist wohl recht bös gewesen. Gräfin Ursula vermeinet freilich, er sei blühend gegen die Zeit, da er aus Werra kam, mag sein! Gott gebe, daß er geneset! Sein Herz verlanget mit allen Fasern danach. Und ist ja so begreiflich! So jung noch, erst zweiunddreißig, dazu so glücklich in seiner Ehe – mein täglich Gebet ist, Gott möge ihm helfen!

Ist ein selten schön Leben zwischen den Geschwistern hier und in den beiden Familien. Gräfin Odalsinde blüht in ihrem Glück, Graf Ottos Drang nach Wissenschaften hat merklich nachgelassen! Nur Lutold ist wortkarg und in sich gekehret, aber ruhig und freundlich.

Im Dorf unten war große Freude, als ich in die Hütten einkehrte. Hab' viel Liebe gefunden bei den Bauern, sie kannten mich noch gar gut. Mir tat solches sehr wohl!

Drunten in Basel pflegen sie gar eifrig Beratung. Ob der Gallustag den heißersehnten Frieden bringen wird? Graf Rudolfs erster Schiedsmann, Friedrich von Hohenzollern, Burggraf von Nürnberg, kann nicht dabei sein, maßen er zu den deutschen Fürsten gehöret, so gegenwärtig in Frankfurt am Main zusammen sind, um einen Kaiser zu küren. Mag nicht leicht sein, in jetziger Zeit einen zu finden, es ist gar böse Zeit! Seit Jahrzehnten keiner auf dem Thron, all und jeder tut, was ihn gelüstet, da muß der neue Kaiser eine gar starke Hand haben und große Energie.

Ist heute unten in Basel Bankett auf der „Müggen", in der Trinkstube derer vom Sittich. Auch Graf Otto und Lutold sind dorten. Soll Aussöhnung gefeiert werden zwischen dem Sittich und Stern.

Es ist Mitternacht; aber solch Tag als der heutige raubet den Schlaf. Gegen die Mittagszeit meldete der Wächter einen Zug Reiter, so gegen Rötteln zuritten. Um wenig später taten sich die Tore weit auf, und in prächtiger Gewandung ritt Graf Rudolf von Habsburg ein, gefolgt von einer kleinen Zahl seiner erlesensten Ritter.

Graf Otto eilte ihnen in maßlosem Erstaunen entgegen, denn der Graf hatte ihm mit keinem Wörtlein am Bankett solchen Besuch vermeldet! Auch ich eilte hinab und begegnete ihnen auf der oberen Zugbrücke. Otto und Lutold geleiteten ihren Gast. Er neigte sich tief vor mir, und ich segnete ihn mit des Kreuzes Zeichen.

Des öfteren blieb er im Weiterschreiten stehen, schaute die Burg an und sagte lächelnd: „Ja, ja, Ihr Herren, Rötteln ist Euch gleich, stark und fest und unbezwingbar!"

Oben begehrte er zuerst nach dem Altanzimmer geführt zu werden. Kopfschüttelnd schaute er immer wieder in die grause Tiefe, und er erzählte den beiden Brüdern und mir Walters Meisterstück ausführlich. So genau hatten wir es noch gar nie gehöret – war ja auch nicht möglich gewesen, da alles um ihn von den Seinen tot war! Er selbsten hatte wenig davon gesprochen, wie Walter überhaupt nicht viel Redens von sich macht! Mir zitterte das Herz und schwindelte, als ich dort hinabschaute, wahrlich ein Helden- und Meisterstück!

„Bei Werra kam sein zweites Heldenstück", sagte Rudolf, da wir wieder zum Hof schritten, „und alsdann das von Euch, Graf Lutold! Wahrlich, Graf Otto", wandte er sich zu diesem, „seit jener Zeit schlägt mein Herz für Rötteln und seine Herren in warmer Zuneigung."

Wir führten ihn zu Walter. Die beiden edlen Männer streckten sich die Hände entgegen zu festem Druck und schauten sich lange schweigend an. Jetzo wandte sich Rudolf und winkte seinem Knappen. Der eilte hinaus und kam bald wieder, gefolgt von etlichen Mannen, die verschiedenes trugen. Sie reichten ihrem Herrn zwei kostbare Schwerter. Köst- von purem Gold, reich mit edlen Steinen besetzt.

Er bot sie Walter und Lutold und sagte: „Das Beste und Kostbarste, so ich habe, den beiden edelsten Männern, so ich kenne! Nehmt's an, Ihr liebwerten Herren, als Zeichen meiner Zuneigung und Hochachtung."

Otto bot er alsdann einen köstlichen Helm und den beiden Schwestern zierliche Hals- und Armringlein mit leuchtenden Steinen geschmückt.

Solches war eine gar große Überraschung und Freude bei allen! Viel lebhafte und herzliche Rede wurde getauscht, und hat mich gar sehr verwundert, wie der edlen Herren Meinungen zueinander stimmten! Alsdann rief Ursula zum Mahle in die Halle, so in Eile gerichtet war. Doch hat es dem edlen Grafen von Habsburg und den Seinen gut gemundet, und uns desgleichen. Graf Walters Augen leuchteten heute hell; solches gemahnete mich in etwas an früher — ich fange an, für ihn zu hoffen.

Am Tisch hob Walter zuerst den Pokal: „Dem tapferen Burg- und Herzbezwinger!"

„Ihr seid beides mehr denn ich, Röttler Graf! Ich trinke auf Euer und Eures edlen Geschlechtes Fortbestehen, und —" er machte eine kleine Pause, erwartungsvoll schauten wir ihn an, langsam fuhr er fort: „— und auf ein Schutz- und Trutzbündnis zwischen Rötteln und Habsburg, so heute geschlossen werden soll — wollt Ihr?"

Ungestüm wie früher sprang Walter auf, sank aber zugleich zurück; die Schwäche überkam ihn! Er streckte beide Hände dem Grafen über den Tisch, Otto und Lutold gaben die ihren dazu, und gelobten sich also die Herren, in Minne und Recht zueinander zu stehn für alle Zeiten!

Da hab' ich nimmer anders gekonnt, bin rasch dazugetreten, hab' meine linke Hand auf die ihren geleget, die rechte erhoben und also den Bund gesegnet! Auch mein Herz in lautem Gebet für die beiden edlen Geschlechter erhoben zu Gott, dem Herrn, um Fortgang und Bestehen beider!

Waren gar bewegte Minuten und frohe Stunden, so nunmehr folgten. Ernste und heitere Reden wurden getauscht, die Zeit strich rasch dahin.

Als die Tafel beendet und die Herren noch am Pokal saßen, zog mich Walter von Klingen, der edle Minnesänger, mein Tischnachbar, hinaus auf den Burghof. Wir wandelten dorten auf und ab und setzten uns endlich auf die niedere Mauer. Gar ein wundersam Ding erzählete er mir dabei, so wundersam, daß es wohl wichtig ist, hier vermeldet zu werden.*

Ihm hatte in der Nacht zuvor geträumt, er sähe die Kurfürsten und Wähler des Reiches in Frankfurt am Main beieinander versammelt. Sie sprachen: „Welcher unter uns die Krone in unserer Mitte aufheben kann, der soll von allen für einen König erkannt werden." Einer nach dem andern versuchte es, aber keiner konnte sie in die Höhe heben. Endlich trat auch Rudolf von Habsburg hinzu, hob sie auf und setzte sie sich aufs Haupt.

So erzählte mir der Herr von Klingen. Er sagte mir noch dazu, er schaue seinen Herrn jetzo mit anderen Augen an denn vorher! Ist mir ebenso ergangen, da ich ihn wiedergesehen habe in der Halle – gar oftmalen zeigt es der Allmächtige im Traume an, so er wundersame Dinge vorhat zu tun!

Soll mich verwundern, wen die deutschen Fürsten küren werden!

Wenig später sind die edlen Herren davongezogen, noch bis Rhyn geleitet von Otto und Lutold. Walter brachten wir sofort hinauf; der Erregungen waren ein wenig viel gewesen. Doch, hoff' ich, ist es morgen mit ihm besser.

Am 29.

Ich merk's, daß ich nimmer in Einsiedeln bin, sondern auf einer Burg und mitten im Leben! Saß heute in den Vormittagsstunden wieder unten auf dem Friedhof und sinnierte

* Nach der Kolmarer Chronik.

ob dem und jenem. Es raschelte im Gebüsch, und Lutold trat an das Grab. Ein leicht Staunen ging über sein Antlitz, da er mich sah. Er fragte: „Ihr hier, Herr Pater?"

Ich nickte nur, aber es war mir zu Sinn, als müsse ich noch etwas sagen, das ihm vielleicht ein kleiner Anstoß wär' zum Reden. Vermeinete schon oft, eine Aussprach' müßt ihm gut tun, wie mir auch einsten! Rasch sagte ich daher, ehe mir's leid wurde: „Mein Weg führt mich täglich hierher."

Ich fühlte meine Wangen heiß werden — betroffen schaute er mich an. Eine Zeit war's still zwischen uns, ich hatte den Kopf geneigt, meine Hand lag auf dem Hügel; . . . schwer ging des Grafen Atem.

Doch dann rang es sich von seinen Lippen los: „So werdet Ihr mich verstehen, Rubertus! Ihr sollt wissen, was anjetzo noch niemand weiß, aber sie in Bälde hören werden: am ersten Dezember werde ich geistlicher Herr zu Basel! Hab' mit dem Ohm allbereits alles vereinbart. Das Kloster Sankt Alban wird mir Heimat werden."

Schier benahm mir's die Luft — ich muß ihn wohl merkwürdig angeschaut haben. Ein Lächeln ging über sein Gesicht.

„Und Eure Brüder?" konnt' ich endlich fragen.

„Sie werden sich wundern gleich Euch", sprach er ruhig, „aber sie werden's zufrieden sein."

Ich nahm seine Hand; nimmer konnt' ich der Frag wehren: „Und warum, Lutold?"

Ein jäh Zittern ging durch den ernsten Mann, er preßte meine Hand und fragte zurück mit seltsam klingender Stimme: „Weshalb ist dies Grab täglich Ziel Eures Weges, Rubertus?"

Lang und tief schauten wir uns an — nicht allsogleich fand ich die Antwort. Dann aber sagte ich leise: „Hier ruhet mein irdisch Glück!"

Schweigend setzte er sich neben mich; wieder war's lange still zwischen uns. Aus der Tiefe des Herzens aber lösten sich seine Worte, da er mir endlich sagte: „Ich gehe — ich muß gehen wegen Ursula, meines Bruders Weib!"

„Ich hab's gedacht", entgegnete ich.

Er fuhr auf: „Um der Heiligen willen, hat man's gemerkt?"

Beruhigend legte ich die Hand auf seine Schulter. „Wohl nur ich sah und merkte solches, Lutold! Eigen Leid, so es sich fügen lernt unter Gottes Hand, hat scharfen Blick für fremd Leid."

Lang saßen wir noch schweigend beisammen und gingen auch schweigend heim. Hab' ihm heut nimmer von der großen Gottesliebe reden können, so uns durch Kreuz und Weh zu sich ziehen will – fand, es sei nicht die rechte Zeit. Nicht nur zum Reden, auch zum Schweigen braucht's Klugheit, manchmal zum letzteren noch mehr. Aber gebetet hab' ich für ihn und will's treulich im besonderen jetzo tun. Fürbitte ist ein gar köstlich Ding und hat große Verheißungen des Höchsten.

Am 1. Oktober.

Ein Geschehnis jaget das andere! Die kaiserlose Zeit ist beendet – Deutschlands Fürsten wählten! Und wen sie wähleten? Rudolf, Graf von Habsburg.

Schier möcht' ich mich an der Nasenspitze zwicken, um zu erfahren, ob ich wirklich nimmer träume, aber ist doch Wahrheit! Der Habsburger ist deutscher Kaiser geworden!

Heil uns! Wieder ein Oberhaupt nennen wir unser, und noch solch Oberhaupt!

Herr Walter von Klingen, Euer Traum war von Gott!

Mich will dünken, nimmer hätten die deutschen Fürsten einen Besseren küren können. Hart wie Stahl ist der Mann und hat doch ein gar edel Herz in der Brust; von Eisen schier ist sein Kopf und gehet durch, wo er will, unbeugsam sein Wille und sieghaft sein Schwert. Grad solchen Mann aber benötigt Deutschland sehr, sintemal das Raubritter- und Fehdewesen schier überhand genommen hat!

Lachen mußt' ich ob unserem Bischof. Der hohe Herr war heute bei uns in der Burg. Kam schon in den Morgenstunden und hat den Brüdern Walter und Otto eröffnet, daß Lutold geistlich wird. War zuerst groß Staunen bei allen; aber gefragt hat niemand warum, und ich war sehr froh darüber. Sie haben sich im Gegenteil alle gefreut – es ist eben eine Ehre, geistliche Herren in der Familie zu haben, und in dem Röttler Grafengeschlecht war schon manch geistlicher Herr.

Sie haben ihm alle viel Glück gewünscht; ich sagt' ihm aber nur leise: „Gott gebe Euch, was Ihr suchet; ein still Herz!"

Nach dem Mittagsmahl saßen wir im Kreis froh beieinander; der Bischof erzählte just, wie Graf Rudolf tags zuvor ihm einen Besuch gemacht und ihn auf die Habsburg geladen hätt', auch die Möglichkeit eines Schutz- und Trutzbündnisses wie mit Rötteln sei mit Basel in Erwägung gezogen. Mitten hinein klang des Turmwächters Horn; Otto schritt hinaus, um zu sehen, wer der Gast sei. Er währete nicht lang, so kam er wieder mit dem Grafen von Schauenburg, einem von des Bischofs Getreuen.

Auf dem Antlitz beider glühte die Erregung, und Otto rief: „Herr Ohm, Graf Schauenburg bringet wundersame Kunde! Gleich einem Lauffeuer ist es durch Basel gegangen, höret!"

Und der Schauenburger Herr fuhr fort: „Heut, da die Nacht zu Ende ging, kamen Gesandte der deutschen Fürsten aus Frankfurt am Main ins Lager, an ihrer Spitze Burggraf Friedrich von Nürnberg. Die verkündeten, Rudolf von Habsburg sei gekürt zum deutschen König und Kaiser. Hab' erst genau erkundet, ob es Wahrheit sei, und da ich es also fand, kam ich in Eile her, Euch, hochwürdigster Herr, solches zu vermelden."

Da er also sprach, fuhr der Bischof von seinem Sitz empor, hob beide Arme gen Himmel und rief schier fassungslos: „Hilf, Herre Gott, sitz' fest auf deinem Thron, sonst steiget dir dieser Rudolf noch herauf!"

Hat auch geraume Zeit gebraucht, bis er sich beruhigen konnte. Hab' ihnen hierauf Herrn von Klingens Traum erzählet und zu meiner Freude wahrgenommen, daß unsere Grafen sich herzlich der Kaiserwahl gefreut haben.

Auch der Bischof gab sich endlich zufrieden, und als Otto vorschlug, zum neuen Kaiser hinzureiten und ihm Glückwünsche darzubringen, willigte er ein, ist aber sein Lächeln doch recht süßsauer dabei gewesen!

Graf Otto hieß seinen Knappen einen prachtvoll silbernen Panzer bringen, desgleichen ein Schwertgehänge von Goldband mit leuchtenden Steinen reich besetzt, beides als Ehrengabe für den deutschen Kaiser. Um wenig später ritten die Herren fort, Otto und Lutold in köstlicher Rittergewandung, gefolgt von ihren Knappen, die die Ehrengabe trugen. Walter schaute ihnen nach, ist zwar schon kräftig genug, kleine Ritte in der Gegend zu machen, darf aber nicht allzuviel sich zumuten.

Bis anjetzo sind die edlen Herren nicht zurück — wird wohl ein gar fröhlich Bankettieren im Lager sein!

Möge der Segen des Allmächtigen auf dem neuen Kaiser ruhen!

Am 10. November.

Danket dem Herrn, denn er ist freundlich, und seine Güte währet ewiglich! Also begann ich heute die Morgenmesse, und also beginne ich hier.

Dem edlen Grafengeschlecht ist Heil widerfahren; ein neu Reislein ist am alten Stamm erblühet, ein kräftig Stimmlein begrüßte die Welt — Gräfin Odalsinde schenkte ihrem Gemahl, der noch abwesend, ein Söhnlein — das erste!

Herrschet eine Freude hier oben, wie ich nimmer gemeint hab', sie je zu erleben! Mein Herz freut sich und jubelt mit ihnen; möcht' dem edlen Geschlecht hier oben gelten das Wort des Herrn: dein Weib wird sein wie ein Weinstock und deine Kinder wie Ölzweige um deinen Tisch her.

Am 30.

Heute haben wir den kleinen Erdenbürger dem Herrn und seinem lieben Sohn dargebracht in der heiligen Taufe. War ein feierlicher Tag! Der Bischof Heinrich hat selbsten ihm den Segen gespendet. Unsere Burgherrin Ursula hielt den Knaben — war ein gar lieblich Bild, die schlanke, feine Gestalt im langwallenden, weißen Gewand mit dem Kindlein im Arm!

Als Paten standen daneben Graf Walter, Herr von der Homburg und Markgraf Etto von Hochberg. Neben Walter aber stand noch ein Pate, so besondere Erwähnung verdienet, nämlich Walter, der Herr von Klingen. Er war aber entsandt vom Kaiser Rudolf als sein Stellvertreter, da dieser der erste Pate war! So hatte er sich's ausbedungen bei Otto, und so war's geschehen. Als Angebinde hatte er dem Kindlein einen kostbaren Schild auf die alte Grafenwiege gelegt, der Gräfin aber ein gülden Halsgehänge gesendet.

In der heiligen Taufe erhielt das Knäblein die Namen Walter Rudolf, nach seinem tapferen Ohm und hochedlen Paten. Möcht' er beiden gleichen! Möcht' er aber vorerst und immer ein tapferer Streiter seines himmlischen Königs werden, ein Kämpfer Jesu Christi und ein Sieger über sich selbst! Alsdann auch ein Freund und Helfer der Armen und Unterdrückten – das walt' Gott Vater, Gott Sohn und Gott der heilige Geist, Amen! –

Ein glänzend Mahl beschloß den Tag; auf Ottos Antlitz lag ein ganzer Himmel von Glück, Freude und Stolz. Hat bis jetzt anjetzo noch immer so hin und her etlich Zeit für die Pergamente gehabt, freilich nimmer allzuviel – behüte! Ob er jetzt mehr haben wird? ... Hab so meine Gedanken darüber; werde mich wohl erbarmen und den Rollen von nun an Platz und Unterkunft in meinem Gelaß geben müssen!

Am 1. Dezember

Graf Lutold hat uns für immer verlassen. Auf dem Hof stand das Gesinde und alle Mannen, da er davonzog, ich gab ihm das Geleit bis unten zum Tor und einen brünstigen Segenswunsch mit auf den Weg. Graf Otto ritt mit ihm gen Basel. Lutold hat sich nicht einmal umgewandt; ist auch sein Abschied von den Seinen gar kurz und schnell gewesen.

Möcht' er finden, was er sucht. So er's aber nicht bei dem einen suchet, der da gesagt hat: Kommet zu mir, ihr Mühseligen und Beladenen, ich will euch erquicken, so wird er's wohl nimmer finden! Wenig konnt' ich ihm davon reden; er sprach nie von sich, wie hätt' ich da anfangen können! Etliche Male tat ich's; er hörte nur stille zu. Ob er mich verstand, weiß ich nimmer.

Auf Silvester.

Das Jahr scheidet, bald ist es dahin! Wir wollen das neue Jahr miteinander in der Halle erwarten und dem alten Valet sagen. – Was mag das neue Jahr bringen?

Menschen gehen dahin, Tage, Monde, Jahre fliehen – Jesus Christus bleibet! Er derselbe gestern, heute und in den Ewigkeiten. Wohl uns, so wir ihn kennen und haben!

Viel hat dieses Jahr gebracht, zum letzten noch die Freude, daß Walter an einem fröhlichen Jagen gestern teilnehmen konnte. Ist das erstemal nach seiner langen Krankheit. Doch scheinet es ihn angegriffen zu haben; hat eine Stunde ruhen müssen, da er heimkam. Blaß ist er noch immer, schlank und schmal die Gestalt geworden, aber doch leuchtet hin und wieder sein Auge auf; allgemach kehret die alte Lebenskraft wieder. Freilich machte mich gestern eines stutzig. Als er heimgekommen war und auf dem Ruhebett lag, saß ich bei ihm. Da sah ich, daß er etliche Male nach der Seite faßte, allwo er die Wunde gehabt hatte.

„Schmerzt's Euch, Walter?" fragte ich besorgt.

Darauf sagte er so leichthin: „O nein, Rubertus, nur so ich mich rasch bewege, auch recht tief atmen will, sticht es mich ein wenig."

„Seid vorsichtig", bat ich ihn. Da lachte er. Mir will's nicht recht passen, solche Stiche sind nimmer gut! Gott walt's, daß er bald ganz genese!

Klein-Walter gedeiht, es ist eine Lust! Der Eltern Stolz und Freude ist gar groß.

O Herr, laß deine Augen offenstehen über Rötteln und seinem Geschlecht Tag und Nacht! Bleibe bei uns, wie du es gewesen bist, wofür dir Ehre und Preis sei jetzt und immerdar.

Anno Domini 1274. Am 18. Januarius.

Der Kaiser ist heute fortgezogen; die Herren gaben ihm Geleit bis Basel.

Fröhlich Jagen und Lanzenstechen verkürzen die Tage; nur gestern wurde das Wetter anders. Ein milder Wind sprang auf und brachte Regen – naß, gleich den Katzen, kamen die Herren vom Jagen heim. Hat hoffentlich nichts geschadet – Walter gefällt mir nicht, er sieht heut bleich aus. Hat in diesen Tagen ebenso mitgetan wie ehedem, nur sah ich ihn zuweilen die Hand auf die Brust legen. Die Erinnerung an Werra hat er behalten! So er viel reitet, schmerzt ihm die Brust, und will er's nicht achten, wie manchmal schon, muß er's mit tagelangen Schmerzen büßen. Hat gar oft schon dagegen aufbegehret in wildem Trotz – so ihn aber Ursula bittend anschaut, beißt er die Zähne zusammen und schweigt.

Wenn ich mich zu ihm setze in solchen Tagen und ihn trösten wollt', hat er mich nimmer reden lassen und sich weidlich über die lieben Heiligen aufgeregt. Schließlich konnt' ich ihm mählich beibringen, daß sie wirklich schuldlos wären, sintemal Gott der Herr unsere Schicksale in der Hand hat und nicht selig gewordene Menschen.

Schier hab' ich lachen müssen ob seiner erstaunten Augen, da ich solches zum erstenmal ihm sagte! Als er's aber begriffen, wurde sein Trotz allgemach geringer; er scheute sich in heiliger Gottesfurcht, gegen den Allmächtigen so aufzubegehren. Hat ihn aber viel gekostet, ehe der wilde Mann sich dem eisernen „Muß" gefüget hat, und kostet ihn noch viel. Mir tut das Herz gar manchmal weh, so ich sehe, wie er tapfer leidet und sich nicht unterkriegen lassen will. Kann nur für ihn beten und will's weiterhin tun.

Am 19.

Barmherziger, muß ich wieder von neuer Trauer melden, so hier eingekehret ist?

Walter raset im Fieber; es sei von der Lunge, erklärte der Medikus, wär' über kurz oder lang doch gekommen, da innerlich eine ungute Stelle sei. Jetzt hat der schwere Regen bei der Jagd, da die Herren erhitzt waren, die Sache beschleunigt und eine starke Entzündung hervorgerufen. Walter kennt niemanden! Herr, erbarm' dich!

Am 20.

Heute, da ich bei ihm saß, kam ein lichter Augenblick.

„Rubertus", flüsterte er matt, „kommt der Tod?"

„Ich weiß nicht, Walter", sagte ich traurig. „Euer Leben stehet bei Gott."

Darauf war er lange still. Mit geschlossenen Augen lag er da. Plötzlich sagte er: „Rubertus, ich tat immer, was ich wollte, kümmerte mich wenig um die Heiligen. Wird mich der Allmächtige annehmen?"

Mein Herz zitterte. „So ihr glaubet an den Sohn Gottes und begehret der Sündenvergebung durch sein Blut, mag es wohl sein, Walter."

Mit tiefer Demut sagte er da: „Ich glaube solches und begehre, durch das Verdienst des hochgelobten Erlösers selig zu werden. Wollt Ihr mir darauf die letzte Ölung geben?"

Milde entgegnete ich ihm: „Glaubet Ihr gewißlich, daß Jesus Christus Euch alles vergeben kann, und begehret Ihr ernstlich solches?"

„Ja", sagte er und sah mich voll an mit den großen, blauen, fieberglänzenden Augen.

Ich rief die anderen und gab ihm die letzte Wegzehrung.

Ursula weicht keine Minute von ihm – wie Schnee ist ihr Antlitz – und vermag doch noch, ihm zuzulächeln – wahrlich, eine Heldennatur! Armes, armes Weib, so kurz das Glück, nur ein Jahr – so Schweres in der Zeit durchlebt, so jäh zu Ende – Herr, unerforschlich sind deine Wege!

Am 21.

In der Morgenfrühe hat unser Walter ausgelitten! Wir waren alle um ihn versammelt, ich habe hin und her halblaut gebetet! Gab erst noch ein heiß Ringen zwischen Seele und Leib, doch mählich wurde er ruhiger und ist endlich sanft eingeschlafen.

Gott schenke ihm ein fröhlich Auferstehen!

Nun ruhet er auf der Bahre in der Kapelle; der Rittermantel ist um ihn gelegt, sein kostbarer Schild deckt ihn. Zu seinen Füßen liegen Schwert und Helm.

Lutold kam am Vormittag — marmorbleich waren seine Züge . . . wie gebrochen sank er mit dumpfem Stöhnen neben dem toten Bruder nieder und kniete dort lange — lange —.

Ursula trägt ihr Weh heldenhaft! Nur öfters reißt sie Klein-Walter, der die dunkelblauen Augen seines Ohms hat, in die Arme und drückt das Gesicht in seine Locken. Aber ob ihr Herz auch blutet ob dem Verlust, sie hat doch den rechten Trost gefunden! Unten an der Bahre sagte sie mir: „So die Efeuranke jetzt nicht das Kreuzesholz hätte, Pater Rubertus, würde sie zerbrechen. Nun aber hält sie sich um so fester daran!"

Ich neigte den Kopf und entgegnete: „So hab' ich Euch nichts mehr zu sagen, Ursula, Ihr habt den besten Tröster; wohl Euch!"

Ja, sie hat ihn in Wahrheit, denn „ich will euch trösten, wie einen seine Mutter tröstet".

Am Nachmittag haben wir ihn eingebettet in die kühle Erde, unseren „Wilden", der aber schon lange nimmer so hieß!

Ach, so sich ein solcher Hügel schließt, wollen die Augen und die Herzen schier überquellen vor Weh und Schmerz! Da alles vorüber war, mußte Ursula hinauf zur Burg getragen werden, sie war nun doch zusammengebrochen. Ist aber nur eine tiefe Ohnmacht gewesen — armes Weib!

Neben Elisabeth ruhet Walter — drei Hügel in einer Reihe! Über allen aber leuchtet das köstliche Wort gleich lichtem Ewigkeitsmorgenrot: „Ich bin die Auferstehung und das Leben!"

Heil uns, auch wir gehen der herrlichen Seligkeit entgegen, wohin die anderen vorausgeeilt sind!

Am 12. Juli, Anno Domini 1284.

Hab' in meiner Truhe angefangen zu suchen und sind mir

dabei diese Blätter wieder in die Hände gekommen. Lang hab' ich drin gelesen, und meine Gedanken sind in ferne Zeiten zurückgeeilt!

Noch immer bin ich auf Rötteln, noch immer ist mein täglicher Weg zur Kapelle, noch immer gehe ich von Zeit zu Zeit nach dem Berge der heiligen Chrischona und lese eine Messe, dieweil kein Einsiedler mehr den Weg dorthin fand. Alles wie einst – nur das heranwachsende Geschlecht zeigt uns den Hingang der Jahre und lehrt uns, daß wir alt werden!

In Ottos Familienkreis blühet noch immer das Glück. Walter hat mehr und mehr Ähnlichkeit mit seinem Ohm Walter. Sind noch vier Sprossen dazu am alten Stamm der Röttler gewachsen: Rudolf, neun Jahre alt anjetzo, Elisabeth, ein Jahr jünger, und die fünfjährigen Zwillinge Otto und Gieselind.

Für Röttelns Fortbestehen ist Sorge getragen, nach menschlicher Meinung gerechnet.

Lutold ist unter Bischof Heinrich von Isny Archidiakon geworden, ein tüchtiger, um die Kirche verdienter Mann! Ist aber wortkarg und ernst schier bis zur Verschlossenheit!

Herrn Heinrichs Nachfolger ist, wie ich schon nannte, auch ein Heinrich. War jener aus dem hochangesehenen, edlen Grafengeschlecht der Welsch-Neuenburger am See, so ist dieser der Sohn eines ehrsamen Bäckers aus Isny in Schwaben. Doch bleibt's ja wohl allewege dabei: nicht die Herkunft und der Name machen den Mann, sondern seine Handlungen.

Gräfin Ursula ist noch immer hier oben und allbeliebt bei jung und alt im Dorfe. Auch die Kinder hängen mit zärtlicher Liebe an der Muhme. Gar mancher Freier aus edlem Geschlecht ist von ihr abgewiesen worden – Walter ist unvergessen!

Und ich selbst? –

Da will ich nur eines schreiben: ich freue mich der güldenen Ewigkeit und warte einer seligen Heimfahrt, so mir mein Vater im Himmel durch seinen lieben Sohn Jesum Christum, meinen Herrn und Erlöser, gnädiglich schenken wolle!

Hier enden die Aufzeichnungen des Paters, und auch aus den Chroniken jener Zeit ist gar wenig noch über die Letzten des edlen Röttler Geschlechtes gesagt.

Graf Otto scheint ein schweres Geschick getroffen zu haben. Es scheint, als habe er alle seine Kinder bis auf den ältesten, Walter, begraben müssen, wir finden nur noch diesen in den späteren Chroniken genannt.

Otto lebte noch um 1303; von da an erscheint sein Sohn Walter in den wenigen noch vorhandenen Urkunden. Auch er ist ohne Erben etwa um 1311 gestorben.

Von Lutold erzählt uns die Basler Geschichte, daß er schon 1281 Archidiakonus oder Erzpriester war, 1291 hatte er die Würde eines Dompropstes erlangt. Zu verschiedenen Malen vertrat er die jeweiligen Bischöfe in ihrem Amt, sobald sie von Basel abwesend sein mußten, und endlich wählte ihn das Domkapitel nach dem Tode des Bischofs Otto von Grandson auf den Bischofssitz von Basel. Nur eine Urkunde ist von ihm als Bischof noch vorhanden, unterzeichnet am 13. Oktober 1309, worin er die Handveste von Klein-Basel bestätigt und sich nennt: „Lutold von Rötteln, erwelter Bischof zu Basile".

Mit Lutold erlosch das edle und reiche Grafengeschlecht derer von Rötteln, und der Besitz fiel an die nächsten Verwandten, die Sausenberger. Bis zum Jahre 1503 hatten diese ihren Sitz auf der stolzen Burg im Wiesetal, und es war eine glanzvolle Zeit, die die starken Mauern sich entfalten sah. Dann starb auch der letzte der Sausenberger, Philipp, und sein Herz fand in der Erde des Röttler Friedhofs die letzte Ruhe.

Nun war Röttelns Glanzzeit vorüber. Markgraf Christoph von Baden erbte die Grafschaft, doch überließ er einem Landvogt das Regiment in derselben. Ebenso taten es später auch seine Nachkommen.

1678 belagert die Franzosen die Burg, stürmten sie, und am 29. Juni lohten die hellen Flammen empor!

Mit der Burg zusammen sank Rötteln, der Ort, in Trümmer. Im Lauf der Jahrhunderte war das ursprüngliche Dörfchen zu einem stattlichen Flecken emporgewachsen — jetzt wurde alles ein Raub der Flammen — nur die Kirche und wenige umliegende Gebäude blieben verschont. Die Einwohner und die markgräflichen Beamten zogen sich nach Lörrach hin, auch die öffentlichen Anstalten, die Rötteln gehabt hatte, wurden dorthin verlegt. Heute hat Rötteln nur wenige Häuser, in ihrer Mitte das schlichte Kirchlein ... traurige Reste versunkener Herrlichkeit!

Auf dem Waldberg thronen ernst und majestätisch die Ruinen von Rötteln, und niemand, der nach Basel kommt, sollte versäumen, diese nach dem Heidelberger Schloß schönste und größte Ruine Badens zu besuchen.

Der Burgwart führt gerne herum, doch kann man wohl sehr gut selbst erkennen, welchen Zwecken die Gebäude gedient haben. Wo Ottos Wohnhaus früher stand, haben später Geschlechter eine Kapelle errichtet.

Aus den tiefen Fensterhöhlen des Rittersaales schweift das Auge entzückt über das liebliche Wiesetal, und schaudernd sieht es vom Altanzimmer in die Tiefe, in die Walters Todessprung führte. Doch geradezu überraschend großartig ist der Blick vom Söller übers Land.

Auf einer Treppe steigt man im großen, viereckigen Turm hinauf; die Plattform oben ist mit einer hohen Brustwehr umgeben. Dort grüßen dich im Norden und Nordosten die tannenbestandenen, dunklen Schwarzwaldberge mit ihren Riesen Belchen, Blauen und Hornberg, und auf einer fernen Anhöhe kann ein gutes Auge sogar die Sausenburg erblicken. Im Westen und Nordwesten zeigt sich dir ein Stück des stolzen Rheines, ein Stück des Elsaß und in matten Umrissen die Vogesen, vom Süden her aber winken und locken die schneebedeckten Alpenfirnen des Berner Oberlandes.

Dir das Bild auszumalen, mein lieber Leser, wäre vergeblich — ich kann dir nur zurufen: Geh selbst und sieh!